见证规划

——规划师访谈录

荣玥芳 主编

中国建筑工业出版社

图书在版编目（CIP）数据

见证规划——规划师访谈录／荣玥芳主编. —北京：中国建筑工业出版社，2016.11

ISBN 978-7-112-19723-1

Ⅰ.①见… Ⅱ.①荣… Ⅲ.①城市规划-建筑师-访问记-中国 Ⅳ.①K826.16

中国版本图书馆CIP数据核字（2016）第199516号

责任编辑：石枫华　兰丽婷
版式设计：锋尚设计
责任校对：王宇枢　王　瑞

见证规划——规划师访谈录

荣玥芳　主编

*

中国建筑工业出版社出版、发行（北京海淀三里河路9号）
各地新华书店、建筑书店经销
北京锋尚制版有限公司制版
北京君升印刷有限公司印刷

*

开本：787×1092毫米　1/16　印张：17½　字数：390千字
2018年1月第一版　2018年1月第一次印刷
定价：66.00元

ISBN 978-7-112-19723-1
（29284）

前 言 | PREFACE

这本书的出版源自于我的一门硕士研究生课程的学生作业。作为城乡规划专业硕士研究生，我希望他们通过采访来自不同院校、不同工作年限、不同工作经历的规划从业者们，从中了解受访者们对于他们所从事的规划工作的认识、理解以及对于年轻新一代的学者们的学习以及工作建议。

目前，全国开设城乡规划专业的院校200所左右，这些院校每年将毕业城乡规划专业本科生以及研究生约1万人，这为我国城乡规划行业的发展将奠定重要的人才基础，但也越来越多的年轻人希望通过不同的角度了解这个行业，了解规划专业的学习、职业发展以及社会对于规划的希冀所在。本书的出版试图给大家呈现一个行业发展的小窗口。

今天，终于可以将我们准备了两年的访谈记录整理出来，在征得了所有受访者同意的情况下分享给大家，希望对城乡规划专业以及对此专业有兴趣的年轻学子有所帮助，也希望能够以此为契机提请关注城乡规划发展的有识之士能够对我们的城乡规划教育有所反思。

感谢所有的受访者，这里有业内领军人物、业内精英，也有业内新秀……感谢您跟大家分享您的经历、所思、所想和所得，也感谢您对我们工作和学习的支持！

感谢我的可爱的学生们，感谢他们的热情工作，感谢秦蜜、王鑫、李继涛等同学的耐心整理工作。希望这种采访能够对他们的专业学习以及未来专业发展有所裨益！

荣玥芳

2016年6月1日于北京

指导教师：荣玥芳

采访人员：

王　鑫、王一统、王永祥、王惠婷、邓美然、朱大鹏、刘　娟、李继涛、李静岩、杨慧祎、何泰然、沈　敏、宋鑫宇、张　刚、陈思成、陈钰麒、范金龙、罗　理、柏　云、秦　蜜、贾灵光、夏　川、顾志明、高佳璐、郭　顺、梁晓东、梁晓航、彭　昊、靳林强

受访人员：

马叔晓、王　存、王　晶、王　璇、王　攀、王艳秋、王海滨、王鹏程、卢庆强、业祖润、史　亮、付斯曼、代冠军、白　璐、丛菲菲、巩国权、成露依、吕小勇、刘　工、刘　闯、刘　峘、刘　航、刘煊赫、孙　立、孙成仁、苏　毅、李　鸿、李　游、李海梅、杨　帆、沈　迟、宋名扬、张　达、张　昆、张　喆、张　颖、张云峰、张志杰、张思浩、张晓巍、陈　天、陈晓彤、欧阳高奇、周小一、周亚杰、周景峰、郑　硕、单彦名、郎宇西、房益山、赵　琳、赵云伟、赵科科、赵祥容、赵新员、胡之平、姜中光、姜青春、袁方浩、徐松岳、徐海涛、唐克然、陶　滔、桑　秋、曹　璐、曹传新、庹　川、董艳芳、韩　工、韩　星、谭杪萌、谭晓鸽、潘剑彬、薛玉峰

目　录 | CONTENTS

前　言

/ 001 / **第一篇** 1～5年工作经验的规划师

/ 099 / **第二篇** 5～10年工作经验的规划师

/ 147/ **第三篇** 10～15年工作经验的规划师

/ 221 / **第四篇** 15年以上工作经验的规划师

/ 269 / **附录一** 采访心得

/ 272 / **附录二** 受访人员名录

第一篇 | Article

1～5年工作经验的规划师

受 访 者： 王璇

工　　龄： 3年

采 访 者： 何泰然

采访时间： 2015-01-06

采访地点： 中国城市规划设计研究院

【个人简介】

王璇，女，2010年毕业于华中科技大学城市规划专业，2012年取得英国剑桥大学工学硕士学位，同年开始在中国城市规划设计研究院（以下简称“中规院”）区域规划所工作。

采访内容

◎ **问：** **您的规划学习之路是从什么时候开始的？**

王璇（以下简称“王”）：我是2005年在华科（华中科技大学）开始城市规划的学习之路。因为高中学文科，而华科在当时好像是唯一一所城市规划专业文理兼收的学校。

◎ **问：** **是什么理由或者机缘让您接触规划，并将其作为自己一生的职业？**

王： 小时候学过画画，觉得这个专业和自己的兴趣结合紧密。同时，这个专业要学五年，感觉应该比四年的专业更深、更广，专业性也更强。

◎ **问：** **能谈谈您对城乡规划学的认识吗？**

王： 这个学科涉及的不仅是城市，还应该包括乡村。“城乡规划学”这个概念非常广，从宏观到微观有不同的层面——最大的是全国城镇体系规划，这属于城乡规划学的一类，要做的是对全国资源的调配，引导全国在空间发展上的方向。中规院参与了全国城镇体系规划的编制，也出过相关的成果集，里面的内容非常宏观，能够了解中国过去几十年经济发展的一个走向。区域层面，比省域要大一些。现在比较热门的都市圈的概念，例如京津冀、长三角、珠三角都市圈。拿京津冀来说，就需要从区域的角度来权衡北京、天津、河北的发展，这三个地方的资源禀赋、政治地位、发展条件都不一样，它的定位肯定是不一样的。再下一层面，省域，之后还有市域，最后还有地块内部的控制性详细规划和修建性详细规划。

概括来说，城市规划就是规划城市未来的发展，宏观上来说，城市发展到什么规模？人口有多少？产业要往哪个方向发展以及与这些相对应的用地？城市的用地应该如何发展？是“摊大饼”似的往外扩张，还是有重点地发展？这就需要我们论证它的现状条件和未来发展潜力点而得出结论。例如这个城市要往东发展，规划师要去考虑应该给它一个什么样的职能，是行政中心搬过去还是经济中心搬过去，是做住宅还是做开发区还是做其他的；在考虑这个城市的各种问题的同时，需要解读上一层面对它的指导等等；最后通过综合分析、科学判断，才能得出一个相对合理的城市形态。

◎ **问：在即将走出校园时，您经历了怎样的选择促使您最终成为一名规划从业者？**

王：本科的学习是偏空间方向的，大都是做控制性详细规划和总体规划；研究生在剑桥大学读土地经济系，可能更注重从土地产出的角度和区域经济宏观的角度来把握整个城市。这样在空间方向和政策方向都有所涉及，而且通过本科及研究生阶段的积累，自己对城市规划也更加了解；再加上本身也很喜欢这个专业，想到从自己的手上能够建一个城市，这是一件让人很有成就感的事情。我读书的时候未接触过实际的项目，并不知道一个城市是怎么规划出来的，而且国外学的东西其实跟国内是两套系统，实战性不是很强。只有回国后进入相关的部门，才能真切感觉到中国的城市规划是什么样，中国的城市发展是什么样的。

◎ **问：城市规划专业的学生可以选择的工作岗位是很多样的，您当时是基于什么原因选择了中国城市规划设计研究院，做一名设计人员？**

王：其实我回国时在工作上是有很多种选择的，一种是现在的规划设计部门，如果进这个部门更倚重的是本科所学的东西；再就是规划咨询公司，是一种第三方机构，为政府还有开发商提供一些规划咨询，项目从宏观到微观都会涉及；还有就是做规划管理，就是去规划局、政策中心等具体规划实施层面的部门机构。我当时是觉得一开始也没有必要先去接触管理上的事，应该是先扎实下自己的技术功底，还是做规划设计，于是就选择了现在的单位。

中规院是全国规划设计的龙头单位，当时我选择中规院最看重的是它有非常良好的工作团队，我现在的同事，大都有着很好的教育背景、出色的工作能力和综合素质，而且对城市规划都很有热情，从他们任何人身上我都学习到了很多。包括我们的院领导，都是规划界的大佬，但是他们为人都非常谦逊，没有什么架子。中规院的氛围非常好，人际关系也很简单。

◎ **问：** **您是从何时开始走向工作岗位的？您觉得工作之后和大学时学习的区别是什么？**

王： 2012年2月。其实对于我们刚开始工作的人，包括有3～5年工作经验的人来说，工作依旧是一个学习的过程。只不过大学里学习的是较为系统、理论的东西，例如我们做一个总规，大学里就会告诉总规里有什么程序，工作后需要按照这些程序走；但是工作后就会发现，总规里这些程序并不是最困难的阶段，最困难、最需要花精力的恰恰是这些程序之间衔接的事情。项目组内部需要达成共识做出一个好的方案，更重要的是跟甲方有一个默契的配合，细到一个城市层面上，一个小地块用地性质从居住变为商业，能不能改、要不要改，都是需要跟甲方去商量协调的，而这些在书本里没有，只有在工作中才能真真切切地感受到。

◎ **问：** **您目前做过哪些项目？您在工作上有怎样的心得？您觉得最让您感到欣慰的是什么呢？**

王： 省域城镇体系规划做过甘肃省省域城镇体系规划，城市总体规划做过内蒙古通辽市城市总体规划和山东省聊城市总体规划，都是地级市的。还有就是广东省中山市的一个新区的分区规划和一个镇的战略规划。

工作心得呢，一方面，我觉得做了这些项目更多的还是一种责任吧。最典型的是在甘肃（甘肃省省域城镇体系规划）做了一个贫困专题，对整个省的贫困情况有所了解。调研的时候也去过很多村镇，和当地老百姓面对面，真正感受到中国的农村、农民问题，而这在此之前可能只是在新闻里听到过。比较难得的是，你做出的分析、得出的结论很有可能影响到省政府领导相关政策的制定，而这些恰恰是与广大的底层老百姓息息相关的，能够帮助到他们。我觉得这些是规划工作特别难的一点。

另一个方面，它给了你一个更广的视角去认识社会。在工作中，我们会跟省里的领导接触，包括省长、书记、市长，可以了解到上层的想法；也会和底层的百姓接触，听取百姓的心声。我们做的工作，需要既能帮助老百姓享受到某些实惠，也要使上层领导的理想得到实现。

◎ **问：** **您一定去过看过很多的城市，哪座城市的规划留给您的印象最深？**

王： 很多城市都有自己的特点，印象最深的应该是巴塞罗那。它不仅有高迪设计的一些建筑，而且整个城市非常的美，非常的精致。它有一个老城，老城的街道尺度都是人行的尺度，街巷的空间也很丰富。当你走过一个街角，看到的可能是另外一番景象。新城是大放射大方格网的结构，但是你会感到新旧两者非常和谐，在这个城市可以看到历史。我认为，一个好的城市应该是让人们感觉有无限可能，而不是单一的形式。

◎ **问：** **您觉得未来规划行业发展的方向和热点在哪儿？**

王： 方向和热点大家现在也在一直讨论，毕竟现在城市规划还处于一个摸索的阶段。从年轻人角度来说，大数据、人们生活行为和生活观念的变化都会对城市规划有着很大的影响。以后的规划，肯定不能“关起门来做”，需要国际的视角。

作　品

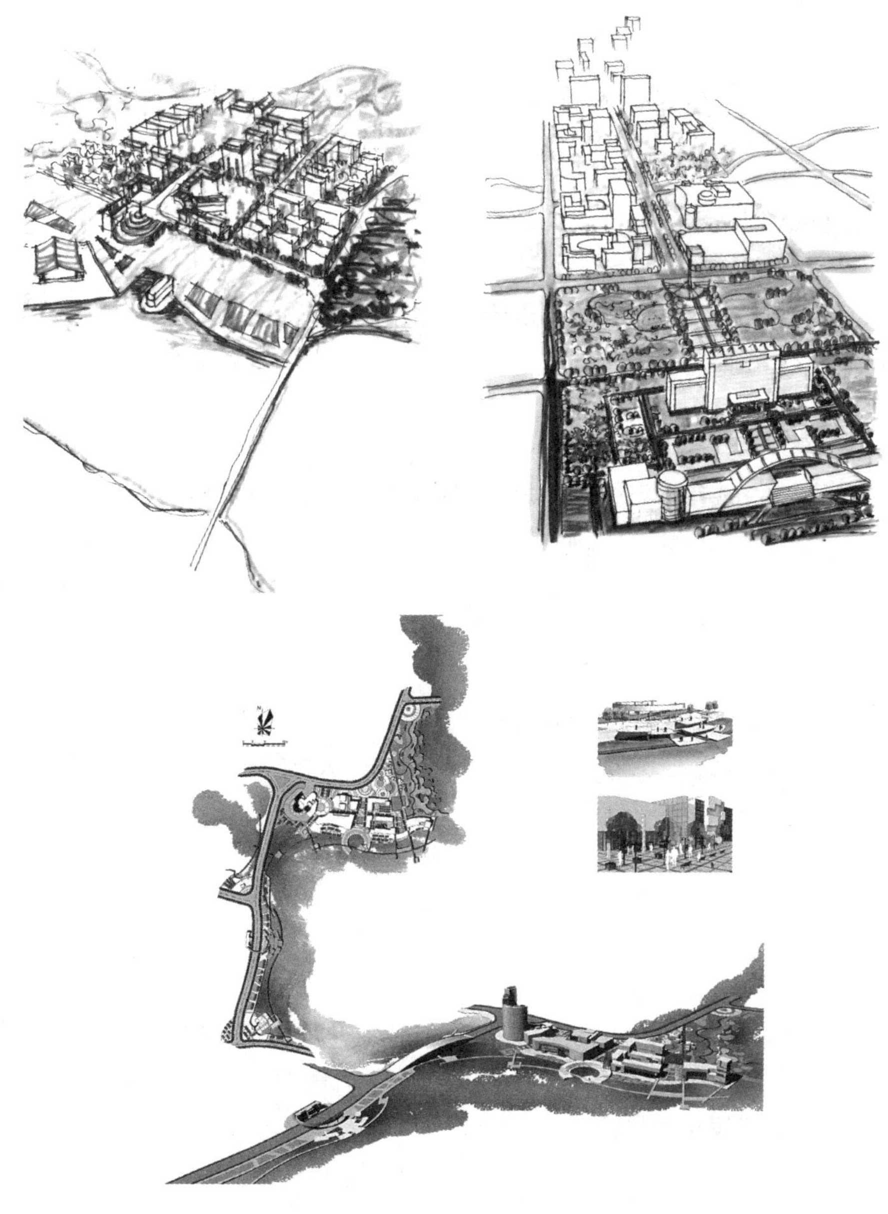

受 访 者： 袁方浩

工　　龄： 5年

采 访 者： 李静岩

采访时间： 2015-01-09

采访地点： 洲联集团五合国际

【个人简介】

袁方浩，男，青岛理工大学城市规划专业学士，2011年至今在洲联集团五合国际从事城市规划工作。

采访内容

◎ **问： 您的规划学习之路是从什么时候开始的？**

袁方浩（以下简称“袁”）：在2006年高考，报考了城市规划专业，算是规划学习真正的开始。

◎ **问： 是什么理由或者机缘让您接触规划，并将其作为自己一生的职业？**

袁： 高二时正赶上姐姐高考，她报考了城市规划专业。之后通过姐姐，我对这个行业有了一定的了解。再加上对画画的喜爱，以及对于城市规划师社会责任的憧憬，最终决定了选择城市规划专业。

◎ **问： 能谈谈您对城乡规划学的认识吗？**

袁： 在我看来，城乡规划学是一个直接指导城市未来发展的学科，因此它是一个涉及面极其广的学科，并不是具备了普通的工科工程知识就能做规划的，还要求对社会学、经济学、地理学等各方面的知识都有所了解和研究。城市是一个复杂的群落，城市的发展是一个动态的过程，因此对应的城乡规划学必定是一个繁复冗杂，要求不断更新进步的学科。

◎ **问： 在即将走出校园时，您经历了怎样的选择最终促使您成为一名建筑规划从业者？**

袁： 选择学习这个专业，就是在了解的前提下产生了发自内心的喜爱，因此当学有所成的时候就顺理成章地成了一个规划从业者。

◎ **问：** **您是从何时开始走向工作岗位的？您觉得工作之后和大学时学习的区别是什么？**

袁： 从2011年7月我开始正式工作。我感觉工作和大学最大的区别就是工作之后您需要考虑怎么把理论真正地运用到实际项目中，这是一个转变，也是一个挑战。

◎ **问：** **您觉得您所在单位有着怎样的特点？**

袁： 自由的工作环境，活跃的工作氛围，由充满活力的员工组成，市场化的运营模式，现代化的工作程序。

◎ **问：** **您目前做过哪些项目？您在工作上有怎样的心得？**

袁： 三年多以来主要参与了二三十个项目。规划工作的特点就是要多人合作，这样的好处是大家可以集思广益，提出好的规划方案。但是合作过程中要注意保证工作效率，每个人都要对自己的工作上心、负责任，不能拖沓。我感觉做规划最重要的是理清逻辑关系。在前期首先要搞清楚大的逻辑，自上而下的定位方向等大的规划思路，中期通过现状、发展需求等推导出规划结构，最后成果的表现更要讲究逻辑，才能够向甲方表达清楚。

◎ **问：** **在从事规划工作的过程中，您觉得最让您感到欣慰的是什么呢？**

袁： 让我感到欣慰的事情其实很少，真正要说的话，就是制度更加的完善，而越来越多的甲方慢慢地对规划也开始了解，让我们设计者能更容易地开展工作。

◎ **问：** **您一定去过看过很多的城市，哪座城市的规划留给您的印象最深？**

袁： 广州。它是一座老城，拥有很深的南粤文化。但是同时它又是一个经济繁荣、充满活力的大都市，对外交通发达。作为规划开发案例，广州的城市规划还是比较成功的。在今后发展的过程中也许会暴露一些问题，但起码几十年内它是一个标杆和榜样。

◎ **问：** **您觉得未来规划行业发展的方向和热点在哪儿？**

袁： 新型城镇规划与旧城改造和保护利用。目前国家正处于城镇化发展过程中，新型城镇化是一个比较新颖的概念，2014年12月底国家刚刚公布了新型城镇化综合试点名单。日后的城镇化不能再片面追求城市规模的扩大了，而要提升城市的文化和公共服务水平。新型城镇化概念的提出要求规划从业者进行反思和设计方法的创新，在今后的规划设计中应该更贴近民生。

作　品

北京CBD国家广告产业示范园概念规划设计

（图片来源：洲联集团官网http://www.www5a.com/）

受 访 者：周亚杰

工　　龄：4年

采 访 者：陈钰麒

采访时间：2015-02-01

采访地点：中国城市规划设计研究院

【个人简介】

周亚杰，女，2011年研究生毕业于清华大学，后在中国城市规划设计研究院工作。

采访内容

◎ **问：　周工您好，请问您的规划学习之路是从什么时候开始的？**

周亚杰（以下简称“周”）：2004年，我在清华大学读建筑专业的本科，那时候我们学校只有建筑学，城市规划还是二级学科。但是像城市规划基本原理这样的课也是必修课，而且到大三大四，课程设计里有居住区规划，还有城市设计，还有村庄规划，会接触到一点这方面的内容。研究生的时候我选的城市规划方向，开始系统地学习城市规划了。

◎ **问：　是什么理由或者机缘让您接触规划，并将其作为自己一生的职业？**

周：　我小时候学过很多年画画，而且我不属于太偏科的类型，各科都差不多，建筑规划比较综合，既有理论的又有人文的又有艺术类的，它这种综合的特性让我比较感兴趣，所以当时就选了建筑。后来在本科接触到城市规划之后，觉得城市规划相比于建筑关注更多社会、经济、空间之类的，更综合一些，后来就选了规划作为研究生的专业方向。

◎ **问：　能谈谈您对城乡规划学的认识吗？**

周：　城乡规划学这个学科需要非常丰富的综合性的知识，个人认为这个学科不像专门学工程的、土木等有很明确的一个知识面，而需要非常综合的知识面，什么都要涉猎一些。这种综合性便是城乡规划学有意思的一个地方，也是它难度比较高的一个地方吧。

◎ **问：在即将走出校园时，您经历了怎样的选择促使您成为一名建筑规划从业者？**

周：因为我研究生是学城市规划的，所以我毕业后就从事这方面工作了。

◎ **问：您是从何时开始走向工作岗位的？您觉得工作之后和大学时学习的区别是什么？**

周：我是 2011年7月份开始工作的，工作三年多。工作之后参与的实际项目更多一些，就发现上学时候做规划偏重于前期的空间方案，但是到了工作之后发现在这个过程尤其是后期和甲方交流也很重要。因为甲方也有很多开发的压力和自己的想法，怎么能既坚持自己的想法，同时又能在可实施性上与甲方协调好，这个是在工作中遇到的和大学里相比最大的一个转变吧。

◎ **问：您觉得您所在单位有着怎样的特点？**

周：一是项目类型比较丰富，涉及的范围层次比较广。我工作后既参加过特别宏观的区域性规划，也参加过很微观的像控规、城市设计这样的规划。而且项目地域覆盖范围也比较广，全国各地的都有，可以了解不同地方的人文特色。另外一个就是同来自于不同学校的人、不同专业的人合作，感觉跟不同背景的人一起工作，可以学到很多东西。

◎ **问：在从事规划工作的过程中，您觉得最让您感到欣慰的是什么呢？**

周：一个是自己做的方案、成果得到甲方的认可，另一个就是更希望自己做的规划能够得到实施。

◎ **问：您一定去过看过很多的城市，哪座城市的规划留给您的印象最深？**

周：国内我比较喜欢苏州和杭州，国外我比较喜欢巴黎，还有澳大利亚的布里斯班。苏州历史旧城的保护和新城的建设，这种双城结构，一个城市两种空间让我觉得很独特，挺有意思的；杭州主要是风貌控制上做得比较好。巴黎空间秩序、轴线、公共空间系统、历史保护这方面做得比较好；布里斯班比较小，它以人为尺度进行公共空间系统的构建，并用公共空间系统把它的历史文化元素串联起来，并且结合它城市的一条主要河流，形成一个连续完整的文化公共空间系统，这个感觉特别好。

◎ **问：您觉得未来规划行业发展的方向和热点在哪儿？**

周：我觉得一个是偏重实施性的，为甲方贴身服务的这种类型的项目会越来越多；还有一个就是扩张式的规划会越来越少，以后增量转存量这种类型的规划会越来越多。热点的话，像城市风貌控制、城市设计可能会成为未来的热点吧。

作　品

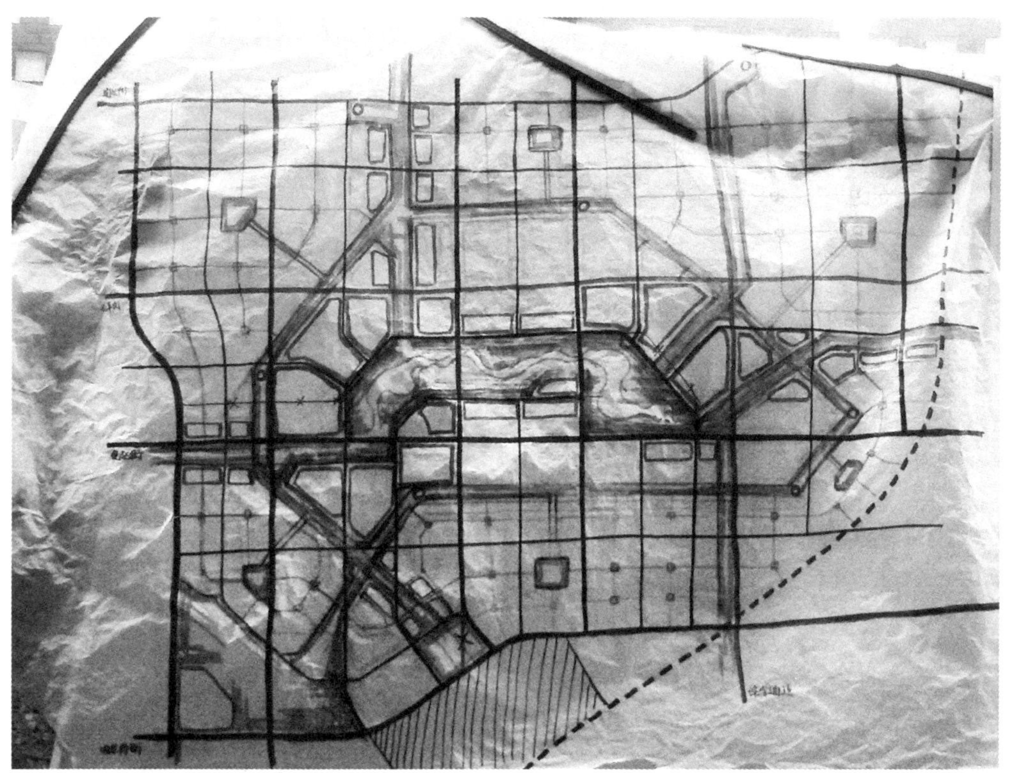

受 访 者： 王艳秋

工　　龄： 2年

采 访 者： 梁晓航

采访时间： 2014-12-26

采访地点： 黑龙江省城市规划勘察设计研究院

【个人简介】

王艳秋，女，毕业于吉林建筑大学2013级。2013年7月在黑龙江省城市规划勘察设计研究院参加工作至今。

采访内容

◎ **问：　您的规划学习之路是从什么时候开始的？**

王艳秋（以下简称“王”）：2008年。

◎ **问：　是什么理由或者机缘让您接触规划，并将其作为自己一生的职业？**

王： 受家里哥哥的影响。他是城市规划专业本科毕业，工作之后发现规划行业发展前景较好，所以也鼓励我学习这个专业；再加上我平时爱幻想的个性，对设计也有一些自己的感悟和理解，喜欢新鲜事物。所以就想学习尝试一下这个富有挑战的专业。

◎ **问：　能谈谈您对城乡规划学的认识吗？**

王： 城市是综合的动态的体系，城市规划研究不仅着眼于平面上土地的利用划分，也不仅局限于三维空间的布局，而是引入了时间、经济、社会多种要求的“融贯的综合研究”。在城市规划工作中，将考虑最大范围内可以预见和难以预见的情况，提供尽可能多的选择自由，并给未来的发展留有充分的余地和多种可能性。

◎ **问：　在即将走出校园时，您经历了怎样的选择最终促使您成为一名建筑规划从业者？**

王： 在上大学时，从开始的懵懵懂懂，到后来对所学的东西渐渐清晰之后，发现规划其实是一个特别伟大的工作。所以毕业之后我坚定了自己的想法，觉得应该继续在这个行业一直工作下去，从来没有后悔过。

◎ **问：您是从何时开始走向工作岗位的？您觉得工作之后和大学时学习的区别是什么？**

王：2013年7月份大学毕业开始，选择了实习单位作为工作单位。在真正走向工作岗位之后，就发现接触实际项目时更切合实际，考虑得更全面。在学校接触理论知识比较多，做规划更靠近理想主义；而走上工作岗位后，从项目开始到结尾都要联系实际进行，并且要面面俱到。

◎ **问：您觉得您所在单位有着怎样的特点？**

王：个人和组织的责任明确，团队成员之间能互相信任、互相协作，技术和能力互补。

◎ **问：您目前做过哪些项目？您在工作上有怎样的心得？**

王：村庄建设规划、保护规划、镇村体系规划等。对于村庄规划，个人认为一定要符合当地的实际要求，不能好高骛远，设计一些不方便实施的规划。虽然图纸画得漂亮，但是不符合当地的需求，就不能为村民解决实际问题；有些资金也不一定支持。规划要和当地协调一致，达成共识，才能做好。

保护规划是将一些拥有历史文化遗迹的村庄进行整治保护。虽然它们已经没有了往日的风貌，但是既然存在就拥有一定的价值。不能让它们在我们手里消失。所以我觉得做这种规划也很有意义。即使规模很小，但是它们毕竟存在过，就要让后人知道这些历史。所以结合当地实际情况对这些历史遗迹进行保护，也是很有必要的。

镇村体系规划最近也有所涉猎。主要是以城市总体规划为上位规划，对下级乡镇工作进行具体落实。协调各乡镇之间的资源，分析其发展优势和未来方向，做好城乡一体化。

◎ **问：在从事规划工作的过程中，您觉得最让您感到欣慰的是什么呢？**

王：毕竟刚开始工作时间不长。目前最开心的时刻莫过于提交成果时，可以看到自己的名字，并且在后面签字。那个时候觉得这是一个对自己工作的认可，也是一个工作告一段落的时候。一想到自己和时间交换的成果可以指引城乡建设或者被借鉴，有机会作为一个村庄或者乡镇未来发展的参考，就会觉得很有成就感。

◎ **问：您一定去过看过很多的城市，哪座城市的规划留给您的印象最深？**

王：长春。也许是在这里上学的原因，对这里的感情也更深。因为她的特殊性，所以这座城市一直给我的感觉和其他的城市不一样。这里已经连续几年被评为最幸福的城市。虽然仅在东北三省来说，长春都不是发展最好的城市。但是我觉得只要是来到这里就会给人一种特别的自在感。

生活节奏不是很快，有着鲜明的城市特色——城市绿化做得很好，笔直宽阔的街道、各种大小以公园形式存在的交通环岛以及至今都在吉林大学保留的地质宫等，这些都可以算是长春的标志。

但是与此同时，今天在很多城市出现的交通拥堵这个问题在长春也同样存在。长春交通之所以会拥堵，是因为她的城市南北主轴线只拥有一条人民大街，不能缓解大量的交通压力，所以长春市提出了“两横两纵”的城建工程。至此长春也进入了另一个城市建设时代。

◎ **问：您觉得未来规划行业发展的方向和热点在哪儿？**

王： 虽然工作时间不长，但是通过参加了一些实际项目，我认识到未来城市发展的一个方向可以是基础设施建设。在党的十八大召开之后，中央大力倡导“城乡一体化建设”，所以城市建设的关键环节就是加强城市基础设计建设，缩短城乡差距；以有序推进农业转移人口市民化为重点，提高城镇化质量，推动城镇化健康发展；科学规划城市群规模和布局，以大城市为依托，以中小城市和小城镇为重点，逐步形成辐射作用大、人口积聚能力强的城市群，促进大中小城市和小城镇协调发展。由此折射出县一级的区域经济发展将是重中之重。因此，加强城乡一体化显得尤为突出。

作　品

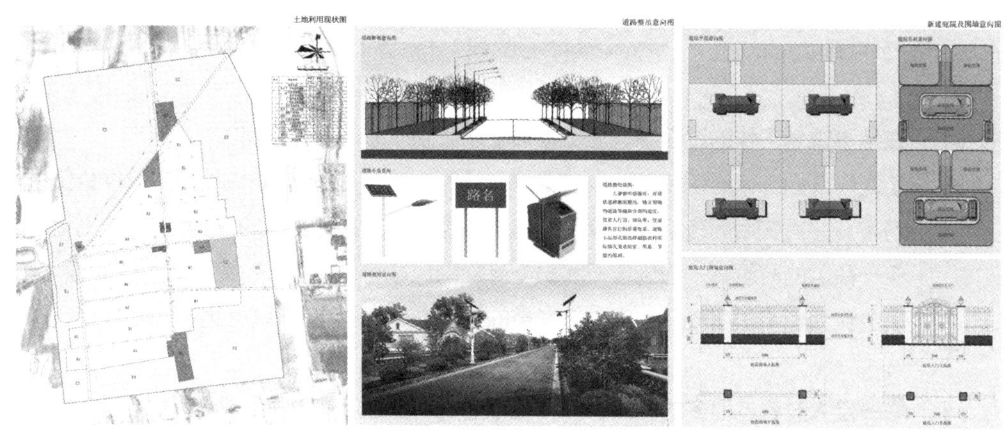

某地区土地利用规划方案

受 访 者：周小一

工　　龄：2年

采 访 者：王惠婷

采访时间：2015-01-15

采访地点：洲联集团五合国际

【个人简介】

周小一，男，重庆师范大学环境艺术设计专业学士，2014年在洲联集团五合国际从事城市规划工作至今。

采访内容

◎ **问：　您的规划学习之路是从什么时候开始的？**

周小一（以下简称“周”）：2014年7月，大学毕业之后到规划设计室工作。

◎ **问：　是什么理由或者机缘让您接触规划，并将其作为自己一生的职业？**

周：　应该是职业选定吧，但是现在并不能说作为一生的职业，因为其实我更喜欢景观设计，不过我觉得在规划领域做景观规划也是很不错的选择，对于一生的职业还未这么快决定。

◎ **问：　能谈谈您对城乡规划学的认识吗？**

周：　城市是在“城”与“市”功能叠加的基础上，以行政和商业活动为基本职能的复杂化、多样化的客观实体，它包含了文化、生活、经济、社会、历史、生态、建筑等各个方面。规划对于城市来说是必不可少的，没有了规划，城市发展就会走向无序和混乱，或使得城市产生更多的问题，逐渐衰败和消失。城市规划是人类为了在城市的发展中维持公共生活的空间秩序而作的未来空间安排，是人居环境各层面上，以城市层次为工作对象的空间规划。

◎ **问：　在即将走出校园时，您经历了怎样的选择最终促使您成为一名建筑规划从业者？**

周：　对专业的热爱吧，在毕业后从事这一职业，是想体会在实践中的磨砺。没有经历太多不顺，就跟着自己的选择走，选择可能是因为在最后的毕业设计里能够不断地找寻到乐趣吧。

◎ **问： 您是从何时开始走向工作岗位的？您觉得工作之后和大学时学习的区别是什么？**

周： 2014年毕业就工作了，其实之前有过几次实习，工作中和大学做设计还是不太一样的，感觉更要求实践性，综合知识运用更复合，团队的力量更加凸显。大学能很好地去钻研一些东西，但对于工作还是有偏差，毕竟工作更偏向于生产成果，读书更偏向于积累知识。区别还是很大的，有各自值得借鉴和互补的地方吧。

◎ **问： 您觉得您所在单位有着怎样的特点？**

周： 我们公司是一家综合性偏向市场业务的公司，有一定的研发能力，规模还是比较大的，建筑、规划、景观、施工图名专业可以一起合作，人数规模较大，但是可惜的是，各不同专业之间的穿插配合不到位。

◎ **问： 您目前做过哪些项目？您在工作上有怎样的心得？**

周： 大部分都是城市设计项目，也有总体规划，修规做得较少。心得就是：无论平时的工作有多忙，规划设计人员一定要不断阅读前辈做过的优秀案例，获取经验。在做方案前阅读案例，对设计理念和方案成果进行思考、做一些主观评价，很可能就会从这些案例里找到灵感。不论是案例中的闪光点还是缺憾都是需要我们重视的，毕竟站在巨人的肩膀上才能够看得更远。同时，我觉得还是要不断地学习新的知识和技术，并且要不断地思考。

◎ **问： 在从事规划工作的过程中，您觉得最让您感到欣慰的是什么呢？**

周： 现阶段让我比较欣慰的，就是自己的方案能够得到领导的认同，并进行深入设计。

◎ **问： 您一定去过看过很多的城市，哪座城市的规划留给您的印象最深？**

周： 德国的慕尼黑。首先，慕尼黑的自然环境和空气质量很好，当地很注意对河流、植物等自然要素的保护。同时，城市路网密度和轨道交通的密度规划得比较合理，能够满足当地居民的需求，基本不会产生交通拥堵的现象。另外，慕尼黑的老城区的风貌保护得好，有很多巴洛克式和哥特式的建筑。城市中的雕塑数量繁多，具有很强的艺术气息，符合城市文学与艺术中心的定位。

◎ **问： 您觉得未来规划行业发展的方向和热点在哪儿？**

周： 规划行业的发展方向就是要多去接触不同的热点问题。我觉得乡村规划在未来会是个热点，这也是受目前国家的政策影响。但是乡村规划到底能发展到什么程度，目前还不好评价，毕竟还是要保证城镇的先驱地位。要说热点问题的话，其实农业、物流、互联网、大数据，可能都算是热点问题，日后都具有一定的发展潜力。

作　　品

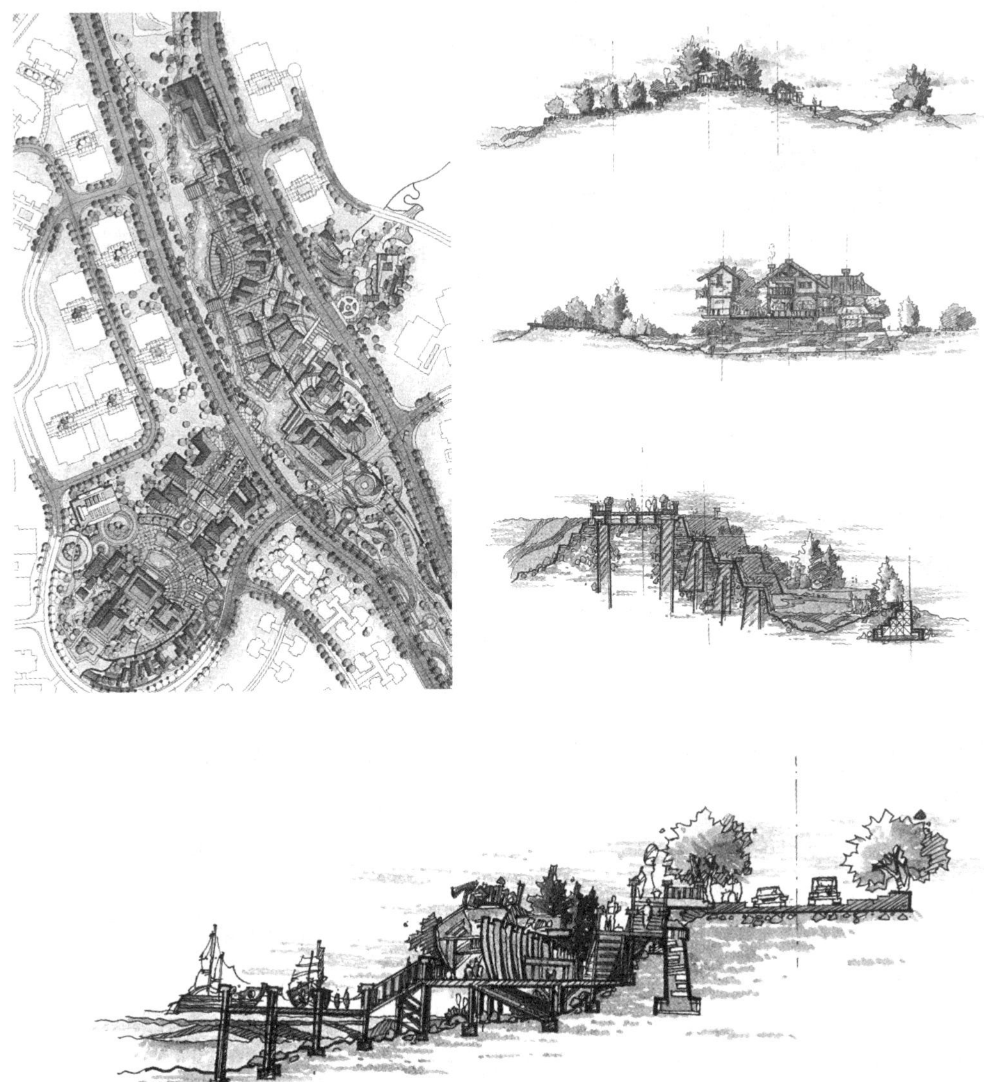

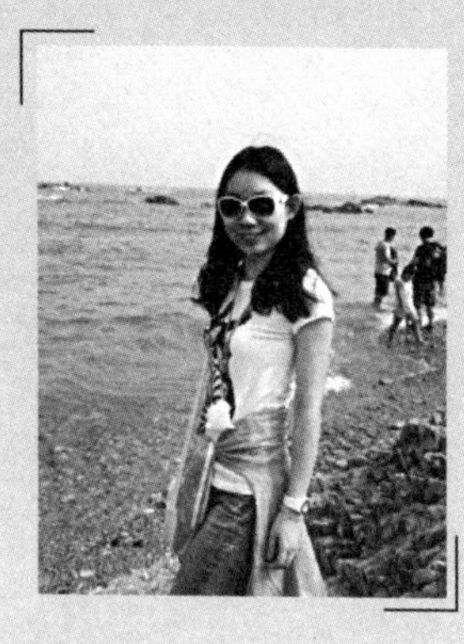

受 访 者： 白璐

工　　龄： 4年

采 访 者： 李继涛

采访时间： 2015-12-21

采访地点： 北京建工建筑设计研究院

【个人简介】

白璐，女，2012年毕业于北京建筑大学城市规划专业，现任职于北京建工建筑设计研究院。

采访内容

◎ **问：　您的规划学习之路是从什么时候开始的？**

白璐（以下简称“白”）：我是2007年进入北建工（现北京建筑大学），选择的就是城市规划专业，2012年从这里本科毕业，直接进入工作岗位。到目前为止工作三年多时间。

◎ **问：　是什么理由或者机缘让您接触规划，并将其作为自己一生的职业？**

白：　我高中毕业的时候，周边知道这个专业的人其实很少，或者是认识不深入，包括我的亲人、朋友。说起城市规划，有人可能会认为是城管，有的人能认识到这是做设计的，但是也说不清是做哪一方面的设计，还有的人认为可能是室内装修等等。所以和别人交流起自己的专业，有时觉得很尴尬，别人问起自己的专业，就需要自己和别人简单地介绍一下自己的专业是做什么的。

◎ **问：　在您的大学时代，您是怎么认识城乡规划学的？**

白：　在我上大学的时候，那时候还不叫“城乡规划学”，而是叫“城市规划”，改成“城乡规划”是2011年教育部才正式颁布的。当时在校学习的时候，感觉城市和乡村还是有一些割裂的，不像现在这样城乡一体化发展，那时候还是城是城、乡是乡的状态。

我记得在我的大学时代，北京市还没有这么多的人。在本科学习的这几年里，我感受到中国的城市正经历着巨变。一开始对城市规划的认识，更多地还是停留在城市这个层面，村镇的话，涉及的比较少。我毕业的时候，才开始出现新村镇规划，慢慢地到现在，对村镇的规划发展变得更加注重。

◎ **问：在您的大学时代，对城乡规划学学习的全过程中，您对城乡规划学的认识有没有发生过改变？引起这些改变的线索是什么？**

白：其实对规划的认识，总的来说还是循序渐进、由浅入深的吧，对规划的认识是平缓的、加深的那种。大三之前与建筑学的同学一起上课，学习的是空间构成、建筑内部空间、建筑周边的小空间小环境等等，到了大三之后才开始小班授课，慢慢接触规划，小区规划、景观规划、总规、控规等等。在大三之后的课程设置上，慢慢地开始接触更宏观的东西，比如经济学、社会学、区域规划等等。

学校的课程设置是很科学合理的，而且也很全面，覆盖面是很广的，所以在开始工作的时候，上手就很快，因为在学校都学过或者做过，哪怕不是很深入，但也是有所了解的。

◎ **问：在即将走出校园时，您经历了怎样的选择促使您成为一名建筑规划从业者？**

白：在我面临就业的时候，曾经问过自己，要不要做其他的？但是自己给自己的回答是，我还是要从事这个行业。我刚毕业的时候，行业可以说还比较景气的，另外，我们的行业特点是经常要出差的，我觉得，一方面出差可以作为见识各地风土人情的途径，另一方面出去走走可以放松一下自己，我觉得挺好的。

我记得刚毕业工作那会儿，我们当时能接的项目比较多，类型也很丰富，我们可以通过这些项目去认知、了解，积累经验。总的来说，还是挺有意思的。

◎ **问：因为每一届大学毕业生都有好多学生选择了自己创业，不论他在大学里学习的是什么专业，还是毅然决然地去创业，那么您在毕业的时候，考虑过要自己创业吗？**

白：这个没有，因为当时的环境和现在的不一样，当时的行情还不错，但是如果放在眼下，我觉得，我可能会考虑创业的问题，因为最近几年我们专业就业趋势越来越困难了，所以现在真的有大五毕业生找不到工作的，为了生存，真的就有可能自己去创业。

◎ **问：工作后您对城乡规划的认识有没有发生改变，和大学时的认识还是一样的么？**

白：肯定是和上学的时候不一样了，因为你工作之后接触到的都是实际项目，接触到也都是真实的甲方。上学的时候可能研究的都是空间、文化，研究一些理论的东西，或者是自己感兴趣的东西，把一个设计做得很理想化，你觉得它是什么样子就做成什么样子，风格还是那种很学院派的。但是上班之后，情况就完全不一样了，因为会面对很多甲方，不同的甲方会有不同的要求，所以你做出的东西就不能像上学时候那么随意了。

比如在学校的时候，你做一个作业，觉得现状不好，全部拆掉，没问题，但是面对实际项目，如果拆迁的话，可能会遇到麻烦。所以，在工作之后接触的实际项目中，做设计需要考虑的东西会非常多，做出的东西可能并不是你很喜欢的。有的时候，遇到的问题真的也很无奈。

◎ **问：您进入规划行业并成为规划行业的中坚力量，您觉得学校学习到的知识与工作中得到的经验，哪一个更重要？除了这两方面，还有什么因素影响到您？**

白：我现在刚入行不久，所以还算不上中坚力量。我觉得在这个行业里，没有个十年八年的，真的不敢称自己是中坚力量，现在也只是在积累和学习的阶段，所以工作经验也是比较有限的。与在学校所学到的理论知识相比，我觉得工作经验真的还是很重要的。

◎ **问：您觉得您在学校学习到的知识与工作联系紧密吗？**

白：我觉得还是很紧密的，我们所学到的东西大多数还是有用的，觉得没用的，也许是暂时还没用到，多学一点没有坏处，技多不压身，说不定哪一天在工作上就能体现出来。尤其专业设计课，一定要好好上，对以后的工作帮助很大。

◎ **问：您觉得不同的单位所具有的特点和风格差异大么？**

白：不同的单位之间风格差异真的很大。我觉得这些差异除了表现在企业文化这方面，还有你所接收项目的背景、项目的业主都不一样。

现在的好多项目都是政府和开发商联合开发的，规划师在做设计的时候需要绞尽脑汁地去想办法协调各方的利益关系，除此之外还有很多相关部门需要协调，设计之外的工作也很庞杂。现在我们刚毕业进入工作的，更多的还是一个积累的过程，同时也是开阔眼界的过程。

◎ **问：不同的单位所具有的特点和风格有所差异，那么毕业生在面对择业时，他们应该怎么看待这些特点和风格？**

白：对于这个问题，我觉得有必要好好说说。我觉得这方面是很重要的，当然这也是一个比较主观的问题。如果说毕业生在不考虑转行或者自己创业的情况下，还是从事规划行业比较好，要知道规划行业里面还有很多个分支，比如说去规划局、规划院，做开发商，出国，继续读博士或者去学校做老师。去规划局和去规划院是完全不同的概念，其工作内容是迥然不同的。

所以在决定自己的去向之前，应该先确定自己更适合什么。比如有人喜欢画图，方案能力很强，那么他可能会更适合规划院，有的人可能不喜欢天天画图，但是沟通能力比较强，那么他可能更适合规划局。所以在做出选择之前，应该知道自己有什么，想要什么，这才能做出正确的选择。千万不能想当然地随便进了一家单位，等工作一段时间之后才发现这个单位并不是最适合自己的，不适合的话，工作做起来就会很痛苦，最后忙忙碌碌换来的只是身心疲惫。不同的规划院项目的侧重点不一样，有的做总规多一些，有的是做详规、景观多一些，所以在选择单位的时候，这些情况也是需要了解清楚的，他们一般会有侧重点。

所以我建议在工作之前，可以多去几个地方实习，这也是了解不同单位风格特点的一个途径。我觉得实习的话，建议去两到三家单位，不同类型不同规模的，比如去国企、民企或者外企，不同地方的大院小院，实习之后总结比较一下，自己更适合哪一种类型。所以要多尝试，多比较，多总结。每家单位实习2～3个月左右，当然这还是要根据自己的实际情况来定，如果感觉实习单位很适合自己，可以多实习一段时间。去太多家单位可能没有那么多时间，在一家单位待太久可能又不能了解其他单位的情况。可以充分利用寒暑假去实习。我觉得大四的时候就可以实习了，实习的过程也是一种学习的过程。

◎ **问：眼下规划行业面临的问题和机遇分别是什么呢?**

白： 现在算是行业的寒冬，在集约发展的前提下，可建设用地变少了，项目也变少了。经济下行，会导致公司设计费收不回来，接着就是单位的收入整体下降，有些单位可能暂时不招收新员工，有些单位则面临缩编。

当然这也许是个机遇，转型期也是一个资源整合的过程。

前几年，挣钱相对容易些，行业鱼龙混杂。但是现在不一样了，现在要求的是，你的设计要解决实际问题，所以这个过程就是去粗取精的过程，要能拿出真正有用的东西来，能帮助业主解决实际问题，也能更好地帮助城市健康发展，这样才能有生存和发展的空间。

◎ **问：您觉得城市规划发展的趋势和未来城市规划的重点会是什么?**

白： 我觉得未来城市规划的趋势和重点还是资源的整合和行业的转型吧。适应社会，紧跟形势——像精明增长、智慧城市、新型城镇化、新常态等这些理论不断推陈出新，我们规划师应适应时代的步伐，不能永远都是采用照搬的模式。现在的时代变化非常快，所以，作为城市的直接负责人，我们应该跟得上形势才对。

说到未来的趋势，比如规划策划、建筑景观、基础设施等，会有一体化发展的趋势。我们做完了规划肯定是要衔接给建筑，建筑还要和景观协调好，如果他们之间的关系太割裂的话，那么整个项目就很难落地，就像好多控规做得很好，但是落实到地面上之后，就变样了。我觉得一体化发展的实施难度肯定是很大的，但是这是一种趋势。我希望，为了创造更好的人居环境，不管难度有多大，我们都要坚持下去，希望大家都能积极地去面对这件事，这也是对社会对城市一种负责任的表现吧。

◎ **问：** **您一定去过看过很多的城市，哪座城市的规划留给您的印象最深？**

白： 这个说不好哪一个城市，但是我觉得那种比较有秩序、有文化的城市都会给我留下比较深刻的印象。我觉得一个城市有自己的城市精神是很重要的，设想一个城市充满了很物质很浮夸的一些东西，这个城市给人的感觉就是很奇怪的。一个城市为了提高对外的吸引力和影响力，就简简单单做几个地标性的建筑去吸引大家的眼球，然后让大家去认识这个城市，我觉得这不是好的发展模式。

之前我去过台湾，可能是因为台风比较多的原因，那边很少建高层建筑，低层、多层建筑居多，比起大陆的一些城市，这些建筑的外立面也不是很好，而且这些建筑给人的感觉有点像年久失修一样。但是抛开城市的物质层面，单看这个城市的精神风貌又是另一种感觉：整个城市很有秩序，生活在那里的人都很有信仰，从他们的言行举止就能感受到他们的亲和与对生活的热爱、享受。从我的内心，就自发地喜欢这个城市的氛围，对它从心理上是接受的，因为它很亲切。相比较现在的北京，整个城市就有种乱糟糟的感觉，这个城市没有提供给人足够的归属感，不管是本地人还是外来人，大家都是忙忙碌碌的，生活在这种环境里，没有一种家的感觉。

所以我觉得，城市应该做到这一点，就是除了在物质上提供给人生活的空间，还要在精神上给人塑造享受的空间，营造那种让人有归属感的氛围。欧洲的很多小镇也是，在那边就会感觉整个人都很舒服。如果说一个城市让人感到不舒服，那么这也算不上是一个好的城市。说到底，这也是我们规划师的责任。

◎ **问：** **对于即将走出校门进入工作岗位的同学们来说，为了减少我们的择业困惑，您认为，我们在进入工作岗位前应该做好哪些方面的准备？**

白： 马上走出校门，面对择业，这是很让人困惑的。我觉得第一份工作是很重要的，所以在择业前一定要想好。多去思考，多一些交流，多一些了解，多去尝试。咱们行业其实圈子很小，但是需要我们去了解和学习的事情却很多，所以多和同专业或者不同专业的人去交流，让自己的知识面更广一些，另外还要仔细留意城市发生的变化。

在进入工作单位之前，还得找一找自己的兴趣点，这个爱好可以和专业有关，也可以无关，它只是作为你精神上的一种支撑。因为在走上工作岗位之后，可能会遇到压力，会有心情烦躁的时候，所以你的兴趣爱好可以调节你的心性。

其实在工作之后，进入到了工作岗位你会发现，能不能把岗位上分内的事情做好，这完全与个人对自己的要求程度和对事的态度是否端正有关。假如每做一件事都多用点心，日积月累，你就会发现，现在的自己和以前的自己有很大的差别。

还有就是不要怕累，做的事情多一些，得到的历练和经验就会多一些。尤其是现在，还在学校，有什么不明白的，可以问老师，老师可以很无私地告诉你，在你工作之前多接触一些项目，在进入正式工作岗位的时候，就会很快适应工作的环境，就会比别人领先，知道很多事情怎么去做。

受 访 者： 代冠军

工　　龄： 3年

采 访 者： 沈敏、郭顺

采访时间： 2015-12-24

采访地点： 中国建筑设计研究院

【个人简介】

代冠军，男，本科毕业于齐齐哈尔大学城市规划专业，硕士研究生毕业于西安建筑科技大学城市规划专业，现任职于中国建筑设计研究院规划师。

主要参与的项目有河北省张家口阳原县总体规划（2013~2030）、甘肃天水中梁空港城设计等。

采访内容

◎ **问：** **您是在什么时候接触规划，由于什么理由（或者机缘）让您将其作为自己一生的职业？**

代冠军（以下简称“代”）：我是2006年考大学，因为家是出身农村，所以也不是提前有什么准备或者是了解这个行业才进入这个行业的，也是属于误打误撞。进入这个行业以后慢慢通过了解，发现这个行业还能干点对社会有意义的事，就慢慢开始喜欢这个行业了。

◎ **问：** **您是从何时开始走向工作岗位的？您觉得工作之后和学生时期的区别是什么？**

代： 真正走向工作岗位是2013年，毕业以后就在这个单位了，2012年是在现单位实习。我觉得学生时期和工作以后不一样的是：学生时期可能都是片段式的，而且你做的设计也都是比较理想化的，老师给你假定一个规划任务，缺少和甲方沟通的一些工作，这可能是根本差别。跟甲方沟通与交流之后你会发现，其实这个世界不是你想象中的那么理想，它背后牵扯的关系很多。规划做得更多的是利益协调。作为一个规划师，你的情怀可能是：我想为大多数人服务，我的根本就是“以人为本”这种思想。这种观念应该是生长在每个规划师心里面的东西。但是工作以后，你接触的事情又和你心里面支撑自己的原则有一些冲突，毕竟工作了以后很多事情是直接为甲方服务的，甲方可能考虑自身的利益多一些，你需要通过自己的专业素养和专业技能更多地说服他们，协调他们和公众之间的利益关系。

◎ **问：毕业后很多人会纠结去哪儿工作，设计院、规划局或者其他，谈谈您对此的看法？**

代：对于工作，我觉得比较好的一个归宿，或者说一个线路，就是先在设计院里待一段时间，这样的话你才能了解这个行业到底是一种怎样的操作模式，以及我到底在这个行业里扮演一个什么样的角色。如果说你对自己最终的归宿设定为我想去政府部门或者说我想留校，设计院也是一个必不可少的阶段，因为你通过跟甲方实际的接触与沟通才知道，规划原来是这样一个东西。这里面有很多细节，跟甲方的沟通，跟各种相关部门的协调，你通过设计院才会了解得比较透彻。如果以后走向政府部门，政府偏向的是制度设计，规划偏重的是技术，但是你的设计工作，你想实现的那个规划蓝图，只能是通过制度设计和甲方管理来实现。所以说，如果不了解前期设计这个阶段到底应该怎么做，后期进入政府部门的话，你也是空白的，没有经验的，你仍旧不知道做的这个设计如何能更好地为这个制度来服务。

还有一个比较好的归宿就是留校，但是我觉得留校也是需要有在设计院打拼的经历，有了这几年的经验，你才能告诉学生如何去做好一个设计，怎么样协调各方的利益关系。说到这个，我比较钦佩的一个人就是赵燕菁，他一开始是在中规院，后来去厦门当了十年的规划局局长，这两年刚卸任局长，又去厦门大学当了教授。他是重大毕业的，原来学的是建筑，后来转到规划，现在在经济领域他的见解很独到。我觉得赵先生这种人生路线是一种比较好的路线。

◎ **问：您目前做过哪些项目？您最满意的项目是什么？谈谈您的体会？**

代：比较幸运的一点是，我刚入院的时候规划行业还是如火如荼的，因此我做过的项目也比较多，总规、城市设计、控规、修规等等都做过，基本上各个规划层面都接触过。读研的时候已经跟老师做了很多项目，积累的经验比较多，所以刚毕业来到这里工作也不害怕，跟别的部门合作做了一个总规，我当时自己向领导申请了做城区的方案、文字相关的内容，其中跟甲方沟通的各个细节让我印象最为深刻。虽然最后没有得奖，但对我这样一个刚毕业的人来说是一个比较好的开端。

到现在为止，我觉得做得最满意的项目是前两天刚结束的甘肃天水的项目投标。天水市是一个比较典型的带状城市，它的秦州区和麦积区之间有一个机场，机场阻隔了它们两个区之间的联系，所以这个城市的发展，包括交通联系等各方面显得内力不足，而且机场对周边的建筑限高以及周边建设的影响都很大，同时天水自身河谷状的城市形态也导致它需要地带开发来削弱对城市发展的限制。于是他们上版总规把这个机场迁到了周边的山顶上，并且计划围绕此机场做一个有居住有产业的空港城，就有了这个投标。开标前，我每天早八点晚十点，大概用了十天时间做这个项目。最后虽然这个项目没中标，但是我们在由规划专家评定的技术部分得了第一名。从最开始提出理念、跟领导沟通、搭建框架、组织人员，到最后拿到第一名，自己感觉是非常满意的。

◎ **问：您一定去过看过很多的城市，哪座城市的规划留给您的印象最深？**

代： 我印象最深的城市一个是哈尔滨，虽然我对它的整体印象不深，但是对中央大街印象比较深刻，包括圣索菲亚大教堂。中央大街的空间特别宜人、特别舒服，中央大街两边的层高大概是3层左右，街道的宽度大概是1：1或者1：1.5这样一个尺度，其中新建的和保留的建筑关系处理得非常好，保留建筑也细节丰富，大体上看很舒服，走进细看有味道。

还有就是香港，香港给我印象最深的是微公园的体系做得非常好，虽到处都是高楼大厦，但是走在其中，每走几步就会有一个小的公共空间供人休息，很人性化，而且它的交通也不拥堵，很多路是单行道。香港的城市建设有很多值得借鉴的地方。

◎ **问：您觉得未来规划行业发展的方向和热点在哪儿，城市、城镇或者乡村？**

代： 城市这一块肯定走存量规划比较多一点；住房城乡建设部刚发文“乡村全覆盖”，乡村规划会是一个很大的市场。

但是我对这两块比较担忧，存量规划对于老师、学生来说是新东西，对于从业人员来说更是新东西，而且它没有一些方法，也没有一些支撑它的理论。国外城市发展到现在，存量规划是比较多的，但是中国有自己的特色，需要我们自己思考和探索。这也从侧面反映了规划行业其实没有大家想象得那么惨淡。

◎ **问：当前城市问题日益突出，您觉得城市未来的发展方向和重点是什么？**

代： 存量规划可能是重点，现在所有规划的规范、标准，针对的全是增量规划，而存量规划这块是空白。没有统一的指导，大家也不知道哪个方式和途径是比较合适的。

◎ **问：最近住房城乡建设部提出“乡村全覆盖”来解决农村问题，对此您有什么看法，您觉得应该如何保持乡村的特色和活力，从而避免千村一面？**

代： 住房城乡建设部提出的“乡村全覆盖”的初衷、思路、原则都是好的，但是落实起来确实存在很大难度。

乡村规划的现状是城市剥削乡村，农民有自己的生活方式和生活状态，有自己的空间需求，不能用规划城市的思路去规划农村。想把村庄规划做好，最核心的一点就是带领一个团队在村庄里进行深入地实地调研，了解清楚到底村民需要什么。我们国家现在农民还是非常多的，大概占到一半，从城市化的角度来讲，50%多的城市化率，但是城市化率算的是常住人口，所以城市户籍人口应该不到40%。农民从意识形态上，对自己到底需要什么有自己完整的逻辑，但他们提供给规划师的是一些零星的东西。比如说我想要养猪，我就需要建猪舍的空间。作为规划师来说，要扎入这个村子里，了解清楚农民到底需要什么，搜集他们零星的需求和重要的信息，并将其反馈到规划里面。

乡村规划中还有一种现象，就是对古村落的保护比较注重，而对一般村庄重视不足。这种一刀切的方式可能不太适合。村庄做得比较好的，比如河南的郝堂村，比较多的工作其实就是怎么帮农民梳理水、梳理路，并没有大拆大建。村庄到底应该分哪几类，哪类是要全拆的，这个是需要界定的。

◎ **问：您是如何界定城市规划、城市设计和乡村规划的联系和差别，它们之间应该如何协调才能更好地达到规划建设的目标？**

代： 我觉得城市规划是综合性的，它涵盖了经济、社会、人文、生态等很多方面。城市设计它可能注重空间会多一些。乡村规划，可能这两个层面都有。因为它的范围比较小，你要做一个乡村规划，肯定是把空间也规划得比较好。

从生活的角度上说，城市和农村之间比较理想的状态就是，城是城，村是村，他们之间的关系可以通过比较好的交通联系起来。你在城市可以享受城市里面的服务，在村庄可以享受村庄生态和田园的生活状态，享受很理想、很悠闲的一种生活场景。如果你在城市觉得生活节奏过快，可以到农村休憩一下。

从规划上来讲，城市应该给农村提供更多的支撑点或者是窗口，从现在的发展来讲，农村其实有很多的资源。我们在做天水项目的时候就把基地里的一片樱桃园进行了保留和品质提升，改善整体的风貌，然后再通过跟机场及周边的交通联系，给它提供更多向外输送农产品的途径。这就是城和村比较理想的一种状态。

◎ **问：作为一名规划师，谈谈您对规划师这个职业的看法，您认为它只是一份单纯的工作，还是有您的理想抱负？**

代： 一个规划师始终要有职业底线、职业道德，最根本的就是以人为本。作为一个规划师，我们其实是在构建一个美好的蓝图、一种理想的状态，规划很多时候都是在选择、在协调。想做好这份工作，你需要把各方的利益协调好，之后途径可能会多一些。我觉得规划师和建筑师最大的一个区别是，建筑师是我设计完一栋楼可以看着它建起来，但是规划师是我设计完一个城市，后来改着改着就“没”了，就是自己的作品可能很少能呈现出来。

◎ **问：规划师关系到城乡发展的未来，在从事规划工作的过程中，您觉得作为一名优秀的城市规划师应该具备怎样的道德素养和知识结构？**

代： 作为规划师要有自己的专业素养，这个素养包含了社会、经济、历史、人文等内容。

作品

张家口阳原总体规划

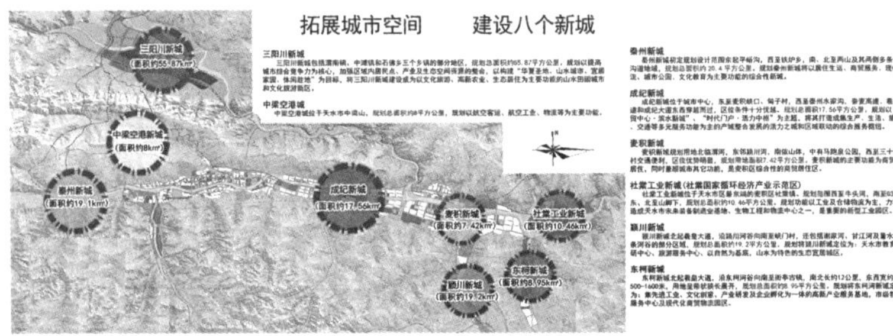

受 访 者：郑硕

工　　龄：5年

采 访 者：沈敏、郭顺

采访时间：2015-12-24

采访地点：中国城镇规划设计研究院

【个人简介】

郑硕，男，2008年本科毕业于中南大学城市规划专业，2011年硕士研究生毕业于华中科技大学城市规划专业，现工作于中国城镇规划设计研究院。

主要参与项目有阜康市城市总体规划（2011～2030）、河北省涞水县城乡总体规划（2011～2030）、鄂尔多斯民族文化创意产业园控制性详细规划。

采访内容

◎ **问：　您是在什么时候接触规划，由于什么理由（或者机缘）让您将其作为自己一生的职业？**

郑硕（以下简称“郑”）：我是2003年大学报志愿的时候选择的城市规划这个专业，当时也没有什么特别的原因，只是觉得可能比较有意思。后来将其作为一生的职业可能是在2005年左右，在不断的学习中发觉到规划这个专业的复杂性，所以它还有很多东西需要我们去探索。

◎ **问：　您是从何时开始走向工作岗位的？您觉得工作之后和学生时期的区别是什么？**

郑：　大学毕业之后我选择了去华中科大读研究生，研究生毕业之后就在中建院工作至今。

我觉得工作之后跟学生时期其实差别挺大的，尤其在项目方面所接触的复杂程度也远比在学校的时候所做的那些设计或者是方案复杂很多，也要难很多。其实还是很怀念学生时候那种比较单纯的，能够简简单单做设计的状态。比如说学生时代你做一个项目，可能是把设计做好，把方案做好，把该有的图画完，基本上就可以了。而工作了以后，要做的不仅仅是做方案、画图，更多的是扮演一种协调者的角色。会需要做一些前期的项目洽谈，包括对甲方思路的引导，还有对整个大环境和政策的判断，或者是整个城市的现状和未来发展机遇的判断，这些都是需要考虑的。这可能与学生时期做设计或者跟着老师做项目是完全不一样的。甲方的诉求也特别多，而且甲方的诉求会随着领导的改变而不停地变化，而作为一个设计者或者规划师，需要随时跟着市场的反应或者跟着领导的反应，去变更自己的设计或者规划。

◎ **问：毕业后很多人会纠结去哪儿工作，设计院、规划局或者其他，谈谈您对此的看法？**

郑： 我觉得肯定会有纠结，不论规划局、设计院，还是想留校，我觉得这其实是对自己的未来人生和自我能力的一种认同。去规划局或者房地产公司，那可能意味着以后的工作是偏向于做规划管理，或者做项目管理。但要是留校的话，则需要确定自己对长期的规划研究和理论探索是否有兴趣。设计院可能就相对纯粹一点，就是做项目，做设计或者是到最后带一些年轻设计师，或者是成为一些项目管理人员。我觉得，总体来说，选择去哪里工作关键还是要看对自己的定位和认识。

◎ **问：您目前做过哪些项目？您最满意的项目是什么？谈谈您的体会？**

郑： 做过的项目有很多，应该有几十个了吧。总规、控规、城市设计、战略规划都有。好像目前还没有什么最满意的项目，因为我觉得，不完美就是规划的属性。当某个项目做完了以后，总是有很多很多的遗憾或者没有考虑周全的地方，以及规划还是有很多需要妥协的东西。

遗憾总是挺多的，我觉得这个就像规划这个学科一样，永远都是我们在不断地批判以前的理论，我们不断地批判以前所建造的城市。这个不完美的属性，是从规划学科诞生起一直伴随到现在的。我也总是在改以前的图，也总是在看以前自己所做过的一些规划，以及这些城市实际实施以后所呈现的各种各样的问题。这就说明城市在发展，也说明我们规划师在发展，是一个必经的过程。

◎ **问：您一定去过看过很多的城市，哪座城市的规划留给您的印象最深？**

郑： 我印象最深的城市是香港和新加坡。新加坡应该属于一个比较完美的城市形象代表。它的街道十分干净，到处都是绿化，功能分区很合理，也有足够的活力，有足够的多元化发展理念在里面。至于香港，我觉得则恰恰相反。它既有很现代化、很人性化的一面，同时也体现出了一些华人社会所特有的喧闹，包括脏乱这样的特性。总体来讲，新加坡可以说是我们教科书式的一个理想规划的代表，而香港则是一个具有华人社会鲜活特点的城市。

◎ **问：您觉得未来规划行业发展的方向和热点在哪儿，城市、城镇或者乡村？**

郑： 我认为依然是城市，因为城市对于人们向往美好生活的吸引力、诱惑力是最大的。

乡村规划呢，包括一些乡镇规划，会在政府的推动下不断地改进，但它是依附于城市进行发展的，比如像一些大城市周边的乡村，可能未来会成为开发的一个热点。

◎ **问：当前城市问题日益突出，您觉得城市未来的发展方向和重点是什么？您心目中的未来城市是怎样的？**

郑： 我觉得未来城市发展的重点，第一点是生态；第二点是整体城市生态环境与城市周边的生态系统的建设；第三点就是休闲城市和智慧城市的发展。

未来的城市，我认为跟现在的城市形态应该不会有太多的变化。城市就是人们相互交往、相互合作和相互交易的地方，未来它可能会夹杂更多的内容，包括互联网、生态、智能化等等。但是，人与人之间的交流需求还是不会变的，所以形态方面应该不会有太多的变化。但是有一点可以确定的是，未来城市肯定会更生态，大城市会更大，那么乡村地区也会更有特点。

◎ **问：最近住建部提出“乡村全覆盖”来解决农村问题，对此您有什么看法，您觉得应该如何保持乡村的特色和活力，从而避免千村一面？**

郑： 乡村其实可以说是，什么样的生产方式或者什么样的经济发展水平，就会决定它形成什么样的社会形态，也会形成一种特定的乡村模式。那么现在的城市吸聚人口、乡村空心化这种现象，注定不会是做多少次规划、建多少次新农村、建多少标准化的村庄住宅，就可以吸引农村人口进去。最关键的一点，还是应该建立在高于乡村物质形态特色上面，引导乡村的产业进行特色化发展。如果仅仅是说从我们规划师的角度或者说是建筑师的角度，去要求某些古村落保持某种特定的形象或者乡村风貌，而不去考虑村民生活或者村民的生计发展情况，那么我觉得这就是对当地村民的不负责任。这就像前几年的新城建设一样，仅仅是扩大城市的规模，拉开框架，这并不足以让城市进行能级的跨越和城市功能的整体升级。

◎ **问：您是如何界定城市规划、城市设计和乡村规划的联系和差别，它们之间应该如何协调才能更好地达到规划建设的目标？**

郑： 不管是城市规划还是乡村规划，它都是在规划。我们现在新的城乡规划法也把它定位为城乡规划。它基本上是对人类聚落和非物质空间以及生态景观的一个统筹安排，这是我对城市规划和乡村规划的理解。城乡之间未来可能是走向融合发展，并且他们之间的差别在不断缩小。而城市设计呢，我觉得是对未来的城市生活、城市非物质空间的设计。那么以后的城市规划、城市设计应该是贯彻在整个规划过程中各个层面最核心的一个部分。

◎ **问：作为一名规划师，谈谈您对规划师这个职业的看法，您认为它只是一份单纯的工作，还是有您的理想抱负？**

郑： 我觉得既然选择了规划行业，你就应该把它看作是理想，我们学的城建史上所讲的每一次规划的突破和进步，其实都是人们对美好未来的畅想，对美好城市生活或者是城镇生活的向往。我们规划师也应该秉承这份理想，尽管我们在不断地犯错，但是我们也在不断地总结过去失败的经验和教训。希望我们都有一个目标，为了全人类也好或者是我们的国家，为未来建设一个更美好的城市而奋斗。

◎ **问：规划师关系到城乡发展的未来，在从事规划工作的过程中，您觉得作为一名优秀的城市规划师应该具备怎样的道德素养和知识结构？**

郑： 我认为第一点是道德素养，这是规划师应该守住的底线；第二点则是规划师应该从公众利益的角度出发。至于知识的结构储备，首先规划师应该有一个更全面的、更广泛的知识基础；其次应该有能力对一些新鲜的科技和新兴的政策，包括对新的文化发展的解读，总的来说就是要求规划师有比较敏锐的观察和捕捉能力。

作　品

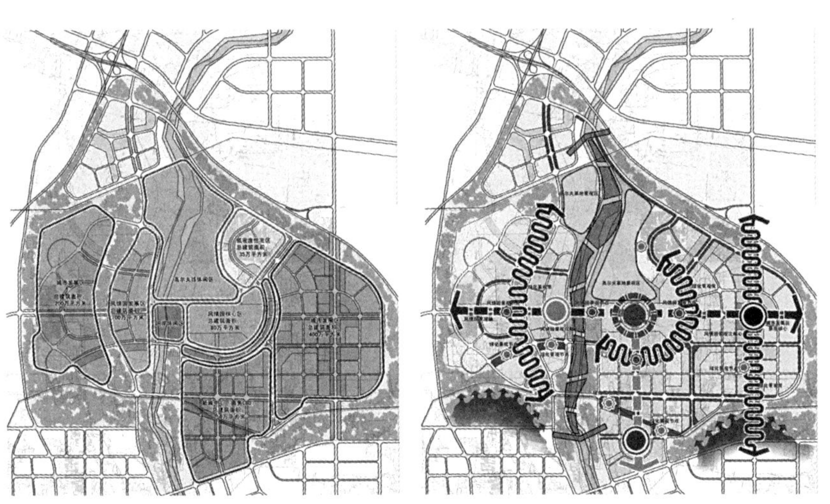

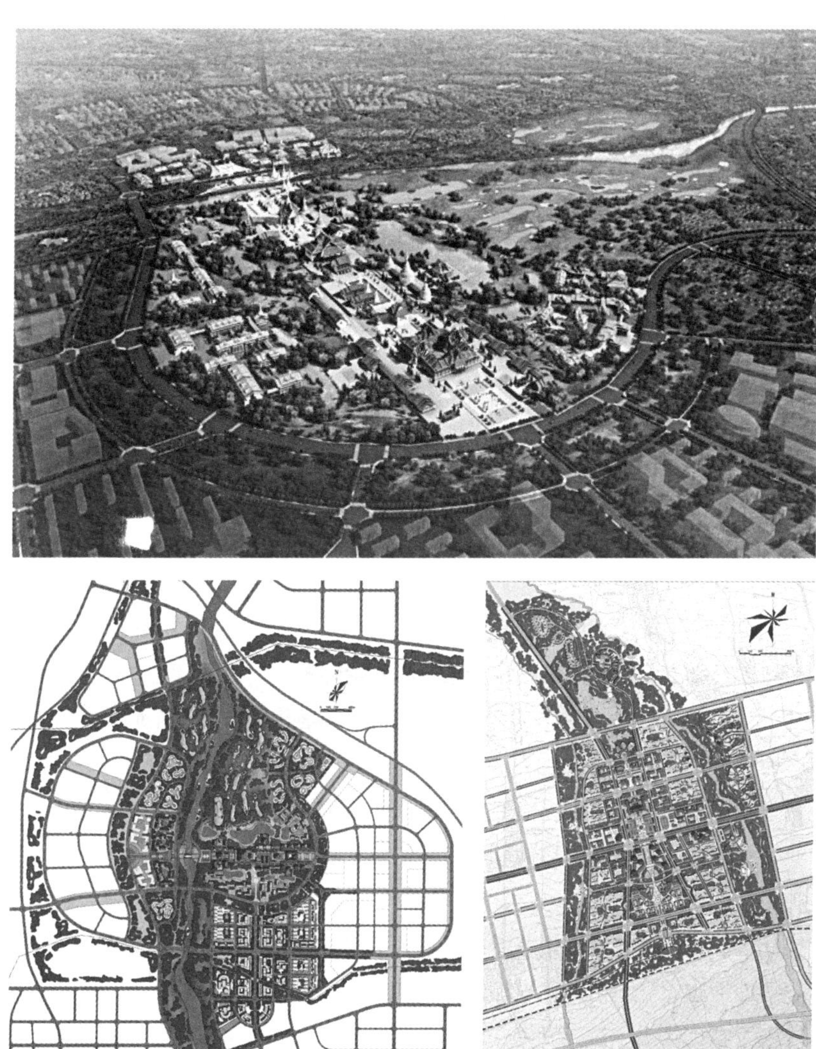

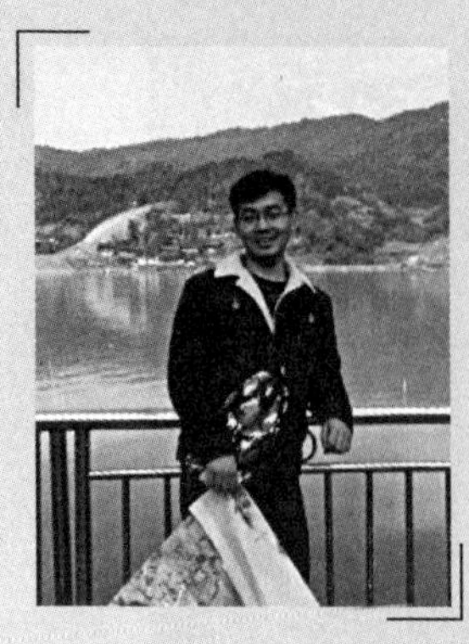

受 访 者：李游

工　　龄：1年

采 访 者：夏川、彭昊

采访时间：2015-12-30

采访地点：网络采访

【个人简介】

李游，男，本科毕业于湖南城市学院，现任职于湖南省建筑设计院。

采访内容

◎ **问：　您的学习城市规划的道路是从什么时候开始的？**

李游（以下简称“李”）：高考结束后的偶然机会，让我接触了这个职业。当时想着做设计相关的行业，也由于自己小时候对于城市的看法比较多，喜欢观察周围的事物，就考虑了选择城市规划这个专业。进入大学后，才开始正式的学习城市规划这个专业，同时我也不断学习其他相关专业的知识。

◎ **问：　是什么理由或机缘让您接触城市规划，并将其作为自己一生的职业？**

李：　高考填报志愿让我进入了城市规划领域学习，而真正让它成为我的职业，我想应该是在大学二年级，做完湖南益阳市幸福渠路的修建性详细规划的课程设计之后，我明确了以后所要从事的职业是城市规划。那时候我也是才大二，懂的也不多，但感觉修规做起来很有意思，那些控制指标和尺寸的拿捏，还有对建筑形态、沿街立面、公共空间等的考虑，尺寸和形态之间的关系，都是值得斟酌的。如果把城市比喻成一个患者的话，城市规划师就应该是医生，这样的工作是为大众谋福利的，也能实现自我价值，何乐而不为呢？

◎ **问：　在即将走出校园时，您经历了怎样的选择促使您成为一名城市规划工作者？**

李：　在学校工作室里帮老师做项目，是我印象最深刻的一段时期，那时候是边学边做，也能把自己的想法和设计予以表达，这些实践都是很宝贵的。我觉得在工作室主要训练了我的手绘和机绘能力。我在工作室做了一年半，学到了很多知识，这也为我日后实习、找工作做好了铺垫。到了大四，作为地道的湖南人，我觉得自己对于所处的城市很了解，我希望能把自己的理想同对家乡的情愫结合起来。当然了，这里的机会很多，和广东那边的联系也很密切，比较适合我们年轻人去开创。所以我最后进入湖南省建筑设计院进行实习，实习期结束，我就立即参加了他们的考核，我的运气也不差，最终通过快题考核后拿到了offer。

◎ **问：能谈谈您对城市规划的认识吗？**

李： 我觉得城市规划作为一门学科，有其一定的理论渊源，也有一定的方法论。理论上，比如有邻里社区理论、雷德朋体系、芒福德的人本主义。城市规划这门学科的发展还有很长一段路要走，因为它还需要更多科学的理论进行指导。城市规划需要不断地探索和完善，从而形成科学的学习方法和思维模式。

◎ **问：您觉得工作之后和大学校园时期学习的区别是什么？**

李： 总的来说，就是“少了理想，多了现实”。以前总想着能在岗位上部署自己的计划，分享自己的设计理念，但是实际上不是这样的，领导或者同事没有那么多耐心去听你的理念，他们更注重效率和结果。很多事情得从实际出发，得考虑不同群体的利益，规划其实做的更多是利益调节的工作，我们要确保公平的利益分配，尽可能倾听更多人的切实想法。同时，甲方的意愿也要接纳，但更多时候是要跟着最新的政策走。不管怎么样，我觉得做规划应该更广泛地征求民意，因为我自己也是城市规划的受众。

◎ **问：您是何时进入现在的工作单位？现在的工作单位有什么特点？**

李： 2015年7月。现在的工作单位，可能更多的是做一些小的村镇规划，很少能接到城市的规划项目，或者会做一些跟城市交通、公共设施相关的规划。另外，在总规、控规这一层面，做的更多的是修编工作。

◎ **问：您在工作中有什么心得？最令您欣慰的是什么？**

李： 多动手做方案，关注最新的时事动态，这让我学到了很多东西，城市规划是一个综合学科，所以对各方面的认知很重要。

◎ **问：您一定去过很多城市，有令您印象特别深刻的吗？**

李： 成都是我印象最深的城市。那里的环形放射式路网结构，还有类似于宽窄巷子的街道设计以及富有当地习俗的传统民居等等都是我所感兴趣的。

◎ **问：** **您认为目前规划的方向和热点是什么？**

李： 智慧城市、海绵城市、存量规划。这些都是现在和未来的趋势，信息化时代、更高的土地利用率、资源的节约利用、环境友好型城市的倡导，都是当下的主题。

作　品

受 访 者：丛菲菲

工　　龄：3年

采 访 者：秦蜜、王鑫

采访时间：2015-12-23

采访地点：电话采访

【个人简介】

丛菲菲，女，本科毕业于北京工业大学城市规划专业，现任职于北京建工建筑设计研究院，规划师。

主要参与的项目有唐河县城乡总体规划（2015~2030）、社旗县产业区空间发展规划、社旗县产业区控制性详细规划、沙洋县老城区控制性详细规划。

采访内容

◎ **问：是什么影响了您当年职业生涯的选择？**

丛菲菲（以下简称“丛”）：我认为职业生涯的选择，可以追溯到专业的选择。高考后选择了这门和画画、设计有关系的专业，可能出自于对艺术和美的追求。但是真正职业的选择，需要涵盖更多的方面，可能和专业是什么、学习的年限并没有关系。城市规划是一门强调专业性和技术性的专业，本科用了五年的时间学习，面临就业，不想放弃自己比较擅长的领域。

◎ **问：能谈一谈您对城市规划的认识吗？**

丛：对城市规划的认识是一个过程。最初接触城市规划时，认为它是设计、画图，是使图面表达美丽的专业；工作以后逐渐认识到，城市规划不仅是画一张漂亮的图，它是与城市的发展相关、与国家政策相关的专业，不同于建筑与景观设计，是政策指引推动城市向前发展的。对于我国的国情来说，城乡规划相对于城市规划应该更贴切些。大城市的发展更趋于盘活存量，大幅减少增量规划。提倡发展中小城市，统筹城乡发展。并且我愈发感到，城乡规划是非常关注民生的，密切关系到城乡发展、人民生活水平的。

◎ **问：** **您一定看过很多的城市，哪座城市的规划能够让您印象深刻？**

丛： “城市”的概念太大，无论从空间地域、人口规模还是功能特点来说，小尺度的城市更容易给我留下深刻印象。河南省南阳市社旗县给我印象很深，虽然它是一座县城，但也可以说是一座小城市。谈这座城市最主要的原因就是，工作后做了许多社旗的项目，耗时也很长，对这个小城市有了一定的了解。县城北部是老城区，城区内部包含一个赊店古镇，古镇的街道和其他传统建筑都保护修缮得较好；县城南部是已经初具规模的产业新区。整座城市有古有新，麻雀虽小五脏俱全，城市的内容十分丰富，因此令我印象深刻。同时由于参与了社旗县的产业集聚区规划，而产业区现今也确实正在按照规划方案进行建设。作为规划师，看到自己的规划方案得到实施，是一件很有成就感的事，这为我们做规划也增添了信心。

◎ **问：** **现在工作的方向或者特点是什么？在工作上有怎样的心得？觉得哪方面还有待提高？**

丛： 工作以来，做过的大部分项目是法定规划，总体规划、控制性详细规划、专项规划等，但是随着工作室的转型，往后也接触了村庄规划、地下空间规划、轨道交通规划和城市设计等专项规划，要求了纵向的深度。之前做总体规划和控制性详细规划这类法定规划，它们大概有一些自己固定的模式，缺乏创新思维的楔入，而面对轨道交通、地下空间这些之前没有接触过、不太擅长的规划，确实有些无从下手之感。因此应该多学多认识不同类型的规划，培养分析问题的思路和方法。心得：态度很重要，不论从业方向和专业技能如何，只要态度端正、积极，乐于奋进，相信总会更上一层楼。同时，城市规划专业性很强，需要不断钻研和学习，丰富自己的知识储备，需要保持较大的热情。提高：学习分析问题的思路和方法。

◎ **问：** **发现您的工作习惯很好，这是怎样培养的？**

丛： 上学时做过组长，自己的责任心比较强，愿意承担；工作后，在领导和项目负责人的培养和指导下，不断学习，与工作室的习惯保持一致。一开始我的专业技术能力，比如软件CAD的使用很不熟练，但我多学多问，无论是负责人还是工作室的研究生，我都愿意与他们交流专业技术与心得。同时切忌懒惰，多动手多动脑才能得到更多的积累，比如开会勤做记录并多提问，与大家沟通探讨，平时多翻阅规范，遇到重要的地方会摘抄到本子上，加深印象。再有就是注重细节，认真、细心工作。

◎ **问：** **您觉得本科毕业之后直接就业，相对于研究生就业而言，有什么利弊？**

丛： 工作三年积累工作经验，要比读研三年丰富，进入工作的状态不一样，前者更为熟练。而研究生的培养全面，课程作业包含不同的内容，对不同的规划项目类型都有一定探究，分析问题的思路和方法得到了积累。工作后做方案做项目从实践入手，读书更多从理论的方面入手。另外，读书期间时间稍微自由些，可以做大量的阅读并出去旅游，拓宽视野。

◎ **问：** **您认为规划的关键点是什么？为什么呢？**

丛： 我认为关键点是对于现状的了解和调研。只有对城市的现状了解得透彻，才能知道城市下一步要做什么，才能因地制宜地做出较好的规划。另外，我认为规划的实施很重要，而此阶段的政府引导很重要，规划再好而不能落地，对于这个城市来说，就只能是墙上挂挂的蓝图。

◎ **问：** **您会继续在城市规划的行业发展吗？将来的职业规划是什么？**

丛： 就目前而言，会继续从事城市规划的工作，毕竟是自己的一技之长。还没有做过长远的职业规划，一直都是本着踏实、稳扎稳打的节奏来工作。而随着我工作时间越来越长，发现必须要更全面地发展自己，不论是写投标书、说明书、画图还是汇报沟通等，选择了城市规划，就一定要干好。当然，成为创作型音乐人也是我将追求的梦想。

◎ **问：** **您能对城市规划的未来前景做个评述吗？**

丛： 可能目前城市规划遇到了发展的瓶颈期，但是城市未来和城市规划的未来，是会一直向前走的。通过工作以来对专业的了解，尤其是城市规划进入到项目评审的阶段，专家从实际的角度来进行评审的时候，我看到城市规划不是浮于纸面的，而是经过一个从理想落到现实的过程，又看到了我们的规划真正实施了，这是一幅非常好的愿景。

◎ **问：** **就您就业经历而言，能为还未毕业的我们做些经验之谈吗？**

丛： 干一行、爱一行，只有用心投入工作，才能将本职做好。喜欢并选择，就要力争上游，不喜欢，或许转行是最好的出路。

作　品

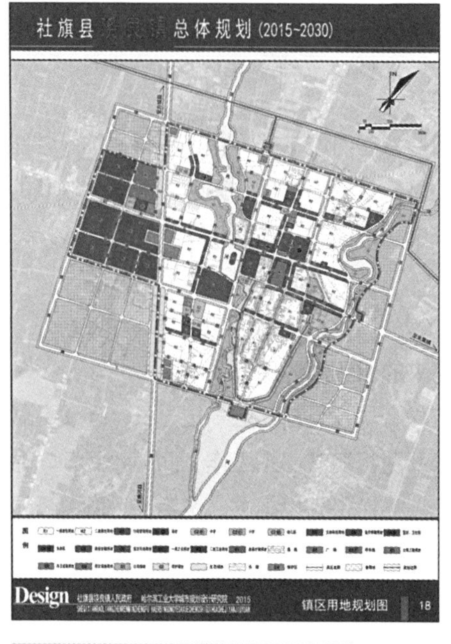

社旗县　　总体规划(2015~2030)
Design
镇区用地规划图
18

沙洋县老城区控制性详细规划
Design
沙洋县人民政府
2015
用地规划图
08

受 访 者：宋名扬

工　　龄：2年

采 访 者：梁晓东

采访时间：2015-01-19

采访地点：中咨规划设计研究院

采访内容

◎ **问： 您的规划学习之路是从什么时候开始的？**

宋名扬（以下简称“宋”）：大学。

◎ **问： 是什么理由或者机缘让您接触规划，并将其作为自己一生的职业？**

宋： 高考报的志愿，没考上建筑学就是城市规划了。

◎ **问： 能谈谈您对城乡规划学的认识吗？**

宋： 城市规划主要研究城市的未来发展、城市的合理布局和管理各项资源、安排城市各项工程建设的综合部署。在中国，城市规划通常包括总体规划和详细规划两个阶段。城市规划涉及非常多的其他专业的知识，如社会学、经济学、气象学、信息技术、地质学，还有必须要具有一定的艺术空间思维能力，这也就使得城市规划这一专业不仅仅是在规划城市岗位上工作，也包含城市景观的设计，房地产规划等行业人才的培养。

城市规划同样也是很敏感的专业，不仅要处理好社会与自然生态间的和谐关系，也要协调好各社会阶层之间的矛盾，还有就是处理好历史环境与未来环境之间的关系。人类社会与自然环境之间的矛盾处理，例如，处理好污水处理设施的方位、工业区的方位等等；协调各阶层之间的矛盾，例如，民族成分、宗教信仰，这些在西方普遍存在，这也必须通过规划师的调查才能进行规划；历史环境与未来环境的关系，城市规划不是一项短期的计划，而是较为长期的规划，这就需要充分考虑到未来可能会产生的变化，如预留一些土地等等。

◎ **问：在即将走出校园时，您经历了怎样的选择，促使您成为一名建筑规划从业者？**

宋： 毕竟五年的学习会改变我们许多，而我们最大的收获就是学会了一技之长，学会我们的专业，而专业大都决定以后我们该走什么样的路，基本确定了一个人的一生。而我选择城市规划这个专业，我自豪。规划好我们美丽的城市，这是我们为社会所作的贡献，也是对我们自身的精神满足。

◎ **问：您是从何时开始走向工作岗位的？您觉得工作之后和大学时学习的区别是什么？**

宋： 毕业之后就走向了工作岗位（没有考研究生，迫不及待地走向工作岗位）。区别就是对工作有更多的责任感、更加细心、更加吃苦耐劳，同时在工作中也要不断积极努力地学习。

◎ **问：您是何时进入现在工作单位，成为一名规划师的？**

宋： 毕业之后。

◎ **问：您觉得您所在单位有着怎样的特点？**

宋： 项目类型充足，能让自己学习到更多东西，提升自身的职业素养，单位的工作氛围也很好，可以让自己舒适地工作，一天都能全身心地投入工作中，个人觉得自己舒适地工作才是关键。

◎ **问：您目前做过哪些项目？您在工作上有怎样的心得？**

宋： 控规、片区风貌改造。关于控规：控制性详细规划上有总规和分区规划制约，下要引导控制修建性详细规划，这也突出了控制性详细规划的最大作用——承上启下。除此之外，控制性详细规划还有以下几个重要作用：与管理、开发的结合，作为管理的依据（三分规划，七分管理），体现城市设计构想（给城市设计制定大致风格），城市政策的载体（体现政府领导的各种政策）。其内在构成包括六个方面：土地使用、环境容量、建筑建造、城市设计引导、配套设施和行为活动，当然责任心是最重要的。

◎ **问：在从事规划工作的过程中，您觉得最让您感到欣慰的是什么呢？**

宋： 最欣慰的事情就是能够完成项目。自己有成就感的同时会觉得，这不枉当初自己的选择，使自己对城市规划这个行业更加热爱；同时有的项目还能实施，这也是让自己感到欣慰的地方，比如说片区风貌改造，虽然改动量不是很大，但是能够真正地落成，这也是身为专业人员最希望看到的结果了。

◎ **问：您一定去过看过很多的城市，哪座城市的规划留给您的印象最深？**

宋：我热爱每一座城市，不区分哪座城市的印象深浅，我觉得每一座城市都是一个充满活力、有待茁壮成长的生命。

◎ **问：您觉得未来规划行业发展的方向和热点在哪儿？**

宋：热点问题是新型城镇化，包括城市开发边界、生态安全、城市文化和城市更新。主要的发展方向是可持续发展。我国的城市化进程越来越快，越来越多的人口将生活在城市地区。未来城市是否能健康发展，很大程度取决于应对环境的挑战和获取可持续发展。由于我国城市人口众多，需要很高的资源投入——水资源、燃料、土地、人类及企业所需要的物资和原材料，才能保证一定的经济增长以满足社会需求，如就业需求、生活水平提高需求等。但是，我国长期以来主要偏重经济建设，而相对忽略了社会发展，导致经济、社会、环境发展不协调，公共服务供给严重不足，这也严重地制约了国家、地区竞争力的提升。经济发展、GDP 的增加不是社会发展的唯一指标，更不是社会可持续发展的唯一指标，综合管理、效率、社会友好、环境友好才有助于社会稳定地、可持续地发展。21世纪是资源紧缺的世纪，我国能源消费超过美国成为第一大能源消耗国。城市必将面临人口、资源、环境与社会经济如何协调发展的挑战。如何确定城市的性质、规模和发展方向，走可持续发展之路，是当前必须重视的问题。国内外的经验证明，一个城市的建设和管理，首先取决于科学合理的城市规划，并以之为依据，指导城市开发、建设和管理。

受 访 者： 吕小勇

工　　龄： 1年

采 访 者： 夏川、彭昊

采访时间： 2015-12-25

采访地点： 北京建筑大学

【个人简介】

吕小勇，男，本科毕业于大连理工大学建筑学专业，后获得哈尔滨工业大学城市规划与设计硕士、博士学位，现任职于北京建筑大学。

主要研究领域为区域与城市空间发展，并对城市交通枢纽所引发的区域空间发展有较为深入的研究。近年来负责、参与完成了《哈尔滨低碳生态城总体规划》、《哈尔滨市24片特色单元城市设计导则》、《吉林范家南部新区城市设计》、《中国雪乡风景旅游区修建性详细规划》等十余项规划实践项目。

采访内容

◎ **问： 您的规划学习道路是从什么时候开始的？**

吕小勇（以下简称“吕”）：我本科是建筑学方向，在本科三年级的时候选择建筑学专门化（建筑设计\城市规划\室内设计）中的城市规划发展方向，随后攻读了城市规划与设计专业的硕士和博士学位。我的城市规划实践是从本科四年级开始的，当时与同济大学建筑设计研究院合作拿下同济大学汽车学院规划投标，随后一发不可收拾。

◎ **问： 是什么理由或者机缘让您接触城市规划，将其作为自己一生的职业？**

吕： 主要是遇到了专业导师，我的启蒙老师是美国华盛顿大学归国的梁江教授、路易斯安那大学归国的孙晖教授以及同济大学博士陈有川教授，使我在短时间内就具备了一定的理论修养，并获得了大量规划实践的机会，与同济大学的合作从大学四年级一直延续至今，已经有十三四年的时间了。

◎ **问： 在即将走出校园时，您经历了怎样的选择促使您成为一名城市规划工作者？**

吕： 本科毕业的时候，就业形势比现在好很多。和许多同学一样，我到设计院实习然后参加考试，当时获得了中规院、北规院等设计单位的offer。后来考虑了一下，还是想再进行深造，选择去哈工大读硕攻博，博士毕业获得了北规院、北工大、北交大、北京建筑大学的offer，因为还是希望从事城市规划研究工作，所以最后选择了专业学科排名相对靠前的北京建筑大学。

◎ **问：能谈谈您对城市规划的认识吗?**

吕：一个全面、综合的专业；一项具有挑战性的工作。

◎ **问：您觉得工作之后和大学校园时期学习的区别是什么?**

吕：大学学习偏重于个人独立行为，学习相对纯粹。工作以后特别注重团队合作，学习大多与工作实践相结合。

◎ **问：您是何时进入现在的工作单位? 现在的工作单位有什么特点?**

吕：2015年7月来到北京建筑大学工作，主要从事教学、科研两方面的工作。当前工作的北京建筑大学，以建筑学和城市规划发展为龙头，在国内居于学科发展前列。

◎ **问：您在工作中有什么心得? 最令您欣慰的是什么?**

吕：最欣慰的是看到同学们在设计上的成熟以及理论修养上的成长。

◎ **问：您一定去过很多城市，有令您印象特别深刻的吗?**

吕：一个英国小城——约克，具有特别的城市尺度、特别的地标建筑、特别的城市公共活动。

◎ **问：您认为目前规划的方向和热点是什么?**

吕：新型城镇化、城市总体规划编制与审批的改革、城市发展中的社会融合、城市设计。

受 访 者： 王晶

工　　龄： 3年

采 访 者： 夏川、彭昊

采访时间： 2015-12-25

采访地点： 北京建筑大学

【个人简介】

王晶，女，天津大学建筑学硕士，天津大学城市规划与设计方向博士，清华大学水利土木学院交通研究所博士后。现任职于北京建筑大学。

主要研究领域集中在城市规划与设计、土地使用与交通规划协调的理论和方法、综合客运枢纽的规划和设计等。先后参与和承担国家级、省部级基金项目10项。

采访内容

◎ **问： 您的规划学习之路是从什么时候开始的？**

王晶（以下简称“王”）：硕士的时候。我在天津大学读建筑学硕士的时候也会接触到一些城市规划的问题。学习规划的过程中，综合分析城市问题、协调解决问题的能力是不仅仅在建筑、规划中受用，在任何一个职业的工作中，都能受益终身。

◎ **问： 是什么理由或者机缘让您接触城市规划，并将其作为自己一生的职业？**

王： 硕士在读的时候选择了直博，我觉着这一方面是对自己能力的肯定，另一方面自己也确实想多用一些时间去做一些科研，充实和沉淀自己。

◎ **问： 在即将走出校园时，您经历了怎样的选择促使您成为一名城市规划工作者？**

王： 博士论文匿名盲审，机缘巧合使得我有了到清华做博士后的经历，两年的工作经历使我真正进入了大城市规划的领域。目前我的主要研究领域是土地使用与交通规划协调的理论和方法、综合客运枢纽的规划和设计，这些内容和我这两年的经历是分不开的。今后，我也会继续致力于该方面的研究和工作，有机会的话，也有兴趣不断地开拓新的研究领域。

◎ **问：能谈谈您对城市规划的认识吗？**

王： 城市规划不仅仅是一个技术活，本质中具有未来导向性的特征。城市规划最重要的作用是指引城市未来的发展方向，协调各方利益，确保城市能够健康持续地发展。城市规划是一项综合性、战略性以及科学性都很强的工作。在现代的城市建设中，如果能够制定科学且合理的城市规划，并且可以严格按照城市规划的要求实施，可以取得良好的经济社会效应。引用王富海的一句话：我们的规划要从“无限目标”走向“有限目标”，变得更“可行”；要从“静态蓝图”走向“动态改善”，变得更“可用”；要从“专业精英”走向“多元共识”，变得更“可见”。

◎ **问：您是何时进入现在的工作单位？现在的工作单位有什么特点？**

王： 2013年。高校教师是一个对从业者要求很高的职业。科研、教学、实际项目能力一个都不能少。

◎ **问：您在工作中有什么心得？最令您欣慰的是什么？**

王： 在不断的工作中能够挑战自我，不断修炼。我很乐意去迎接来自我职业的任何挑战，并且尽我所能去解决它。人生本来就是征服一个又一个高峰的过程，我将全心全意地投入到未来的每一个挑战中去。

◎ **问：您一定去过很多城市，有令您印象特别深刻的吗？**

王： 伊斯坦布尔，巴西利亚。

◎ **问：您认为目前规划的方向和热点是什么？**

王： 趋势是精细化、数量化；热点是存量规划、老街区的改造与更新、防灾、交通与用地的协调。城市规划最终会回归到公共政策上。

受 访 者： 刘闯

工　　龄： 2年

采 访 者： 秦蜜、王鑫

采访时间： 2015-12-23

采访地点： 网络采访

【个人简介】

刘闯，男，本科毕业于山东建筑大学城市规划专业，硕士研究生毕业于北京建筑大学，现任职于中国建筑设计研究院，规划师。

主要参与的项目有湘潭天易示范区东区城市设计、河南驻马店天基权低碳示范产业园区修建性详细规划、江苏省江阴市璜土镇概念规划设计等。

采访内容

◎ **问： 您的规划学习之路是从什么时候开始的?**

刘闯（以下简称“刘”）：于2004年在山东建筑大学就读城市规划专业开始。

◎ **问： 是什么理由或者机缘让您接触规划，并将其作为自己一生的职业?**

刘： 当时不太了解这个专业，主要还是家里人帮选的，也算是子承父业吧。我父亲是从事建筑行业的，他认为规划立足更高远，考虑问题更全面，比较适合我，就给我报了这个专业。后来我接触学习之后，确实对这个专业产生了很浓厚的兴趣，之后也是读了研，找了一份规划相关的工作。暂时还没有转行的打算。

◎ **问： 在您的大学时代，您是怎么认识城乡规划学的呢?**

刘： 城乡规划学涵盖面特别广，它主要是各级政府统筹安排城乡建设布局、保护生态环境、维护公平的依据，包括对各项建设的总体布局、具体安排、实施管理，其中实施管理对于城市的建设起到了非常重要的作用，城乡规划仅仅是其中一种技术手段。

◎ **问：在您的大学时代，您对城乡规划学的认识有没有发生过改变？引起这些改变的线索是什么呢？**

刘： 城乡规划学本科前三年的学科建设跟建筑基本一致，都是学建筑学的内容。后来接触到规划，其实是思维的一种转变，一时之间不是很适应，空间尺度、格局都不在一个层次上，当时确实遇到很多问题，也有很多困惑。后来通过理论的学习，包括对总规、控规、城市设计等内容的具体学习，从而对城乡规划学有了一定的理解。线索主要是在考研期间，我当时报考了同济大学，该院校初试对理论的要求十分高也十分严格，促进了我对理论的深入学习。在此期间，我逐渐改变了对城乡规划学的认识。城乡规划学涉及的领域很广，规划更多的是一种综合协调，最重要的就是统筹兼顾，能够把众多学科的知识融合到一起，形成一个合理的城市布局。

◎ **问：在即将走出校园时，您经历了怎样的选择促使您成为一名建筑规划从业者？**

刘： 城乡规划学作为一个比较有情怀的学科，我觉得是值得我去追随的，并且自己对城乡规划学很感兴趣，能从事自己喜欢的职业，能实现自己的抱负，所以就选择了这个行业。

◎ **问：您是从何时开始走向工作岗位的？您觉得工作之后和大学时学习的区别是什么？**

刘： 我于2014年参加工作，读研之前也有一些工作经验。读书跟工作的最大区别在于着眼点的不同，着重强调的内容也有所不同。比如城市设计领域，在学校特别重视空间细节的处理和效果的表达，但是实际工作中更重要的是具体的导则规定。

◎ **问：城市设计不具有法律效应，在实际项目建设的过程中，不一定会按照城市设计的要求进行，作为设计者会不会有些失落？**

刘： 刚开始会有一点，但真正了解了政府管理的措施及城市设计在整个城乡规划体系中的作用的时候，就不会有这种失落的感觉了。但是如果开发商能够采纳我们设计者提供的导则信息，那我们的设计想法就能够得到很好的体现。

◎ **问：您觉得学校学习到的知识与工作中的经验，哪个对您的实际规划工作更重要？除此之外，还有其他因素吗？**

刘： 这两个因素都很重要。学校里学的理论是基本功底，工作中掌握的是技能。什么阶段要做什么事，在学习的时候就要好好积累知识，到了一定的阶段，就要进行实习，提高自己的实际操作能力，一定要好好珍惜实践的机会，多多锻炼。另外，情商也非常重要，待人接物的方式、团结协作的能力、任劳任怨的性格等等，都是十分重要的。

◎ **问：** **您觉得您所在单位有着怎样的特点？**

刘： 目前我就职于中国建筑设计研究院下属的城镇设计研究院。我们单位是一个比较综合的院，从宏观的战略规划、总规、控规，到建筑设计等等，都有涉及，有很大的学习空间。当然也有一些我认为有待提高的地方，比如对新员工的培训不足，各所之间的交流不是很多。

◎ **问：** **您目前做过哪些项目？您在工作上有怎样的心得？**

刘： 以城市设计居多。我觉得城市设计有两个维度，第一，治学关系，整体抽象的结构秩序，不同物质层面的关系；第二，城市设计的成果是能让人感知的，城市的使用者对城市的感知是从微观到宏观的过程，但是城市设计是从宏观到微观的过程，我认为城市设计要在这两者之间架起一个沟通的桥梁，并鼓励公共活动、公众参与。

◎ **问：** **您认为眼下规划行业面临的问题是什么？**

刘： 目前城市规划建设不尽如人意，虽然现在的规划体系比较完善，但是实际建设的过程中，城市的形象没有自己的特色，千城一面，我觉得这是一个值得反思的问题。利益、规划管理体制自身的问题，这些对城市规划的实际建设都有一定的影响。而且目前城市设计不具有法律效应，在具体实施的过程中，是没有办法完全落实的，所以才会造成现在的问题，所以我认为应该推进城市设计的法律效应。

◎ **问：** **您觉得城市规划发展的趋势和未来城市规划的重点会是什么？**

刘： 现在的增量规划已经很少了，我国已经转入到存量规划的阶段。下一步，主要是对之前简单粗暴的规划进行修补，从微观的角度去进行改造，比如城市更新、旧城改造、局部地段的改建。新城的总体规划会越来越少。

◎ **问：** **在从事规划工作的过程中，您觉得最让您感到欣慰的是什么呢？**

刘： 项目进展顺利，跟甲方配合默契，能有可观的经济收入。

◎ **问：** **您一定去过看过很多的城市，哪座城市的规划留给您的印象最深？**

刘： 上海给我的印象很深刻。上海的精细化设计很吸引我，例如上海有充足的休闲空间，连续的步行、骑行空间。整个城市的尺度特别好，街道的比例让人感觉很舒服，城市也非常有特色，很有标志性，尤其是外滩，给人的感觉特别棒，整个城市的界面非常有秩序。同时，整个城市非常干净，给人的体验感很舒适。

◎ **问：对于即将走出校门的同学们来说，您认为我们在进入工作岗位前应该做好哪些方面的准备呢？**

刘： 现在的竞争压力非常大，我希望同学们首先要在理论上加强积累，多看期刊，提高自己的理论素养，其次要多去权威的规划院实习，多做项目，提高设计和动手能力。以后工作不一定要局限在北上广，很多省会城市、二三线城市也是很不错的选择。而且我们也可以有更多的选择，毕业以后也不一定就从事本专业的工作，研究生不只是对本专业的追求，在北京，视野上也有很大的开阔，接触的层面也不同，对大家未来的职业规划也有很大的帮助，要把眼界放开。另外，有些同学想考公务员，也是很好的选择。规划的管理层对规划未来的发展是很重要的，掌握了过硬的专业知识对以后的管理工作也是有非常大的好处的。大家一定要先就业再择业，不要好高骛远。

作　品

江苏省江阴市璜土镇概念性规划设计
时间：2010年7月～2010年11月
负责部分：局部城市设计
项目概况：项目位于江阴市璜土镇，西侧紧邻常州新区，有着“大江、大城（大区）、大路”的区位优势。为挖掘地区资源优势，提升地区服务功能，合理优化配套各项符合产业发展的基础设施，加快打造并形成“一园三区”的新格局，实现可持续发展目标，特开展《江阴市璜土镇发展概念规划》编制工作。

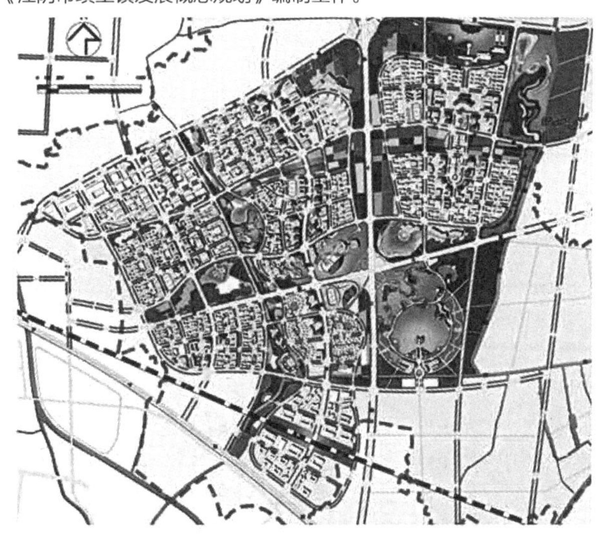

江苏省江阴市璜土镇概念性规划设计

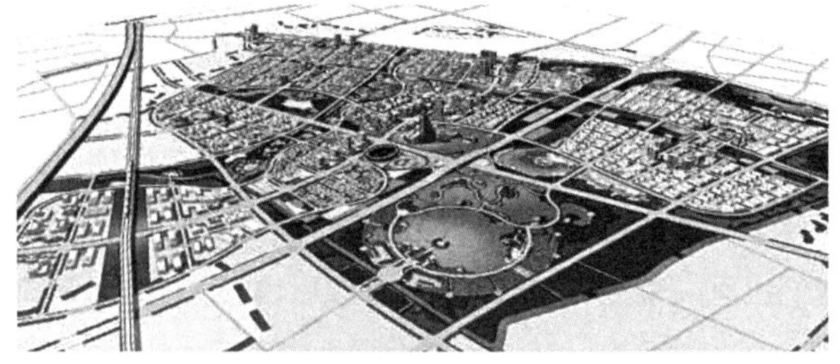

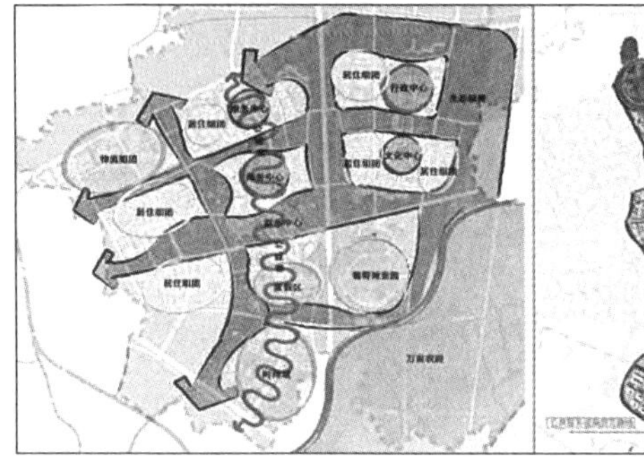

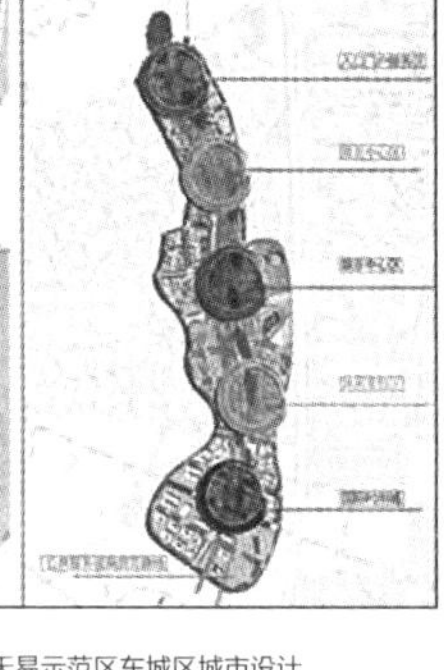

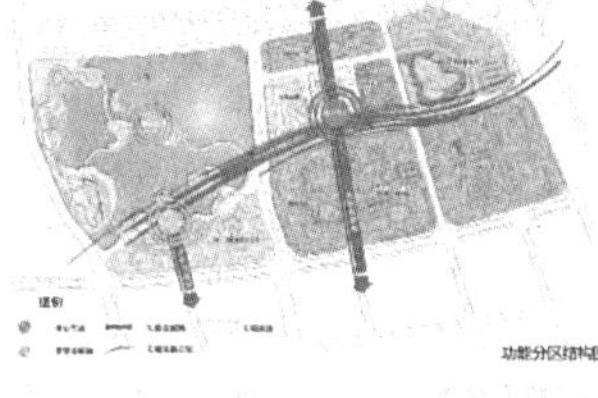

湘潭天易示范区东城区城市设计
时间：2010年12月
负责部分：概念方案负责
项目概况：项目位于湖南湘潭都市区的南侧，为加快推进长株潭城市群"两型社会"的建设，规划建设湘潭天易和株洲云龙为两大示范区，以推动社会经济又好又快发展。湘潭作为国家老工业基地，传统产业占据主导地位，冶金、化工、建材、化纤纺织、印染等传统产业占有半壁江山。"两型社会"发展要求区域经济必须转变"先发展后治理"的传统路径，湘潭面临首城市发展转型的考验和挑战。

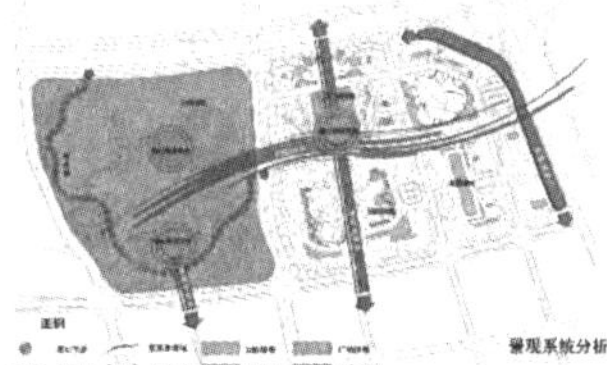

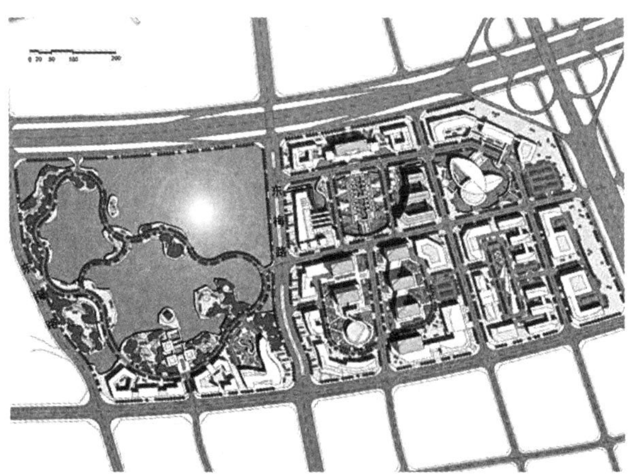

受 访 者： 赵新员

工　　龄： 5年

采 访 者： 李静岩、王惠婷、宋鑫宇

采访时间： 2015-01-06

采访地点： 洲联集团五合国际

【个人简介】

赵新员，男，河北建筑工程学院城市规划专业学士，2010年至今在洲联集团五合国际从事城市规划工作至今。

采访内容

◎ **问： 您的规划学习之路是从什么时候开始的?**

赵新员（以下简称“赵”）：2005年随着进入大学的校门，开始了规划之旅。

◎ **问： 是什么理由或者机缘让您接触规划，并将其作为自己一生的职业?**

赵： 最初是填报志愿，通过亲戚朋友的推荐，选择了城市规划。最初对规划一点不了解，后来随着学习，慢慢地对城市规划有了一定的了解并逐渐深入，自然而然地开始了规划之路。

◎ **问： 能谈谈您对城乡规划学的认识吗?**

赵： 城市本身就是一个复杂的经济、社会、文化、历史等等的综合体，所以要了解城市和认识城市，必须要学习跟城市有关的各种知识，知识很庞杂，涉及各种学科。城市规划学不像建筑学那样感性，而是更加充满了理性。宏观层面上对于城市的定位、发展方向、功能结构等进行了一系列的指导和建议，微观层面上对具体地块的开发强度进行理性控制和指引。城乡规划学的规划设计成果具备一定的法律效力，这就要求规划人员要有较强的责任心，要以发展的眼光看待城市。

◎ **问： 在即将走出校园时，您经历了怎样的选择，促使您成为一名建筑规划从业者?**

赵： 在快毕业的那段时间，曾跟随老师做了一些实际项目，对于自身的规划专业性有很大的提高，从而更加增强了自己对规划设计的喜好，便一步一步不离不弃地投身于规划工作中。

◎ **问：** **您是从何时开始走向工作岗位的？您觉得工作之后和大学时学习的区别是什么？**

赵： 从2010年7月毕业后，便走上了规划工作岗位。工作之后学到的知识更偏向于实际需求，而大学学到的东西基本都是些基础的知识。在大学，学的东西也是很有用的，基本功的扎实程度也会影响工作后的专业能力。不过在工作上，有更多的机会接触实际项目，遇到问题解决问题，并且还有贵人的帮助，从而使得我的专业能力稳步提升，有了很大进步。

◎ **问：** **您是何时进入现在工作单位，成为一名规划师的？**

赵： 我是从大学毕业后就进入到了现在的工作单位，2010年7月。

◎ **问：** **您觉得您所在单位有着怎样的特点？**

赵： 现在的单位注重对于员工专业能力的培养，提供了很好的学习氛围，领导也很有责任心，是个好团队。

◎ **问：** **您目前做过哪些项目？您在工作上有怎样的心得？**

赵： 主要是城市设计和旅游地产，对于法定规划接触得还是比较少，这也和公司业务有关系。心得就是，公司会给你平台，也会激励你努力成长。你要做到的是平时努力工作、充实自己的专业知识，这样才有把握抓住公司提供的机会。只要努力了，就会有收获的。

◎ **问：** **在从事规划工作的过程中，您觉得最让您感到欣慰的是什么呢？**

赵： 在犯了错误的时候，直接上司没有责怪，而是鼓励。鼓励真的很重要。

◎ **问：** **您一定去过看过很多的城市，哪座城市的规划留给您的印象最深？**

赵： 泉州。泉州的老城区风貌保护得比较完好，传统建筑的屋顶以及空间组合方式比较有特色和趣味，而且古代与现代建筑融合得比较恰当。街道的尺度适宜，城市空间节点和绿地等充分考虑到了人的尺度和感受。在目前很多历史街区和城市都受到破坏的局面下，泉州还能注重保护老城区，这一点是值得肯定的。

◎ **问：** **您觉得未来规划行业发展的方向和热点在哪儿？**

赵： 未来规划行业的发展，应该不会出现太多新城、新区大规模开发建设的规划了，而是更多地解决城市内部问题。城市不能只考虑向外围扩展，而忽略内部的完善，这样的城市只是表面看起来经济发达，实际上人们的生活水平和生活环境并不高。目前很多城市在发展过程中都对自然环境造成了不同程度的破坏，未来的规划设计应该更加关心环境，保护环境，创造宜人的城市空间和舒适的人居环境。城市的一切建设和发展都应该以人为服务对象，所以踏踏实实地解决民生问题，完善城市现状才是日后规划人员的主要任务，要以解决发展与现状之间的矛盾为主要工作方向。

作　　品

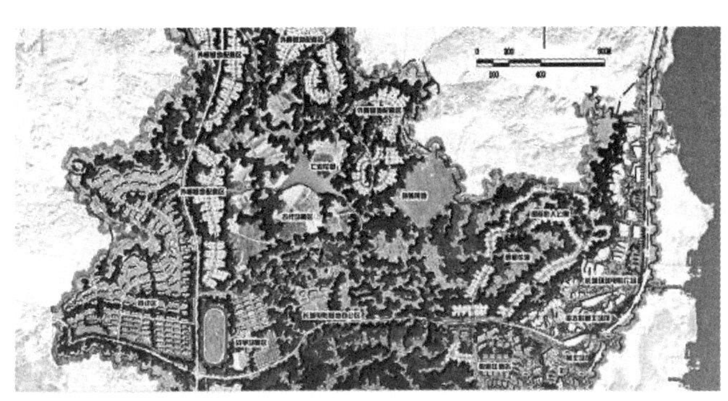

昆明 · 长城电影文化产业中心概念规划设计
（图片来源:洲联集团官网http://www.www5a.com/）

受 访 者：庹川

工　　龄：2年

采 访 者：邓美然

采访时间：2015-01-09

采访地点：中国城市规划设计研究院

【个人简介】

庹川，男，天津大学城市规划专业本科毕业，后获得天津大学城市规划与设计专业硕士研究生，2013至今在中国城市规划设计研究院工作。

采访内容

◎ **问：　您的规划学习之路是从什么时候开始的？是什么理由或者机缘让您接触规划？**

庹川（以下简称“庹”）：大三开始的。选择这个专业一开始是基于自己喜爱美术，后来才渐渐有了兴趣。

◎ **问：　您是从何时开始走向工作岗位的？您觉得工作之后和大学时学习的区别是什么？**

庹：　2013年开始正式工作，距今正好两年。工作前后的学习区别很大，工作之后的学习分为两种，一种是通过项目直接、被动的学习，另外一种是出于对知识盲区的求知欲而进行的自我、主动的学习。

◎ **问：　请谈谈您对城乡规划学的认识？**

庹：　这个学科涉及的知识面十分宽泛，从社会、经济、地理、历史到建筑、法律等可谓无不包罗，普通人能在一个分支领域里有所建树就实属不易了。我觉得要领悟这个学科的精髓一定要有广博的知识积淀，因为多学科交叉需要一个综合的思维方式，任何知识的盲区都会导致对问题认识的不够彻底。举一个最常见的例子就是在总体规划中，空间与功能的布局往往是在对各种影响因素（区位、交通、经济、地形、生态）综合分析判断的基础上进行的，对其中某一个因素的不了解都会导致对布局方案认知的偏颇。综合的思维方式是学好该学科的基础。

◎ **问：经过一段时间的了解，我觉得您是一个很优秀的城市规划从业人员，在学习和参加规划工作的这段时间里，您对自己有怎样的认识呢？**

度： 随着社会阅历的丰富与社会认知的增加，人的自我认知总是在不断变化的，甚至出现截然相反的结论。比如上学的时候，对于建筑学知识学习的偏颇曾让我认为城市规划就是建筑的群体规划，是一项单纯的空间营造与布局行为，功能与美是其核心思想。可是工作之后接触到不同类型的规划项目，同时通过工作中的社会调研实践才认识到城市规划更是一个指导城市发展的根本性纲领，城市的经济、产业、人口等社会发展的驱动力具有提纲挈领的作用。此时的城市规划在我的认知中已经不是单纯的空间策略，更是综合的城市发展策略的制定，囊括各个方面。

◎ **问：每个人的一生都有几个重要的转折点，您认为哪些决定改变了您的人生轨迹？为什么那样决定？每一个人的胸怀、气度、才气、智慧等，都是和自小的教育和身边环境密切相关的，您认为使您成功的是哪些因素？**

度： 年轻的时候心智不成熟，许多事情都会对我造成较大的影响，影响最大的应该是决定来北京。我觉得年轻人就应该去一线城市磨炼，只有在这里你才会深刻体会行业的兴衰与荣辱，体会经济社会的繁荣与波动，体会生活的冷暖与哀乐，因为我一无所有，什么都不会失去，为什么不来呢？成功的内涵太多了，何谓成功不好界定。我觉得家庭和睦对个人的成长影响很大。

◎ **问：我国的城市规划行业的现状如何?您对我国的这些现状有什么看法吗？以及规划师在城市规划过程中扮演的角色是什么？**

度： 城市规划行业与社会经济发展具有较强的正相关性，经济兴则行业盛，经济衰则行业弱。例如，2009年之后中央的财政刺激之后规划行业十分繁荣，因为大规模的基础投资需要规划来牵头，各地开发区、新城如遍地春笋般发展，由此各个层次的规划也层出不穷。但随着近两年经济增速减缓，经济进入结构性调整的新常态，如今的经济工作重点是市场化改革释放新的增长红利，可以预见未来规划行业将会出现分化，宏观、法定类的规划会骤减，中微观类的项目也会逐渐减少，应该说，行业会逐渐进入一个平和的发展期。

我认为规划师的定位需要得到进一步的提高，不应该仅仅是一个技术从业者，更多的是一个政策谋略家。过去快节奏的经济增长模式建议规划师应该多发出声音，让社会对我们有更多的认知，让社会知道城市规划与他们的切身利益相关，让决策层知道城市规划的举足轻重，决策层如果不能改变对规划作用的认知，那么规划师的地位也不会有较大的改变。

◎ **问：** **您现在的工作单位是？现在是什么职称？参加工作多长时间？**

度： 中国城市规划设计研究院，即将成为规划师，两年。

◎ **问：** **您觉得您所在单位有着怎样的特点？**

度： 建设部直属单位，具有一定的科研属性。多参与法定规划的编制，具有较强的政策属性。

◎ **问：** **您目前做过哪些项目？您在工作上有怎样的心得？**

度： 目前参与过4个项目，包括新区的概念规划、地级市总体规划、地级市城镇体系规划等。和不同专业人员的协作，让我收获颇丰。规划的特点是多学科交叉，需要随时同交通、经济、市政等各个专业人员交流与互动，这种互动的工作模式对于规划师来说十分重要。

◎ **问：** **在从事规划工作的过程中，您觉得最让您感到欣慰的是什么呢？**

度： 经过长久的思考与讨论之后得出正确的思路是最让人激动的。

◎ **问：** **您一定去过看过很多的城市，哪座城市的规划留给您的印象最深？**

度： 毫无疑问是北川新县城。因为它是少有的整体完全按照蓝图建成的新城，整个城市从规划理念到建筑施工都明显地体现了设计师的意图，城市的生活体验较好，尺度宜人，公共活动空间十分丰富且成系统，是值得规划师参考与学习的城市样本。

◎ **问：** **您觉得未来规划行业发展的方向和热点在哪儿？**

度： 规划行业发展了这么多年已经自成体系了，各个分支领域也都较为成熟。我觉得未来规划需要从城市开发的角度提出一揽子可以实施的计划，从功能策划到项目实施都具有可行性，包括开发模式与经营模式等等。

◎ **问：** **您觉得我国未来的建筑模式和城市规划应该是什么样子？**

度： 我认为在建筑开发中，建筑师应该与规划师形成良好互动，确保规划意向的实施。

◎ **问：** **现在一些大中城市，甚至是一些小的城市，他们的城市规划和房屋构造基本都是重复和翻版，您怎么看这个问题？应该怎么去解决它？**

度： 根本原因还是城市不重视规划，首先是把规划的重要性提高，才能解决风貌同质化的问题。设计结合自然、设计结合本土这些思想虽然一直在提，但是能够潜心下来付诸实施的少之又少，这与过去较快的发展节奏有一定关系。在未来规划行业萎缩的情况下，将会对项目的质量有更高的要求，希望未来的规划师们有更多的时间去思考细节，做出更具有特色、更地域化的规划。

◎ **问：现在城市化过程是大家比较关心的问题，您觉得中国的乡镇城市化适合走哪条道路？国外的经验教训有哪些值得借鉴，哪些应该避免？**

度： 首先，乡镇的城市化必然不是一个标准的模式，中国疆域辽阔，全国不同地区的经济水平、社会风俗、人口增减、产业类别都差别较大，这些因素都是决定城镇化模式的关键性条件。例如西部山区，经济欠发达、交通不便、工业羸弱、异地城镇化明显、农业主导等一系列的现状问题，导致了该地区只能适合走本地城镇化与农民兼业城镇化为主、异地城镇化为辅的模式，这才是与当地有限的资源条件匹配的，能推动生态保护、扶贫搬迁、移民建镇、产业调整共同发展的可持续的城镇化模式。

作　品

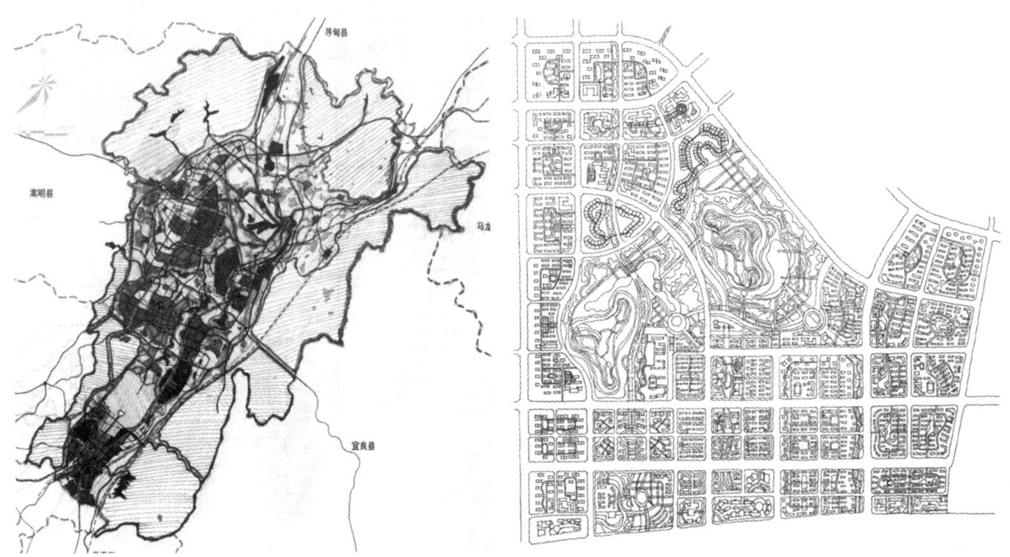

受 访 者：苏毅

工　　龄：5年

采 访 者：邓美然

采访时间：2015-01-02

采访地点：北京建筑大学

【个人简介】

苏毅，男，天津大学城市规划专业本科毕业，后获得天津大学城市规划与设计专业硕士学位和博士学位，2010至今在北京建筑大学任教。

采访内容

◎ **问：您的规划学习之路是从什么时候开始的？是什么理由或者机缘让您接触规划？**

苏毅（以下简称“苏”）：从大四去威海出差调研开始做规划实务。我其实想学建筑，但怕学不好或学着不太开心，就填了个最接近的规划专业，保持一点对建筑的神秘感、崇高感和敬畏感。

◎ **问：您是从何时开始走向工作岗位的？您觉得工作之后和大学时学习的区别是什么？**

苏：大二老师带出去测绘，教我们画古建筑保护与相关规划的CAD技能，从此走上了自己的规划师之路。工作以后承担的责任更多了，梦想更少了，更加现实和不太激进了，人也逐渐成熟些。

◎ **问：请谈谈您对城乡规划学的认识？**

苏：城乡规划学是对一定时期内城市和乡村的经济和社会发展、土地利用、空间布局以及各项建设的综合部署、具体安排和实施管理。

◎ **问：经过一段时间的了解，我觉得您是一个很优秀的城市规划从业人员，在学习和参加规划工作的这段时间里，您对自己有怎样的认识呢？能谈谈吗？**

苏：我是注册规划师，四门考试课，多数是70多分通过的。看上去不错，不过从另一面来看，数量化地说，这就得有20%～30%的规划知识，我还是不通过查书就不确切知道的。所以今后还得更加努力，继续提高。

◎ 问：**每个人的一生都有几个重要的转折点，您认为哪些决定改变了您的人生轨迹？为什么那样决定？每一个人的胸怀、气度、才气、智慧等，都是与自小的教育和身边环境密切相关的，您认为使您成功的是哪些因素？**

苏： 我觉得决定读博士，深造自己是一个重要的人生转折点。我在规划方面，主要是设计竞赛获了一些奖，但说不上成功，这些竞赛能获奖，主要一是能体会人们的疾苦，二是积极设法解决问题，三是尽量把图画漂亮。

◎ 问：**我国的城市规划行业的现状如何?您对我国的这些现状有什么看法吗？以及规划师在城市规划过程中扮演的角色是什么？**

苏： 我国的城市规划正在走向法制化，规划行业也在进步，与甲方一样，规划师本身也是推动行业进步的主要力量。

◎ 问：**您现在的工作单位是？现在是什么职称？参加工作多长时间？**

苏： 北京建筑大学规划系，讲师，5年。

◎ 问：**您觉得您所在单位有着怎样的特点？**

苏： 我校建筑全国排名第9，规划全国排名第12，在北京算第2吧，但学校面积和中学一样，比很多面积更大的学校排名靠前。从功效来说算是很有“投入/产出比”了。老师上课非常严肃认真，学生也比较刻苦努力。

◎ 问：**您目前做过哪些项目？您在工作上有怎样的心得？**

苏： 做过区域规划、总规、控规、详规、城市设计、村庄规划、景观、建筑设计、古建保护专项、广告、游戏、建筑设计、策划、人工湿地水力计算等等。心得是从学术文艺上一定要专业化，以便尽全心全力而为；从生活稳定出发要多方考虑，以便维持一定的收入和工作量，得有一定的适应性。苏东坡曾说：有肴无酒，有酒无肴，如此良夜何？又说：月有阴晴圆缺，此事古难全啊！希望有一天一种类型的项目会比较多，这样我就能专心下来，做好一点。

◎ 问：**在从事规划工作的过程中，您觉得最让您感到欣慰的是什么呢？**

苏： 有研究生、朋友帮助，有同事、家属支持。

◎ 问：**您一定去过看过很多的城市，哪座城市的规划留给您的印象最深？**

苏： 是北京——“秋，无论哪里的秋，总是好的啊，但这故都的秋，却特别来得清，来得静，来得悲凉。我的不远千里，要从杭州赶上青岛，更从青岛赶上北京来的理由，也不过是饱尝一尝这秋，这故都的秋味。”多年之前我在张家港跟丹麦的Camila说起过这个文章，说“Autumn is beautiful everywhere and in Beijing，it is the best……”，Camila当时表示很认可的。那时候北京秋天的天空还蓝，Camila骑个踏板电动车，汇进北京的自行车河流，从CCTV旁边的家赶到雍和宫安定门一带的五道营胡同来上班。

◎ **问：您觉得未来规划行业发展的方向和热点在哪儿？**

苏：我国的方向是法制化，热点是各类先进理念的实施与落地，如生态规划的实施，公民参与的实施与落地，城市设计导则的实施与落地，容积率奖励的实施与落地……世界规划总的方向是反对自私自利的狭隘，反对大资本家特别是金融大鳄的垄断与压迫。热点有生态规划、规划信息化、大数据、倡导性规划、规划模拟等等。

◎ **问：您对我国的城市、环保、交通、人文等等，有什么看法？能做怎么样的改进？您认为中国城市规划现存的主要问题是什么？政府以及城市规划人，应该在其中起到什么样的作用？**

苏：我国城市正在快速建设与改变之中，环保、交通、人文方面目前有不少成绩，但也有不少值得注意和令人遗憾的问题，未来主要会面临人口减少、老龄化、经济发展速度放缓等挑战。规划师主要应该依法规划，政府应该重视规划的法律地位。

◎ **问：您觉得我国未来的建筑模式和城市规划应该是什么样子？**

苏：山水城市，绿色建筑。

◎ **问：现在一些大中城市，甚至是一些小的城市，他们的城市规划和房屋构造基本都是重复和翻版，您怎么看这问题？应该怎么去解决它？**

苏：参考Rem Koolhaas 的*SMLXL*，印象比较深刻的话是：

“如果这是丑陋的，那么这种丑陋必定是人们精心追求与辛苦努力的结果”（in singarpore songlines）。

作　品

KEY
1 present residential
2. belt of commercial
3. new residential
4. collage
5. sport park
6. historic emplacement
7. full tidal basin
8. tidal power station
9. Renewal wetlands park
10 windmills
11 LRT hart
12 Constructed wetlands

受 访 者： 付斯曼

工　　龄： 5年半

采 访 者： 何泰然

采访时间： 2015-01-09

采访地点： 中国咨询集团

【个人简介】

付斯曼，女，2009年毕业于华中科技大学城市规划专业，现任北京中咨海外咨询有限公司规划室项目负责人。

采访内容

◎ **问：　您的规划学习之路是从什么时候开始的？**

付斯曼（以下简称"付"）：我是2004年在华科（华中科技大学）开始学习城市规划的。2009年6月毕业，已经工作了五年半了。

◎ **问：　是什么理由或者机缘让您接触规划，并将其作为自己一生的职业？**

付： 很偶然，根本不知道城市规划是什么，只是觉得名字挺好听的。城市规划，当时觉得如果一个城市都能管理得很好的话，自己也能管理好自己。入校之后觉得对这个专业也很感兴趣，大学时候觉得比较有意思，旅游、实习、跟老师做项目，课程也多是与美学相关，是别的专业的同学都很向往的专业。

◎ **问：　在即将走出校园时，您经历了怎样的选择促使您成为一名建筑规划从业者？**

付： 当时本科就很喜欢，顺着兴趣就找，后来去土人，就对景观很感兴趣，但是对规划没有很直观的认识，不知道城市规划设计是什么。当时土人名气很大，有自己的一套思想方法和操作模式。

◎ **问：　您是从何时开始走向工作岗位的？您觉得工作之后和大学时学习的区别是什么？**

付： 2009年6月开始工作。这两者的区别，学生期间最多的是朦胧的、不系统的，在工作中的积累才让你慢慢了解规划是什么系统，慢慢找到自己的位置。

◎ **问：** **您是何时进入现在工作单位，为什么会选择现在的单位呢？**

付： 2013年7月份。一年多的时间。一开始在土人待了两年多，南大院待了一年多。选择现在的单位是因为机会很好，这个部门成立时间不长，我能有自己独立思考的机会，可以独立承担项目。

◎ **问：** **您觉得您现在所在单位（中咨集团）有着怎样的特点？**

付： 我们单位因为之前是发改委下属的部门，有机会可以接触到很前期的东西，可以了解到从国家政策层面到具体实施层面，到底是什么样的关系。比起其他设计单位我们接触到甲方的机会更多，这对规划设计有很大帮助，可以知道甲方的具体想法和意图。

◎ **问：** **您目前做过哪些项目？您在工作上有怎样的心得？您觉得最让您感到欣慰的是什么呢？**

付： 项目很多，大小和不同层面都有。心得呢，我做的类型多，其实也是在找自己的角色。我认为，没有五年的工作经验和项目积累是找不到自己方向的，所以一开始根本不用关心自己做的到底是什么方向，你只有在做的时候才会发现到底自己适合什么方向，你才能开始给自己定义要做什么，如果没有项目的积累，其实很难真正地定位自己的方向。欣慰的呢，在工作经验的积累中，更能想清楚自己想做的是什么，目标越来越明晰。

◎ **问：** **能谈谈您对城乡规划学的认识吗？**

付： 城乡规划学是分阶段的，从大的战略规划到小的修建性详细规划，我开始去的是土人景观与建筑规划设计研究院（简称“土人”），后来又去的南京大学规划设计研究院的北京分院。在土人做的都是偏概念性的规划，旅游规划比较多。当时比较茫然，觉得一个学城市规划的人法定性规划没做，却天天和美学的东西打交道，我还是想做法定规划。我对整个规划系统的认识还是从南大规划院开始的，因为当时一去就接触了一个比较大的战略性规划的项目，当时得过江苏省勘察设计奖，做的是汕头市澄海区的战略规划。规划就是一个阶段性的东西，就是层级关系，不可能大的问题没解决，小的问题能解决。

◎ **问：** **您一定去过看过很多的城市，哪座城市的规划留给您的印象最深？**

付： 美国西海岸17英里公园给我的印象很深刻。可能跟土地私有化有关系，美国的海岸线和中国的有很大不同。相比较而言，美国的海岸线布局更好。这边如果是海滩，那就是非常生态的、没有任何人侵占的大沙滩，然后这边就是公路，鸟儿就在这栖息，旁边又是一个高尔夫球场或者公共场地。沿海岸线一直是公共场地，直到最后边才是私人场地。美国这个国家给人感觉很崇尚自然、崇尚生态。

◎ **问：您觉得未来规划行业发展的方向和热点在哪儿?**

付：未来发展方向主要就是“三规合一”，结合到操作层面会更多。现在比较流行的人口老龄化、智慧城市，以后肯定是热点。随着科技的发展，怎么将现在生活中的热点落实到空间上，确实是值得思考的问题。

作　品

汕头澄海区战略规划（莲下区中心城市设计）

受 访 者： 谭杪萌

工　　龄： 5 年

采 访 者： 高佳璐

采访时间： 2015-01-21

采访地点： 北京建工建筑设计研究院

【个人简介】

谭杪萌，男，2005年考入北京建筑工程学院（现北京建筑大学）学习城市规划专业，2010年7月进入北京建工建筑设计研究院第六设计所，开始规划师生涯。

采访内容

◎ **问：　您的规划学习之路是从什么时候开始的？**

谭杪萌（以下简称“谭”）：2005年7月，大学本科考入北京建筑工程学院城市规划专业开始。

◎ **问：　是什么理由或者机缘让您接触规划，并将其作为自己一生的职业？**

谭： 高中偶然在书店看到了顾朝林老师的城市地理学，对于这门未知的学科产生了浓厚的兴趣。

◎ **问：　能谈谈您对城乡规划学的认识吗？**

谭： 综合考虑政治、经济、社会各个方面的因素，勾勒出对城市和乡村未来发展的宏伟蓝图，绝不是单一的一门学科，涉及的因素方方面面，所以一直在不断学习。

◎ **问：　在即将走出校园时，您经历了怎样的选择促使您成为一名建筑规划从业者？**

谭： 首先是自己在本科期间的学习，使自己对这个专业和行业有了浓厚的兴趣。接着是在中规院的实习，让我真正对规划这个行业有了了解，喜欢这个行业，所以决定做一名规划师。

◎ **问：　您是从何时开始走向工作岗位的？您觉得工作之后和大学时学习的区别是什么？**

谭： 2010年7月。工作之后要独立承担工作，要应对并解决问题，因为这些都是实际的项目，所以责任重大。而且上学时的时间分配自由，可以学习自己感兴趣的内容，工作的时候，学习的时间有限并且内容也有局限性，所以上学的时间还是应该好好把握的。

◎ **问：您是何时进入现在工作单位，成为一名规划师的？**

谭：我是2010年7月毕业后，进入北京建工建筑设计研究院，在第六设计所开始规划师生涯。

◎ **问：您觉得您所在单位有着怎样的特点？**

谭：北京建工建筑设计研究院是北京建筑大学校产集团下属的全民所有制企业，单位依托北京建筑大学，科研氛围浓厚，设计风格严谨，有众多知名教授加盟，氛围融洽。

◎ **问：您目前做过哪些项目？您在工作上有怎样的心得？**

谭：目前以城市和镇总体规划以及控制性详细规划为主，也做一些前期策划和居住区规划项目，参与过的项目有河南省商城县城市总体规划（2011～2030）、河北省南皮县控制性详细规划、河南省辉县市中心城区城市设计等等。主持过的项目有河南省上石桥镇总体规划（2011～2030）、河南省商城县产业集聚区空间的发展规划（2013～2030）、武汉市木兰天一宗教文化产业园概念规划等等。

感觉规划涉及知识非常广泛，学无止境。秉承“七分调研、三分规划”的理念，认为规划是分析问题、解决问题的过程，而要想全面客观地分析问题，找到问题所在，则需要建立在全面客观地掌握现状的基础上，所以现场一定要跑充分，资料一定要掌握全面。

◎ **问：在从事规划工作的过程中，您觉得最让您感到欣慰的是什么呢？**

谭：因为规划和建筑、景观不同，并不是能很快速见到成效的，所以看到每个项目实施后的成就感是最让人欣慰的。另外，随着规划观念的深入人心，地方政府越来越重视规划，规划的贯彻实施越来越有保障，而普通大众对于规划的关注和参与也日益加强，这说明我国的规划事业在进步，这是很值得欣慰的。

◎ **问：您一定去过看过很多的城市，哪座城市的规划留给您的印象最深？**

谭：江阴市吧，曾经的百强县之首，现在好像被昆山超越了。因为项目原因，我去过很多次，感觉这个城市在经济发达的同时，规划也做得不错，作为苏南模式的代表，城市工商业十分发达，用地也很紧凑，特别是他们对于历史文化的保护意识较强，保留下来不少别有韵味的古镇，让我流连忘返。

◎ **问：** **您觉得未来规划行业发展的方向和热点在哪儿？**

谭： 我认为随着城镇化率越过50%的拐点，城镇化将从粗犷式向集约式转变，不少城市的规模增长将放缓，而更多要解决之前快速城镇化过程中出现的种种问题，扩张式的范式规划将向解决问题型的研究式规划转变，规划可能会从现在的固定年限修编将转为常态式进行时规划，全程跟进城市发展，随时解决城市问题。

作　　品

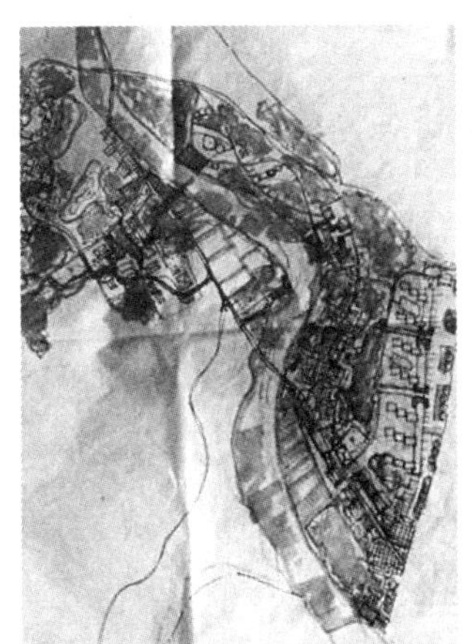

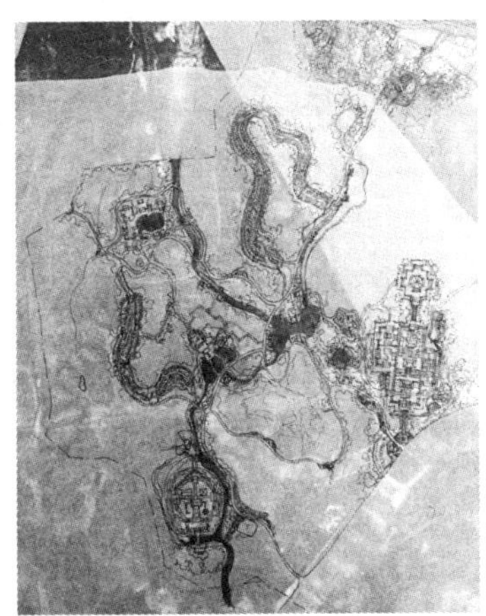

白鸡峰总平面图

受 访 者：韩星

工　　龄：5年

采 访 者：陈钰麒

采访时间：2014-12-20

采访地点：中国建筑技术集团

【个人简介】

韩星，女，2010年研究生毕业于大连理工大学，现于中国建筑技术集团工作。

采访内容

◎ **问：韩工您好，请问您的规划学习之路是从什么时候开始的？**

韩星（以下简称“韩”）：应该算从研究生阶段开始的，本科阶段只算打基础吧。

◎ **问：是什么理由或者机缘让您接触规划，并将其作为自己一生的职业？**

韩：本科选专业的时候，偶然接触到一本做职业规划的书籍，当时看书时了解到有城市规划师这个职业，这是我对它最初的一个认识。正好我舅舅是做跟规划相关行业的，他也支持我，所以填报志愿的时候就选了这个专业。

◎ **问：能谈谈您对城乡规划学的认识吗？**

韩：我对城乡规划学在每个阶段的认识都不太一样。上学的时候可能有很正规的定义和概念，但是从业到现在这么多年，我觉得它的法定性和严谨性才是做城市规划学的一个根本。从不同的地域和社会背景出发，每一个城市都会有不同的问题，需要抓住它的主要问题来做一门学问。

◎ **问：在即将走出校园时，您经历了怎样的选择促使您成为一名建筑规划从业者？**

韩：我毕业的时候目标就比较明确，也没有太多考虑，就选择了规划行业。

◎ **问：您是从何时开始走向工作岗位的？您觉得工作之后和大学时学习的区别是什么？**

韩：我是从2010年开始工作的。主要区别还是在工作实践当中吧，尤其是现场实际的考察，真正地去感受一个地方的人文、民俗风情，感受到城市的性格。正是基于这些感受，才让你对之后的城市规划编制工作有了一个更深入的体会，这在学校是很难感受到的。

◎ **问：** **您是什么时候进入到现在的工作单位的？您所在单位有怎样的特点？**

韩： 我是2013年过来的。现在的单位跟建筑结合得非常紧密，它本身做规划也是因为先做了建筑，才带来的规划项目，所以很多时候做规划是为了后期建筑项目能够更好地做下去。

◎ **问：** **您在工作上有怎样的心得？**

韩： 心得主要是在项目的法定过程中，包括从最开始的报批，到编制，到最后成果的审核都让我觉得，总控规的法定性越来越强，总规、控规、城市设计的关系都是不可分割的。同时规划师也需要本着对一个城市负责的态度去做规划。

◎ **问：** **在从事规划工作的过程中，您觉得最让您感到欣慰的是什么呢？**

韩： 我觉得最欣慰的是坚持自己的想法去说服甲方或者管理者的时候，在给予城市正确的引导和建议的时候。我感觉我们规划师肩上的担子非常重，也让我感觉到自己职业的责任感。

◎ **问：** **您一定去过看过很多的城市，哪座城市的规划留给您的印象最深？**

韩： 香港吧。香港是道路交通给我的印象非常的深刻，它的单行路很多。在市中心的地方，虽然道路并不是很宽，但是道路的规划和管理结合得很好，管理使这个城市变得更有秩序。

◎ **问：** **您觉得未来规划行业发展的方向和热点在哪儿？**

韩： 我觉得未来在中国来讲呢，会更关注个性的群体。原来是简单地说“以人为本”，但未来可能会更具体地说：“以老年人为本”、“以儿童为本”，就是会出现各种各样以更有针对性的“人”为本。另一个就是不管是建筑还是规划都会从新地转向熟地，从增量转向存量这种用地的发展。

受 访 者：王海滨

工　　龄：5年

采 访 者：梁晓东

采访时间：2015-01-12

采访地点：北京建筑大学

【个人简介】

王海滨，男，北京建工建筑设计研究院项目负责人。

采访内容

◎ **问：您的规划学习之路是从什么时候开始的？**

王海滨（以下简称“王”）：我小时候，就喜欢地理科目，算是从小就有了一定的认识，高中报志愿的时候报了北建工的城市规划系，2004年入学，开始了我的规划学习之路。

◎ **问：是什么理由或者机缘让您接触规划，并将其作为自己一生的职业？**

王：我的家庭没有与规划相关的职业，报志愿的时候，算是迷迷糊糊地报了规划专业，但是自己有一定的美术基础，喜欢几何的学习，当时也听取了一些亲戚的建议，加上自己的爱好，就选择的规划这一条路。

◎ **问：能谈谈您对城乡规划学的认识吗？**

王：这个题目确实很大，我从三个阶段说一下自己的感想。学生阶段，我对于规划的认识比较肤浅，不是很了解规划，只是局限于摆房子，画图纸，对于未来没有一个认识。毕业时对于规划有了基本的了解，但是不够翔实，因为大学学习的知识面比较广，那时候没有自己的选择方向。上班五年后，对于规划有了一个全新的认识，接触的面广了，规划不仅仅是摆房子，更多的是图纸技术以外的事情，规划可以起到协调各方利益的“润滑剂”作用，要学会平衡，它是个战略问题。

◎ **问：在即将走出校园时，您经历了怎样的选择，促使您成为一名建筑规划从业者？**

王：在即将走出大学校园的时候，大概有三个选择方向，工作、考研、出国。工作方面，一个是行政事业单位，一个是设计院。当时有一个机会去事业单位，最后因为各种原因，就来到了设计院工作。设计院的领导是我的恩师，我大四的总规和大学的毕业设计都是老师指导的，所以选择了现在的设计院。

◎ **问：** **您是从何时开始走向工作岗位的？您觉得工作之后和大学时学习的区别是什么？**

王： 2009年7月份毕业就参加工作了，我的大学学习生活，不是在玩，学习态度很认真，但是大学的项目一般都是真题假做，不够真实，学生阶段更看中的是图面表达的东西。而在工作中做项目就不一样了，要考虑的东西很多，要学会协调，平衡各方面的利益，在工作中学习到的知识很多，要学习技术层面以外的东西，工作态度十分重要，与人沟通、为人处事的能力占较大的比例。

◎ **问：** **您觉得您所在单位有着怎样的特点？**

王： 我所在的单位，主要以总规、控规为主，以县、镇为主，也涉及一些城市设计、居住区设计、村庄规划等，单位的领导要求高，愿意教授我们东西，大家十分谦虚，工作环境十分融洽。

◎ **问：** **您目前做过哪些项目？您在工作上有怎样的心得？**

王： 北京和河南南阳市做过一些村庄规划，山东东营做过居住区规划，河南南阳、唐河做过总体规划，河南社旗做过控规、城市设计等。心得就是一句话，八个字：踏实肯干，灵活善变。

◎ **问：** **在从事规划工作的过程中，您觉得最让您感到欣慰的是什么呢？**

王： 欣慰的地方一是曾经做过的项目被实施，这对于一个规划师、设计师来说是一件很欣慰的事情。二是我的付出得到了单位领导的认可，同时也得到了地方领导的认可。

◎ **问：** **您一定去过看过很多的城市，哪座城市的规划留给您的印象最深？**

王： 给我留下印象比较深刻的是哈尔滨这个城市，哈尔滨的历史建筑保护给我留下了很深的印象，和城市的建设结合得很好，哈尔滨是一个包容的城市。

◎ **问：** **您觉得未来规划行业发展的方向和热点在哪儿？**

王： 我认为未来规划行业的热点是技术层面的东西会弱化，重点强调的是协调、平衡战略的内容，规划应该更偏重于策划。

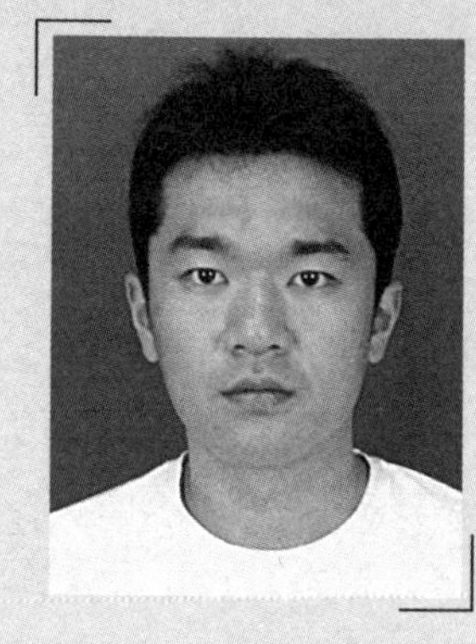

受 访 者： 张达

工　　龄： 2年

采 访 者： 梁晓东

采访时间： 2015-01-15

采访地点： 中国建筑科学研究院

采访内容

◎ **问： 您的规划学习之路是从什么时候开始的？**

张达（以下简称“张”）：2009年进入大学的时候。

◎ **问： 是什么理由或者机缘让您接触规划，并将其作为自己一生的职业？**

张： 最直接的缘由就是大学所选择的专业。通过五年的学习和对规划行业的了解，发现自己的性格和能力基本上是可以走职业规划师这条路的。

◎ **问： 能谈谈您对城乡规划学的认识吗？**

张： 现阶段的社会经济体制和环境，导致城乡规划学和以往已经有了很大的区别。以往规划工作者在进行城乡规划作业时更多的是偏向对于城市发展宏观层面的指导。但是由于项目的种种区别，大家对于这种侧重宏观指导的出发点的准确性的探讨往往不能达成一致，因此地方政府在各类规划编制的过程中不免也出现反复作业的情况。现阶段的城乡规划，更多地引入了微观视角，引入市场经济以及商业策划的概念，更加强调了编制工作中的准确性、灵活性，以应对市场多变性的特点。

◎ **问： 在即将走出校园时，您经历了怎样的选择，促使您成为一名建筑规划从业者？**

张： 经历了长时间的实习和大量的考试以及面试。

◎ **问： 您是从何时开始走向工作岗位的？您觉得工作之后和大学时学习的区别是什么？**

张： 2014年7月中旬正式入职。大学作业和实际项目有很大的区别。实际项目进行过程中考虑的点比做大学课程设计的时候要多得多。最典型的就是和甲方的关系，与和导师的关系是有很大差别的。甲方是消费者，作为规划师的产品要适应甲方的需求更要适应市场。而导师对于学生来说，更多的是将学生的想法进行纠正和延伸，因此工作和大学学习几乎是两个概念。我认为，唯一相同的是设计最基本的方法原则以及创作激情。

◎ **问：** **您觉得您所在单位有着怎样的特点？**

张： 我所在的单位给人最直观的印象就是工作环境非常好，硬件设施完善。从项目上来看，更多进行的是商业地产、住宅地产投标以及城市设计项目。

◎ **问：** **您目前做过哪些项目？您在工作上有怎样的心得？**

张： 各类住宅项目、商业地产项目。最大的心得就是想走捷径就多听领导的话，深刻揣摩领导的意图。

◎ **问：** **在从事规划工作的过程中，您觉得最让您感到欣慰的是什么呢？**

张： 我所参与的项目最终能够被甲方认可并且实施。

◎ **问：** **您一定去过看过很多的城市，哪座城市的规划留给您的印象最深？**

张： 成都是给我留下印象最深的城市。主要反映在对于古城肌理的保护和延续上，不少街区在修规阶段采用了非常成熟的修旧如旧的手法，在很好地保持古城空间秩序的同时合理布设了完善的商业动线，对激活区域发展有很大的帮助，非常专业。

◎ **问：** **您觉得未来规划行业发展的方向和热点在哪儿？**

张： 引入商业策划概念的城市设计。

受 访 者：赵琳

工　　龄：2年

采 访 者：梁晓东

采访时间：2015-01-02

采访地点：北京昂众建筑设计事务所

采访内容

◎ **问：　您的规划学习之路是从什么时候开始的？**

赵琳（以下简称“赵”）：2009年大学本科。

◎ **问：　是什么理由或者机缘让您接触规划，并将其作为自己一生的职业？**

赵：　开始是对建筑设计感兴趣，但是高考时调剂到了城市规划专业，后来发现自己更适合学城市规划。

◎ **问：　能谈谈您对城乡规划学的认识吗？**

赵：　城乡规划是一门涵盖面非常广的学科，需要了解工程技术、人文地理、法律政策、经济发展等各个领域的知识。我认为城乡规划最重要也是最难的一点就是需要通过对现状的分析，对几年甚至几十年以后的发展进行预测。规划决定了一个城市的气质与人民生活的质量，规划是连接政府与人民的桥梁，既要把控城市的整体利益，又要保障每一个个体的利益。

◎ **问：　在即将走出校园时，您经历了怎样的选择，促使您成为一名建筑规划从业者？**

赵：　我觉得中国的城市规划还处于发展阶段，规划行业还有很大的发展空间，而且我很喜欢自己的专业，所以在找工作时的目标就是规划师。

◎ **问：　您是从何时开始走向工作岗位的？您觉得工作之后和大学时学习的区别是什么？**

赵：　2014年7月。大学时的学习更理想化，更异想天开，设计的成果更注重创新性和图面表达，其实现在想起来基本没有一个设计是有可能实施的。工作以后会发现自己不懂的实在太多了，之前以为很重要的形式感反而越来越不重要，在设计时还需要考虑施工造价等多方面问题。而且在工作过程中要不断妥协，最先考虑的不再是自己是否满意，而是甲方。可能会根据甲方的需求，设计出自己很不喜欢的作品，在这个过程中就要把握好现实与理想的关系。

◎ **问：** **您觉得您所在单位有着怎样的特点？**

赵： 不像大企业一样工作压力大，工作氛围较为愉悦，接触的项目类型还比较丰富，公司里年轻人较多，设计成果创造性还比较强。但是公司的管理制度还不够完善，经验丰富的设计师太少。

◎ **问：** **您目前做过哪些项目？您在工作上有怎样的心得？**

赵： 西安玉泉山别墅项目、北京西长安街88号大厦景观项目、包商银行大厦景观项目、非洲基加利世纪公园酒店与住宅项目。

设计的前期分析非常重要，这会影响方案构思和具体的实施。尤其是一些自然要素的分析，虽然大学阶段的课程作业也会分析，但是从来不会把重点放在这上面，因为我们总是把设计地块想象得很简单，其实水文、地质、人文等要素对场地的影响很大。

◎ **问：** **在从事规划工作的过程中，您觉得最让您感到欣慰的是什么呢？**

赵： 可以通过自己的努力使一个区域的环境变好，尽可能做到人性化设计。

◎ **问：** **您一定去过看过很多的城市，哪座城市的规划留给您的印象最深？**

赵： 不记得有什么印象深的。

受 访 者： 刘航

工　　龄： 2年

采 访 者： 刘娟

采访时间： 2015-01-05

采访地点： 中国城市规划设计研究院

【个人简介】

刘航，男，2013年毕业于南京大学，同年分配到中国城市规划设计研究院城镇院工作。现为中国城市规划设计研究院城乡规划研究一所工作人员。

采访内容

◎ **问：　您的规划学习之路是从什么时候开始的？**

刘航（以下简称“刘”）：2005年就读于南京大学开始。

◎ **问：　是什么理由或者机缘让您接触规划，并将其作为自己一生的职业？**

刘： 最初报考城市规划靠的是运气，高中毕业填志愿只是选择前景还不错的专业，后来学了之后还挺感兴趣的。

◎ **问：　能谈谈您对城乡规划学的认识吗？**

刘： 这个话题比较大，就我目前工作的感觉，对学规划的学生有几点建议。城乡规划有很多科学性在里面，在基本的学习中最好能掌握一些包括地理类、地质类的内容以加强对城市最本底的认识。这是没有办法通过别的学科来代替的。有的地方不适宜建城市，对这些要有基本的判断和认识。要认识到城乡规划有建构性在里面，也有人的思维、人的发展理念以及一些价值观的主观性，在科学的基础上发挥主观能动性。此外城乡规划还有合法性、法制性在里面，一旦通过规划制定出来，将对城市的建设具有法定性的指导意义。

◎ **问：　在即将走出校园时，您经历了怎样的选择，促使您成为一名建筑规划从业者？**

刘： 我们专业5+3的学制，8年让我们学了很长时间的规划，对城市规划比较熟悉。另外有一件事情对我的触动比较大，2008年我还没有毕业，在我们学校的教学计划有一个生产实习，当年赶上汶川大地震和导师一起去了汶川，当时余震还在，看到倒塌的房屋，对我的触动比较大，也是从这个时候我才觉得规划的重要性，对我想要从事城市规划有很强的指导作用，所以毕业没有考虑过其他行业，就直接选择了城市规划的工作。

◎ **问：** **您是从何时开始走向工作岗位的？您觉得工作之后和大学时学习的区别是什么？**

刘： 2013年我来到中规院工作。在学校的时候学习偏理论性，虽然当时也做过项目，现在反思来看，当时带有很多理想型色彩，做完之后对于怎么实施、具体操作，没有深刻的认识。工作之后这些问题就慢慢突显出来，假如做了一个自己特别欣赏、觉得完美的作品，可能对于地方政府没有太大意义。要考虑规划是不是具有科学性，可能做了一个很好看的东西但是不符合实际，就没有办法实施，不能凭空自己构建。

◎ **问：** **您觉得您所在单位有着怎样的特点？**

刘： 中规院作为国家知名的规划设计院，不仅仅是规划的生产机构，也是规划的研究机构，是行业里的标杆。

◎ **问：** **您目前做过哪些项目？您在工作上有怎样的心得？**

刘： 工作以来，作为我们国家的规划体系，从区域规划、总体规划、控规、城市设计等等，我都有参与过。区域规划方面，从我开始工作到现在一直做京津冀规划，在总体规划上做过山西科技城，现在做崇礼的规划，未来将和北京联合一起申奥。我觉得我还是比较幸运的，规划的各个层面都有涉及。对于工作的心得谈不上，但我有深切的体会，以前在学校待的时间比较长，对自己就放松了，没有打下扎实的理论基础，现在在工作中遇到一些问题后开始觉得以前读的书还是不够，那时候很多时间浪费了，现在工作渐渐忙起来，想充电想学习却感觉时间不够，所以现在在学校一定要打好基础，多看看书。

◎ **问：** **在从事规划工作的过程中，您觉得最让您感到欣慰的是什么呢？**

刘： 因为我到单位的工作时间还比较短，目前做的很多规划现在还没有实施，从规划到建设再到建成需要很长时间，我们的工作性质决定了有可能在若干年后才能看到我们工作的效果，所以暂时还没有什么欣慰的感觉。让我唯一感到比较欣慰的是2008年汶川地震后，跟着导师做的汶川恢复重建项目，按规划在较短的时间内在汶川恢复重建，这是我参与的项目中第一个从图纸变成现实的，有一点小小的成就感吧。

◎ **问：** **您一定去过看过很多的城市，哪座城市的规划留给您的印象最深？**

刘： 我本科和研究生都是在南京，所以我在南京待了8年，对南京的印象应该是最深的。南京作为我们国家比较古老的城市，有一定的特点，像我们国家的古城北京、西安最开始都是按照《周礼·考工记》的要求来建的。南京在几千年前就它的地理情况，整个城市考虑自然山水的情况，没有按照《周礼·考工记》来建设。从明朝的南京地图也能看到南京以前的规划图是一个比较自然的形态，后来国民政府在南京实施首都计划，率先开展城市规划，所以南京的规划有自己一定的特点。南京给我最深的印象还是梧桐树，有上百年的历史了，对南京市形象的塑造特别好。

◎ **问：** **您觉得未来规划行业发展的方向和热点在哪儿？**

刘： 我对这个问题只有浅显的认识，谈谈我个人对规划行业可能发展的两个倾向的认识吧。区域规划层面——城镇群、城市连绵带区域协作有一个新的突破，像长三角、珠三角这些地区已经有很大的区域协同发展和发展上的突破，现在我们在做的京津冀区域规划，也是以整个区域为单位参与到未来全球的竞争中去。城市规划层面——未来旧城的改造和更新，包括现在国家提出的棚户区改造，改革开放三十年国家发展是很迅速的，城市建得很快，但发展背后也留下一些问题，如在城市品质的塑造、城市精致程度的提炼上有所欠缺，所以要注重城市更新上的一些问题吧。

受 访 者：张昆

工　　龄：1年

采 访 者：王一统

采访时间：2014-12-19

采访地点：北京建筑大学

【个人简介】

张昆，男，2014年山西农业大学毕业，现工作于湖南科迪建筑设计有限公司。

采访内容

◎ **问：您的规划学习之路是从什么时候开始的？**

张昆（以下简称“张”）：2010年考入山西农业大学林学院城市规划专业，是我自己报的志愿，之前在网上查过，很喜欢这个专业。

◎ **问：是什么理由或者机缘让您接触规划，并将其作为自己一生的职业？**

张：第一，本身大学期间学习的就是城乡规划专业，原来可能对规划了解得比较少，但是在大学期间随着老师对规划的阐述，我逐渐喜欢上了城市规划学。第二，设计的表达就是将脑海中的构思准确地表达在图上，于是为了加强规划师必备的素养，我去学习了手绘。在练习手绘的过程中，我感受到了城市三维空间的呈现是那么的有意思，尤其是如何在现状情况下，让增量的建筑和空间更好地融合于原有场景中，而不影响其他建筑和空间等等。第三，考研期间，我进行了快题的训练，这一次让我真正地了解到规划设计的魅力，在设计的碰撞和交流中，我体验到空间的秩序直接影响城市的秩序，空间的合理性直接关系到它的使用频率，空间的尺度直接关系到人们的心理感受等等，这一切让我更加痴迷。第四，在工作期间，我的工作涉及总规和控规以及城市设计，这更加让我了解到规划设计不应该停留在美学的层面上，它涉及文化、经济、生态等等方面。例如城市设计可以让城市的空间以及天际线呈现在我们眼前，土地利用规划可以指导我们发展的方向，控制指标可以规范城市的建设，以保证城市的整体性不被破坏。以上就是我选择从事规划工作的理由，也是我对规划工作的一些粗浅的看法，但是它代表我的态度，我选择这份职业也是因为我觉得我的责任感很强，希望以后加强学习，可以不断地改造城市。

◎ **问：能谈谈您对城乡规划学的认识吗？**

张： 城乡规划学即对城乡进行统筹规划设计，在现在的社会就是如何让城—镇—乡更好地衔接。目前大部分的城市规划已经趋于饱和，所以当前的趋势是进行存量和减量规划，对城区进行功能替换，让功能最优化，实现土地的价值，但是不要人为地去撕裂城市，而破坏城市的多样性。城市不只是属于哪一类人群，应该有各种人群的形态，各种生活状态，减量提质是现在的趋势，不要让城市出现无价值的增量建设，比如鬼城。镇作为城乡的过渡点，起衔接的作用，对于镇，必须加大其生存的能力，做到能留住人，做到工作与居住一起统筹，对上即城市，做到不加大城市的压力，对下即乡村，能起到带动周边落后地区的辐射作用。目前的村庄都是随意地建设着，当前的规划，必须学会整合集聚土地，让产业规模化，实现其价值的最大化。

总之，城乡规划就是让这三者处于一种平衡的状态，而不是出现城市鬼城、镇区与城区界线不明确以及农村房屋空置现象，好的城乡规划就是城乡区位最优化，让城乡的土地体现它的最优价值，而不是因为贫富差距引起某些地方空置、脏乱拥挤、城乡不协调等问题。

◎ **问：在即将走出校园时，您经历了怎样的选择促使您成为一名建筑规划从业者？**

张： 刚毕业的时候想回家乡创业，是有关房地产的园林绿化方面的，后来发现不可行。接着，我对自己的手绘挺有信心的，所以去了室内设计公司实习，但发现，自己本科四年学的东西基本用不上，有些不甘心。在实习期间，我发现自己还是喜欢规划方面的知识，一直在看规划相关的书。于是，我到了现在的工作单位，从事规划设计方面的工作。

◎ **问：您是从何时开始走向工作岗位的？您觉得工作之后和大学时学习的区别是什么？**

张： 2014年2月份我开始到房地产公司开始实习，在实习期间，我发现工作和学习的区别还是很大的，主要体现在四个方面。第一，工作之前学到的只是理论上的东西，对于规范上的东西以及实际问题缺乏把握能力；工作之后理论与实践相结合，处理事情的能力得到提高。第二，工作之前设计处于理想概念化，只是脑袋想想，纸上画画，缺乏实践的经验；工作之后再也不是脑袋想想，纸上画画，而是经过仔细的现场踏勘，综合考虑各种现状问题后再进行设计，图纸变得更具有张力。第三，工作之前我的软件水平处于最基础的阶段，之前总认为差不多就好，工作之后感觉要学的还有很多。第四，工作之前根本不知道规划的流程和内容是什么，工作之后有个大概的了解，同时在专家汇报时也了解到规划应该注意的问题等等。

◎ **问：　您是何时进入现在工作单位，成为一名规划师的？**

张： 2014年6月份。

◎ **问：　您觉得您所在单位有着怎样的特点？**

张： 项目种类多样，团队作战。

◎ **问：　您目前做过哪些项目？您在工作上有怎样的心得？**

张： 石鼓镇核心区控制性详细规划、庙边村古村落规划、射埠镇总体规划、射埠镇控制性详细规划、家家美家居广场设计。心得是：在工作中不断学习，不断接触新的东西，不要得过且过。规划项目的类型虽然多样，但要学会找共同点，才能真正地学会规划。多培养自己做方案的能力，才能成为真正的规划师，而不是仅仅当个画图工。

◎ **问：　在从事规划工作的过程中，您觉得最让您感到欣慰的是什么呢？**

张： 一是团队的合作使人感觉身处一个集体中，那种合作带来的快感远比独自承担一项任务多得多。二是接触新鲜的规划以及专业知识。三是方案被认可不仅让我感觉自己没有白学，更感觉自己的价值得到了体现。

◎ **问：　您一定去过看过很多的城市，哪座城市的规划留给您的印象最深？**

张： 大理，标识性强，是一个有历史味道的城市。

◎ **问：　您觉得未来规划行业发展的方向和热点在哪儿？**

张： 存量以及减量规划，城乡以及古村落的提质改造。

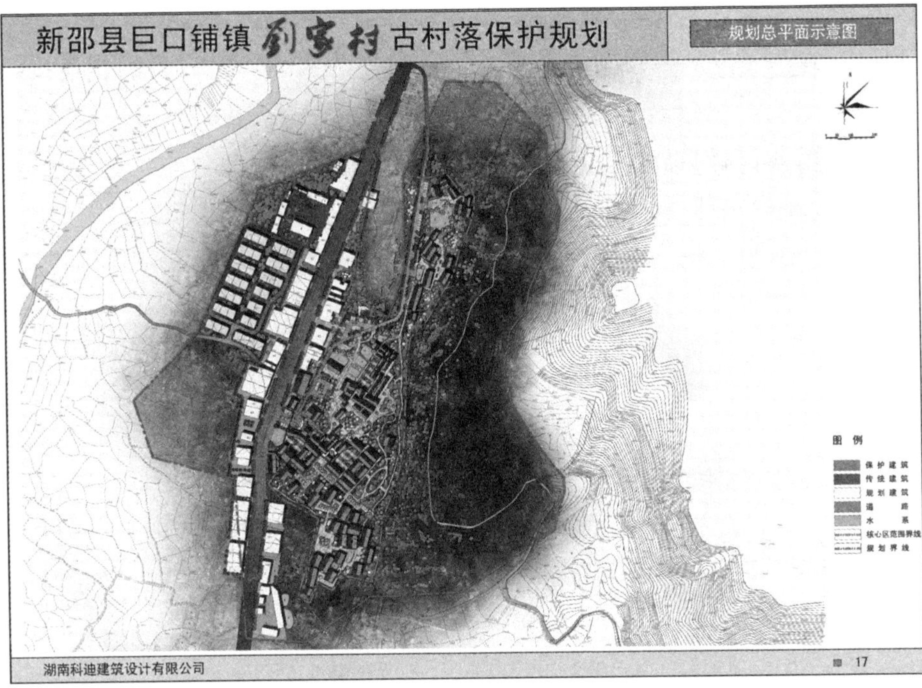
新邵县巨口铺镇刘家村古村落保护规划
规划总平面示意图
图例
保护建筑
传统建筑
规划建筑
道路
水系
核心区范围界线
规划界线
湖南科迪建筑设计有限公司
17

新邵县巨口铺镇刘家村古村落保护规划
古村整体规划鸟瞰图
湖南科迪建筑设计有限公司
18

受 访 者：成露依

工　　龄：2年

采 访 者：王永祥

采访时间：2015-01-02

采访地点：北京建工建筑设计研究院

采访内容

◎ **问：　您的规划学习之路是从什么时候开始的？**

成露依（以下简称“成”）：2013年，因为本科学的是景观专业，对于规划还是这几年开始涉及的。

◎ **问：　是什么理由或者机缘让您接触规划，并将其作为自己一生的职业？**

成：　感觉规划专业更加宏观，与建筑、景观相比，视角更高远，其中还涉及比如经济、产业等等，相互都有交叉和渗透。

◎ **问：　您能谈谈您对城乡规划学的认识吗？**

成：　城乡规划是一门系统性、科学性、政策性和区域性很强的学科，基本的规划理论、规划技能和技术规范，我认为都非常重要。

◎ **问：　在即将走出校园时，您经历了怎样的选择促使您成为一名建筑规划从业者？**

成：　任务使然。

◎ **问：　您是从何时开始走向工作岗位的？您觉得工作之后和大学时学习的区别是什么？**

成：　2013年。最大的区别我认为应该是理论和务实的区别，课本上所学的东西与实际项目差别很大。

◎ **问：** **您觉得您所在单位有着怎样的特点？**

成： 单位的工作流程很高效，我也很喜欢单位“诚实守信、业广惟勤、博蓄出新、厚德共赢”的精神。

◎ **问：** **您目前做过哪些项目？您在工作上有怎样的心得？**

成： 工作以来做过一些县的全覆盖项目，以及中心城区和产业集聚区的总规、控规和专项规划。工作过程中积累了一些宝贵的经验，其中我觉得最重要的就是条理和思路对于很好地完成规划的工作是很重要的，尤其是对于城市规划这种系统性很强的学科。

◎ **问：** **在从事规划工作的过程中，您觉得最让您感到欣慰的是什么呢？**

成： 庆幸的是因为有过一些经验的积累，在工作上弯路走得少，这可以算是欣慰的一个原因吧。

◎ **问：** **您一定去过看过很多的城市，哪座城市的规划留给您的印象最深？**

成： 我来自湖南娄底，自然对家乡有着很深的印象。不同于大城市，娄底有着自己美的一面，它有梅山龙宫、大江口、大熊山等环境优美的地方，虽然城市的发达程度一般，但是很宜居。现在所做的城市规划很多方面都在提生态环境保护，城市的发展和自然生存环境的保护该如何取舍值得探讨。

◎ **问：** **您觉得未来规划行业发展的方向和热点在哪儿？**

成： 我觉得未来行业将朝多中心和地域性规划方向发展；而规划热点问题也会侧重于如何改善人民的生活环境以及用什么样的方式等方面。

作品

受 访 者： 王鹏程

工　　龄： 5年

采 访 者： 王永祥

采访时间： 2014-12-05

采访地点： 北京建工建筑设计研究院

采访内容

◎ **问： 您的规划学习之路是从什么时候开始的？**

王鹏程（以下简称“王”）：要是说开始，其实是大学时候选择的专业是我学习规划专业的开始。原先并没有考虑过学习城市规划这个专业。而且对规划专业并没有很深的了解，在几年的学习过程中才慢慢了解到什么是规划，规划的实际意义等。

◎ **问： 是什么理由让您接触规划，并将其作为自己一生的职业？**

王： 其实是机缘巧合。

◎ **问： 您能谈谈您对城乡规划学的认识吗？**

王： 城乡规划学源远流长，不管是西方的，还是中国的，已有千年历史，目前所接收的基本源于现代西方规划理论和思想。结合中国城市化的高速发展，城乡规划位置特殊，指导城乡发展，并作为政府部门管理的依据。如何发挥好这两个作用，是规划师需要重点考虑的内容。

◎ **问： 在即将走出校园时，您经历了怎样的选择促使您成为一名建筑规划从业者？**

王： 顺流而下。毕业之后找到比较对口的工作，也就一直延续下来了。

◎ **问： 您是从何时开始走向工作岗位的？您觉得工作之后和大学时学习的区别是什么？**

王： 毕业后和在校时考虑问题的角度不一样，思考方式也会有所不同。学生时代学习的东西都是基础知识，其实大部分在工作当中是用不到的，这在刚开始工作的时候感触是很深的，这需要有个良好的过渡。

◎ **问：　您是何时进入现在工作单位，成为一名规划师的？**

王： 2013年来到现在这个单位，但是之前去过几个单位工作过，入行也有5年多了。

◎ **问：　您觉得您所在单位有着怎样的特点？**

王： 工作系统性很强，比较规范，这样对专业上很有帮助，因为规划就是系统性很强的专业。

◎ **问：　您目前做过哪些项目？您在工作上有怎样的心得？**

王： 主要是以法定规划为主，总规、控规之类的。做总规就要在法律体系下遵守其要求，束缚得更多，不像做纯粹的设计，灵活度高。法定规划也是具有一定的时效性，有些时候规划做完了，但是有没有用，能不能完全落实到位，这就很值得思考了。

◎ **问：　在从事规划工作的过程中，您觉得最让您感到欣慰的是什么呢？**

王： 欣慰的暂时还想不起来。

◎ **问：　您一定去过看过很多的城市，哪座城市的规划留给您的印象最深？**

王： 深圳。这个城市是从一个小渔村发展到现在的规模，这个过程与中国的改革开放紧密联系。深圳是个让人住下来就不想走的城市。深圳和西安比，现代化程度更高，中国的经济特区，与香港仅仅一河之隔。深圳的城市规划有一个得天独厚的条件，从一开始就担负了筹划这个新兴城市发展与建设的重任。我觉得深圳的规划有三个特点，总结起来就是创新、转型和开放。

◎ **问：　您觉得未来规划行业发展的方向和热点在哪儿？**

王： 我觉得规划未来的行业发展方向应该偏向规划设计和建筑设计的紧密结合，更偏向于城市设计方面。

作　品

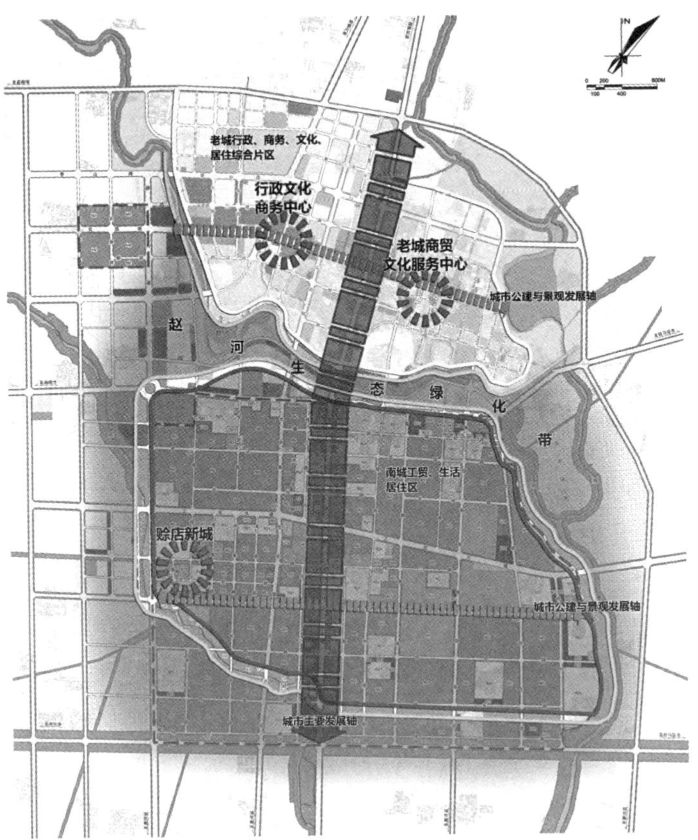
老城行政、商务、文化、
居住综合片区
行政文化
商务中心
老城商贸
文化服务中心
城市公建与景观发展轴
赵
河
生
态
绿
化
带
南城工贸、生活
居住区
赊店新城
城市公建与景观发展轴
城市主要发展轴

受 访 者：王存

工　　龄：3年

采 访 者：王永祥

采访时间：2015-01-05

采访地点：北京建工建筑设计研究院

采访内容

◎ **问：　您的规划学习之路是从什么时候开始的？**

王存（以下简称“王”）：我是2008年本科开始学习城市规划这个专业的。

◎ **问：　是什么理由或者机缘让您接触规划，并将其作为自己一生的职业？**

王：　因为上大学所学的专业就是城市规划，所以顺其自然就从事这项工作了。

◎ **问：　能谈谈您对城乡规划学的认识吗？**

王：　城乡规划原来叫城市规划，因为城乡二元结构的对立，使得城市与乡村有了很大的差距，但是这些年对城市与乡村的发展在思想上有了很大的转变。规划对于城市来说是软实力的体现，不像是建筑师，规划师所做的东西需要时间来体现，而且涉及的方面很多，都和老百姓息息相关。

◎ **问：　在即将走出校园时，您经历了怎样的选择促使您成为一名建筑规划从业者？**

王：　从事所学专业比较顺手，经历了几年的学习也觉得规划这个专业本身意义很大，所以就选择做一名规划工作者。

◎ **问：　您是从何时开始走向工作岗位的？您觉得工作之后和大学时学习的区别是什么？**

王：　上学更注重理论，上班更注重实践，这应该是区别最大的一点。另外，我觉得区别还体现在心态上，从前纸上所绘的方案不会落实到实际，工作之后的内容都是实实在在要实现的方案，态度上转变很多，认真细致程度有很大提升。

◎ **问：** **您是何时进入现在工作单位，成为一名规划师的？**

王： 我是2013年进入现在就职的这个单位的。

◎ **问：** **您觉得您所在单位有着怎样的特点？**

王： 我目前所在的单位办事效率很高，分工很明确，并且传帮带都很顺畅。毕竟做的都是法定规划，这点有别于其他单位，做的详规可能少一些。

◎ **问：** **您目前做过哪些项目？您在工作上有怎样的心得？**

王： 目前做过一些县、镇的总规和控规，以法定规划为主。法定规划系统性很强，并且工作内容很复杂，是需要一个团队共同努力才能完成的，团队合作的重要性就凸显出来了。

◎ **问：** **在从事规划工作的过程中，您觉得最让您感到欣慰的是什么呢？**

王： 其实做一名规划师成就感是很高的。规划是龙头行业，规划的严谨性和法律性是很突出的。引导城市的发展，让城市变得更美好是规划师的价值体现。

◎ **问：** **您一定去过看过很多的城市，哪座城市的规划留给您的印象最深？**

王： 我对洛阳的感受很深。洛阳有着很久远的历史，又是历史文化名城，所以有很多历史古迹，包括周都城周与王城、汉魏洛阳城、隋唐东都城等很多的都城遗址。在城市规划中对于这些都城遗址的研究是保留城市特征的很重要的一个层面。并且，在这些年洛阳还规划了很多的特色商业区，将历史与现代结合是很有意思的一件事情。

◎ **问：** **您觉得未来规划行业发展的方向和热点在哪儿？**

王： 未来行业的发展应该转型为存量规划，GIS在规划领域也将得到广泛使用。对于行业的热点方向要有所了解，这是体现规划师职业敏感程度的一个方面。

作　品

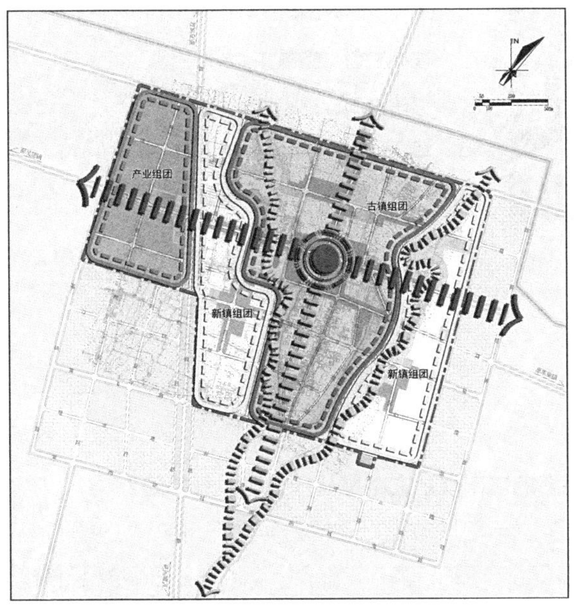

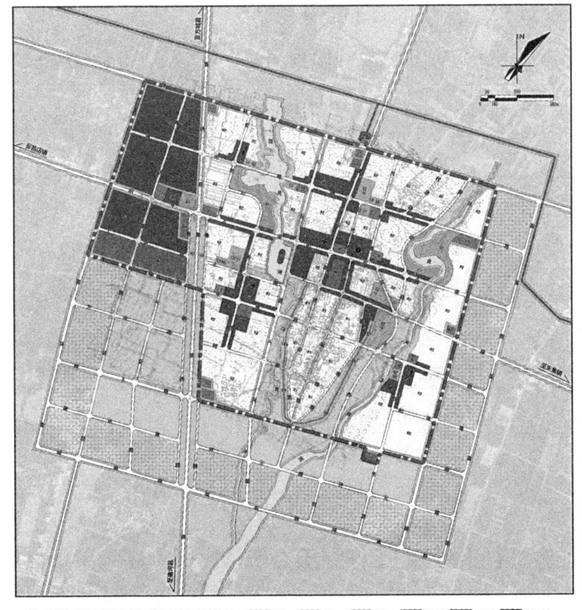

受 访 者： 刘工

工　　龄： 5年

采 访 者： 杨慧祎

采访时间： 2014-12-25

采访地点： 中国建筑设计研究院

采访内容

◎ **问： 首先，请问您的城市规划之路是从什么时候开始的？**

刘工（以下简称刘）：学习城市规划就是从大学开始的。说对规划有兴趣的话其实很早就有的，比如小时候玩的乐高、汽车城，就会按自己的想象搭出奇怪的东西。中学的时候玩虚拟城市、模拟人生也都类似于城市规划。

◎ **问： 也就是说学规划是您从小的梦想咯？**

刘： 也不是梦想，以前都不知道有城市规划这一行，只知道建筑学、工业设计。没想过成为一名城市规划的从业人员，那时候可能还没这个说法呢。

◎ **问： 那为什么最后选择了城市规划呢？**

刘： 我在高考报志愿的时候考虑是选择一个好学校呢还是一个好专业呢，我觉得应该要选一个好专业，至少是我喜欢的专业，于是就选了城市规划。

◎ **问： 在那个时候您认为城市规划是什么呢？**

刘： 那个时候感觉城市规划应该就是和建筑学相关的专业，可能建筑学是一栋建筑，城市规划就是一堆建筑呗。

◎ **问： 站在现在的的角度回看您的工作经历，您认为城市规划是什么呢？**

刘： 城市规划是什么，我以前工作单位的领导问过一个比较资深的规划师同样的问题，说城市规划是什么？老先生想了很久，然后说他不知道，当时他没法想象老先生是怎样回答这个问题的。我刚开始工作的时候偏重城市设计、城市形态方面，比较喜欢项目中标、项目落地带来的成就感。但是工作干着干着就转了方向，我开始做法定规划的时候发现，规划其实也是与政策相关的，比如总规就是一种公共政策或者公共资源配置，是有关公平性的一种规划，它已经算不上是设计了。我慢慢开始觉得规划学科内容很杂，又很专，然后规划里面又会细分很多方向。所以您现在问我城市规划是什么，我觉得城市规划就是一个特别庞大的系统，包含很广泛的内容。

◎ **问：那么您是什么时候开始走向工作岗位的？**

刘： 2010年本科毕业。

◎ **问：这是您第一份工作吗？**

刘： 不是，这是第二份工作了。之前工作单位的领导带着我做了总规，教了我很多有关市政、经济等方面的东西，让我发现原来规划还挺深的。我发现做设计可能没有什么终点，有的人就认为它对，有的人就认为它不行。就比如评一个建筑方案，扎哈的作品可能有的人认为它很独到，有的人就认为它是奇形怪状的，无论在哪里都是一样的模式。设计会是这样的结果，而规划不会是这样的结果。规划可能更客观，考虑得更全面，最终得出一个比较优选的方案。但是后来带我的领导离开那个单位了，我想以后可能没人能带我了，于是就想找一个单位可以倚靠，最终来到了规划中心。

◎ **问：那也就是说您大学毕业之后就坚持选择了从事城市规划专业，没有想过要从事其他行业吗？**

刘： 不会想其他行业。你要换个行业相当于是零基础，但如果在行业内的话，就是在行业内再找一个方向，或者是做甲方或者去规划局做管理，或者去做技术，都是在范围内的转变。

◎ **问：那工作之后和大学学习之间会有很大差距吗？**

刘： 太大了。在外面学一天可能是在学校学一年也学不到的。

◎ **问：是内容不一样呢还是速度不一样呢？**

刘： 内容和速度都不一样。这也是我不考研的原因，我认为规划是一个偏实操的东西，很多理论是需要在有一定认识的基础上才能吸收的，本科毕业的时候对于学科认识还停留在表面，对分析问题和解决问题都没有一个很好的把控。但也许过了一段时间，有了一定工作经验以后，我对城市规划有了一定认识，我才会再去对我想要深入研究的方向进行深入的研究和学习。

◎ **问：您是什么时候开始在规划中心工作的呢？**

刘： 2013年3月。

◎ **问：现在的工作单位跟之前的单位比较有什么特点吗？**

刘： 有吧。因为领导不同，工作方向和以前的方向也有所不同，会弥补一些以前没有涉及的领域。同事也会不一样，气氛上会比以前单位活泼一点。大家更善于相互沟通和交流，相互借鉴经验。也有欠缺的一点就是企业在发展阶段，人员架构上还在不断地调整，项目和人的组合还有一些不稳定。

◎ **问：在这几年的工作中您有什么心得可以分享吗？**

刘： 因为自己也从基本工作做起，现在认为如果有一些心得可以拿出来说的就是勤奋和谦虚了。就像是规划中心的领导现在一直很谦虚，他们常常说："你们知道的我可能不知道"。城市规划本来也是一个巨大的学科系统，我们每个人知道的东西真的也是很少量的一部分，所以一定要虚心，一定要踏实肯干。领导们都有这样一个的想法，你的态度和能力至少要有一样才行，态度会比能力更重要。

◎ **问：工作到现在您感到最欣慰的事情是什么？**

刘： 最欣慰的是在工作中找到了一个女朋友，再就是感觉衣食无忧吧，在工作中不会感受到像其他专业同学说的相互排挤或是受到委屈之类的。工作还是很开心的，做着自己喜欢的工作，这就是最欣慰的。

◎ **问：您一定到过很多城市，哪个城市给您留下最深刻的印象呢？**

刘： 国内的城市我很喜欢苏州和绵阳，都是以前的项目地。我更喜欢苏州一点。第一次到苏州的时候，我们住在苏州老城里面，老城里都是那种黑砖、白墙的徽派建筑，马头墙很漂亮。街道上有很漂亮的法桐树，在街上闲逛的时候常会走着走着无意就发现一个园林，一会儿又发现一个背街的小公园，它的尺度和趣味都会很丰富。它不会临街就是商业，背街就是厨房或者车场，而会是小河，有精致的小景观、小节点，竟然还有对景。它在尺度很小，而且很精致。这不会是城市规划的原因，而是那里的市民就有了意识，在墙上摆一些花花草草、小假山等等，而且都是摆在家外面，不是给自己独享的，而是跟大家分享的。所以这是大家一起营造的环境，会很不一样，气质上很优雅。绵阳每次去的时候都能吃到很好吃的火锅，地方也不大。山上有很多佛像、仙女雕刻。城市里的氛围也不会很古板，出租车司机会哼着小曲儿。

◎ **问：是不是因为您在大城市生活久了，就更倾向于喜欢有亲和力的小城市？**

刘：可能是这样。一直在北京生活，也没觉得北京有什么不一样，只是在大学以后忽然发现北京的人口增长很快，污染严重，跟小时候记忆不一样。小时候在家里可以看见很多地方，比如西山的山头，比如什么塔，没那么多高楼，三环里边是城，三环外可能就是村儿了，城市有四合院。

国外的城市比较喜欢日本京都吧，因为去京都是自己做的攻略，城市体验得比较到位，不会去很多景点。京都是一个比较有品位的城市，很多地方比较有特色。比如有一条祇园的小路，有许多艺妓排练，运气好的话会看到艺妓；比如有一条哲学之道，有许多哲学家在那边散步、写书；比如岚山有些小火车，有些自然景观。城市很安静，人呢不会像东京那么繁忙，出门见山见水，比较悠闲，和苏州老城还比较像。但京都周边没有开发区，没有CBD，没有高节奏，整个城市就是很平很矮的，周边有名胜古迹，总体来说京都是一个很特别的城市。当一个城市的文化是多元的，这个城市就会很丰富，所以就很让人难忘。

◎ **问：最后您可以为我们谈谈您认为城市规划未来的行业热点或者行业发展方向如何吗？**

刘：热点每年都在变吧，规划年会每年都有一个大方向嘛，去年是协同规划，主张发展类型的规划和空间类型的规划要统一，空间类型规划之间要统一，相同空间的不同行政区划之间要相互协调，是去年的议题。今年可能是大数据，好多人又开始搞GIS，我们去找数据源，去做分析，把以前的千人指标的规范都颠覆。智慧城市可能会是大势所趋，规划工作都会向那个方向靠拢。这不是你想不想或者我想不想的问题，可能是所有人都会接触到大数据，所以可能智慧城市会是热点。今年有一个论坛是从增量到存量，内地城市的城市建设用地所占比例要远高于国际平均值，北京达到44%～45%的建设用地比例，而香港仅有22%，其他用地也不做开发，只作为生态保育，甚至连农业都很少，因为城市已经扩张太大了，城市需要保护基本农田，保护宗地。可能以后向外扩张的城市规划已经越来越少了，未来城市内部用地如何更新，如何运作来增加用地价值，可能会是未来城市规划的方向。而且这个方向可能不仅是城市规划专业能达到的，还需要法律、经济、社会学等多专业联合共同发展。

项目名称：石景山保险产业园

设计单位：中国建筑设计院有限公司

第二篇 | Article

5～10年工作经验的规划师

受 访 者：王攀

工　　龄：9年

采 访 者：李静岩

采访时间：2014-12-02

采访地点：洲联集团五合国际

【个人简介】

王攀，女，武汉大学城市设计学院城市规划专业学士，注册规划师，2007～2009年在深圳市新城市规划设计研究院从事城市规划工作，2010年至今在洲联集团五合国际从事城市规划工作。

采访内容

◎ **问：您的规划学习之路是从什么时候开始的？**

王攀（以下简称王）：是从上大学开始的，正式开始接触应该是大二，需要说年份吗？哈哈，会暴露年龄哦，应该是2002年。

◎ **问：是什么理由或者机缘让您接触规划，并将其作为自己一生的职业？**

王：高考填志愿，阅读学校专业介绍册，介绍城市规划专业的学习内容涉及范围广，当时感觉很有意思就选了，之后慢慢爱上了这个职业。

◎ **问：能谈谈您对城乡规划学的认识吗？**

王：首先，虽然很多人认为规划是一门软科学，相比建筑和景观专业而言，城乡规划的实现不是那么容易，因而成就感相对低。但是，从我个人的感受来看，城乡规划学是一门大学科，需要有丰富的知识积累、专业积累以及人生阅历的积累，是一门急不得的"硬"学科，但这种"硬"相较于理科类的学科又显得不是那么硬，因而对于城乡规划学的认知是一个相对漫长和艰辛的过程。

其次，城乡规划学是扎根于对中国历史及现实国情的深刻了解，需要深入到不同阶层的生活中切实了解他们的需求，才有可能提出切实有效的方案构想，因此它并不是一门形而上的学问，而且需要随时对知识体系进行更新，结合先进的科学技术手段增强城乡规划学的理性规划过程。随着科技的进步，城乡规划学也在不断完善和进步，但其根本还是不变，再多的技术手段也都是为城乡规划的核心思想服务。

◎ **问：在即将走出校园时，您经历了怎样的选择促使您成为一名建筑规划从业者？**

王： 经历了放弃保研，自主考研，考研失败，然后疯狂投简历找工作的过程。

◎ **问：您是从何时开始走向工作岗位的？您觉得工作之后和大学时学习的区别是什么？**

王： 大学毕业，2007年。工作中的规划是真刀实枪，注重效率，团队合作很重要。

◎ **问：您是何时进入现在工作单位，成为一名规划师的？**

王： 2010年。

◎ **问：您觉得您所在单位有着怎样的特点？**

王： 担当社会规划咨询这一角色，因为服务的范畴更多是针对市场需求，和传统规划院有着本质的不同，规划内容更开放自由，也更符合客户和市场需求。

◎ **问：您目前做过哪些项目？您在工作上有怎样的心得？**

王： 法定规划和非法定规划都接触过。心得谈不上，但首要一点，就是弄明白要做的是什么，这将直接决定你对待这个项目的方式和标准。例如，有些项目需要更多的是严谨，而有些项目对创新要求更多；不同层面的规划对深度的要求也不同，比如战略规划，对于具体的设计要求并不是那么突出。

◎ **问：在从事规划工作的过程中，您觉得最让您感到欣慰的是什么呢？**

王： 能在工作中不停地学习，不停地接触新的人、新的地区和新的领域。

◎ **问：您一定去过看过很多的城市，哪座城市的规划留给您的印象最深？**

王： 深圳、武汉、北京。选这三个城市，是因为都是我待过一定年头，并且从南到北的三个比较有代表性的城市。这里不能细说规划的点点滴滴，只能谈点我的感受。

深圳——刚毕业去的地方，我在这个城市生活和工作过两年，一个快速发展的城市，生活与工作节奏快。城市沿狭长海岸线成带状布局，逐步往内陆组团式发展。城市面貌和规划相较于其他两个城市，更新更有秩序和条理。作为一个海边城市，其城市特色打造得还是很鲜明的，从城市绿化和商业设施上就能充分体会到。同时，作为一个规划实验田，其政策更加开放灵活，很多前沿的规划都在这里率先实现，是一个充满活力的城市。

武汉——我的家乡，在这里生活和学习了二十几年，是我国中部省会城市，九省通衢，城市节奏适中。武汉是一个有着优越资源条件且历史悠久的城市，但它现今的发展状况辜负了这份天赋异禀。两江隔三区，百湖之城，城市特色很鲜明，但城市规划上稍显落后和无为。近几年，武汉开始进行大规模的城市建设，虽然其发展相对落后，但同时有了更多经验可以借鉴，因而我相信武汉经过这一轮的建设会越来越好。

北京——工作生活了五年的城市，帝都，千年古城，大且慢。大是指城市规模大，道路尺度宽，慢是相较于南方城市的节奏而言，因为人口构成上老年人比例较高。北京是一个新旧对比尤其鲜明的城市。

◎ **问：您觉得未来规划行业发展的方向和热点在哪儿？**

王： 城市更新、精细化城市设计以及回归到规划的本质，即文字规划也就是政策规划。

作　品

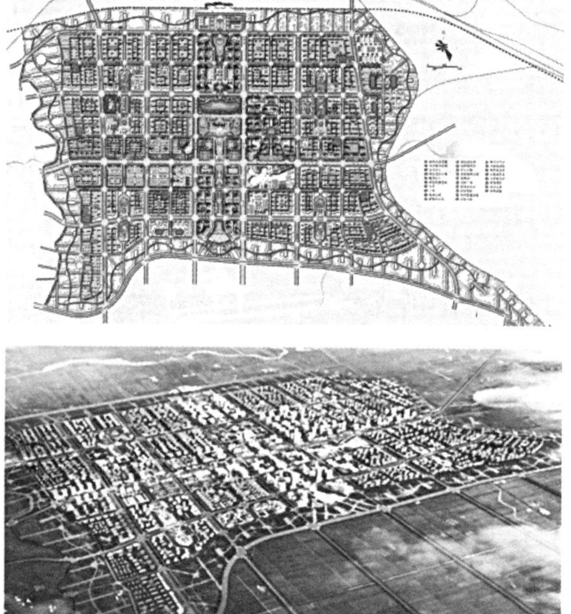

内蒙古呼伦贝尔市东山北部（海拉尔）组团城市设计优化

（以上图片来源：洲联集团官网http://www.www5a.com/）

受 访 者： 张颖

工　　龄： 9年

采 访 者： 王惠婷

采访时间： 2015-01-02

采访地点： 洲联集团五合国际

【个人简介】

张颖，女，清华大学建筑学学士、英国诺丁汉大学（University of Nottingham）建筑学与城市设计硕士。2005年至今在洲联集团五合国际从事规划工作。

采访内容

◎ **问： 您的规划学习之路是从什么时候开始的？**

张颖（以下简称“张”）：从大学开始接触规划的，具体是从居住区设计开始。

◎ **问： 是什么理由或者机缘让您接触规划，并将其作为自己一生的职业？**

张： 想关注建筑之外更广度的内容，另外当时公司规划类人员比较少。

◎ **问： 能谈谈您对城乡规划学的认识吗？**

张： 城乡规划学是门综合学科，人文、历史、建筑、经济都要有所了解。过去学科的名字是城市规划，现在更名为城乡规划学。从城市发展过程来看，城市由小众变为大众，而乡村却从大众变为小众。要把重心从“城市”转向“乡村”，从过去一直以城市为中心转为更多关注农村和小城镇的发展。我们过去一直对“乡”缺乏了解和关注，体现在缺少对乡村的理解，比如乡村的生活方式、乡村的经济发展、乡村的社会结构。现在不少的乡镇也开始编制规划，开始走城乡统筹的道路。但是现阶段我们对于乡村理论和实证研究的积累还比较缺乏，同时乡村的发展有一定的复杂性，对于乡村认识以及农民的认识不够，对规划师来说还存在很多挑战。

◎ **问： 在即将走出校园时，您经历了怎样的选择促使您成为一名建筑规划从业者？**

张： 没想太多，具有一定的偶然性。

◎ **问：您是从何时开始走向工作岗位的？您觉得工作之后和大学时学习的区别是什么？**

张： 研究生毕业开始工作，区别在于大学时更多从书中学习，工作后从与人的沟通和经历中学习。

◎ **问：您是何时进入现在工作单位，成为一名规划师的？**

张： 2005年初。

◎ **问：您觉得您所在单位有着怎样的特点？**

张： 多学科、多专业整合设计。

◎ **问：您目前做过哪些项目？您在工作上有怎样的心得？**

张： 各地的规划项目，比较多。读书阶段的积累很重要，但是工作过程中也要不断地学习。城市规划是在把握当下国家发展趋势和政策的基础上落实到城市空间的过程，现在时代发展变化太快，规划师要跟紧时代脉搏。

◎ **问：在从事规划工作的过程中，您觉得最让您感到欣慰的是什么呢？**

张： 这个专业需要很多沟通的工作，最欣慰的就是甲方也在不断地学习。

◎ **问：您一定去过看过很多的城市，哪座城市的规划留给您的印象最深？**

张： 泉州。泉州是我国历史悠久的文化名城，是古往今来晋江流域的政治、经济、文化中心。泉州自唐代时已为闽南重镇，自唐代开埠，即为中国南方四大对外通商口岸之一，元末起泉州城由于国家动荡，内忧外患，逐步衰落。历史上，古城路网呈棋盘式，街巷的空间尺度适宜，显现出质朴的特点。古城历经多次修拓，近代和当代更是为了解决交通问题多次拓宽道路，现存的棋盘式的街巷空间主要集中在历史文化街区中，以开元寺周边最为突出。泉州古城由护城河、晋江和城墙（现环城北路）围合形成“鲤鱼形”的平面构图。从清源山南台岩远眺，以河道、城墙两侧遍植的刺桐树勾画出清晰的“鲤鱼”轮廓，是泉州历史古城一大特征。

◎ **问：您觉得未来规划行业发展的方向和热点在哪儿？**

答： 应该是城镇化、美丽乡村、老年住宅这些方向吧。

作　品

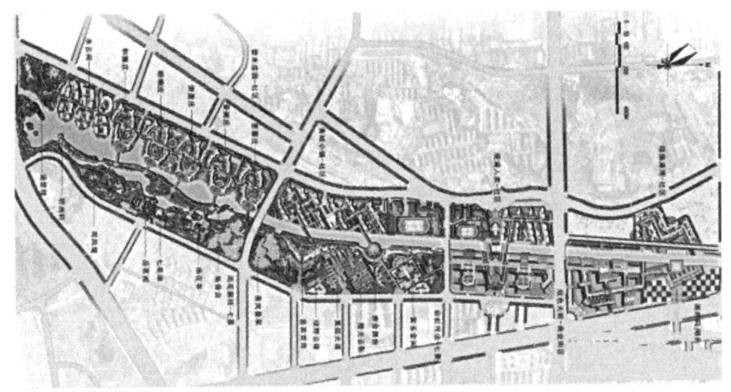

长沙圭塘河生态景观区项目概念性规划

成都四大新城空间发展规划研究

（以上图片来源：洲联集团官网http://www.www5a.com/）

受 访 者： 房益山

工　　龄： 10 年

采 访 者： 梁晓航

采访时间： 2015-01-21

采访地点： 黑龙江省城市规划勘测设计研究院

【个人简介】

房益山，男，2005年毕业于西南科技大学城市规划专业，中级工程师。于2005年本科毕业之后，在黑龙江城市规划勘察设计研究院参加工作至今。

采访内容

◎ **问： 您的规划学习之路是从什么时候开始的？**

房益山（以下简称“房”）：2001年。

◎ **问： 是什么理由或者机缘让您接触规划，并将其作为自己一生的职业？**

房： 2001年考入西南科技大学城市规划专业，2005年毕业从事规划至今。

◎ **问： 能谈谈您对城乡规划学的认识吗？**

房： 城乡规划学是一门综合类的学科。此专业培养具备城市规划、城市设计等方面的知识，能在城市规划设计、城市规划管理、决策咨询、房地产开发等部门从事规划设计与管理，开展城市道路交通规划、城市市政工程规划、园林系统规划，并能参与城市社会与经济发展规划、区域规划、城市开发、房地产筹划以及相关政策法规研究等方面工作的规划学科高级工程技术人才。

◎ **问： 在即将走出校园时，您经历了怎样的选择促使您成为一名建筑规划从业者？**

房： 本人出生在农村，农村的生活、村貌环境都较差，一直向往城市生活，也有励志改变农村生活面貌的想法。有幸在大学时期学习了城市规划专业，学习的同时也对规划专业有了更深的理解，也更加热爱这项工作。

◎ **问：　您是从何时开始走向工作岗位的？您觉得工作之后和大学时学习的区别是什么？**

房：　2005年大学毕业开始。大学时期理论方面学习得比较多，实际操作方面较弱，但走向工作岗位之后面对的是实在的规划工作，往往理想与现实之间是有差距的，规划常受限于行政，同时规划过程也是一个长期积累的过程。

◎ **问：　您觉得您所在单位有着怎样的特点？**

房：　是一所综合性较强的规划单位。

◎ **问：　您目前做过哪些项目？您在工作上有怎样的心得？**

房：　嫩江县繁荣新村建设规划、齐齐哈尔市甘南县城市总体规划（2013～2030）、新疆疏附县工业园区总体规划（2010～2030）、新疆焉耆县工业园区总体规划（2013～2030）、富裕县城市近期建设规划（2013～2030）、兰西县县域村镇体系规划（2012～2030）、东宁县县域村镇体系规划（2014～2030）、兰西县中心城区控制性详细规划（2012～2030）、黑龙江林口经济开发区总体规划（2010～2030）、满洲里市产业园区控制性详细规划、甘南县音河湖旅游风景区南山小镇概念规划等。

城市规划研究城市的未来发展、城市的合理布局和综合安排城市各项工程建设的综合部署，是一定时期内城市发展的蓝图。城市规划是城市建设和管理的依据，位于城市管理之规划、建设、运行三个阶段之首，是城市管理的龙头。规划是综合类学科，从事者需要培养综合协调能力、表达能力，方能更好地与相关部门协调，使规划的编制更具有可操作性。同时也要与时俱进，实时掌握国家最新相关战略政策，确保规划不偏离轨道。

◎ **问：　在从事规划工作的过程中，您觉得最让您感到欣慰的是什么呢？**

房：　自从工作以来，对从事规划事业的热情程度一直未变。

◎ **问：　您一定去过看过很多的城市，哪座城市的规划留给您的印象最深？**

房：　个人去的城市并不多，对深圳印象较深，作为中国首个经济特区，它的地理位置如此特殊，同时这也是它得天独厚的优势。深圳是中国改革开放以来所建立的第一个经济特区，是中国改革开放的窗口，已发展为有一定影响力的国际化城市。深圳一方面是城市的发展速度很快，一座“规划”出来的大都市，处处有留有“规划”的印记；另一方面城市管理、公共服务设施配备方面做得比较到位。

◎ **问：　您觉得未来规划行业发展的方向和热点在哪儿？**

房：　随着2014年中共中央、国务院正式公布《国家新型城镇化规划（2014～2020

年）》，国家更加注重城乡一体化的发展，更加注重城市基础设施的建设，更加关注民生。我国各地区自然条件和经济发展情况不同，农村的发展基础和资源条件差异很大。由于大城市的生活成本高、工作机会稀缺，远远不能满足流入人口需要，随着中国经济的发展以及中小城市基础设施的完善，会有部分农民开始向中小城市转移。随着新农村发展和剩余劳动力增加，在有些距离中心城市比较遥远的农村，形成了新城镇，这样中国大中城市和小城镇体系形成并协调发展。新农村是对城镇化的有益补充。

随着农村的公共事业建设发展，特别是劳动力技能培训的强化、农村公共卫生事业的发展、农村文化事业的繁荣，农村生活环境发生了巨大变化。农民思想观念发生转变，逐步形成科学文明、健康向上的生活方式和社会风尚。农村书屋的建立为农民学习科技文化，提高自身素质创造良好条件。解决农村基础设施建设薄弱的问题，一是要以加大投入、加强管理为原则，积极探索资金投入多元化渠道，积极减轻农民负担，拓宽增收渠道，促进农民持续增收；二是发挥乡村农业生产的优势和特色，以先进技术为手段，改造传统农业，调整产业结构，实现生产方式的转变，提高农业的规模效益，为城镇提供充足的农副产品和原材料。

作　　品

总平面图

鸟瞰图

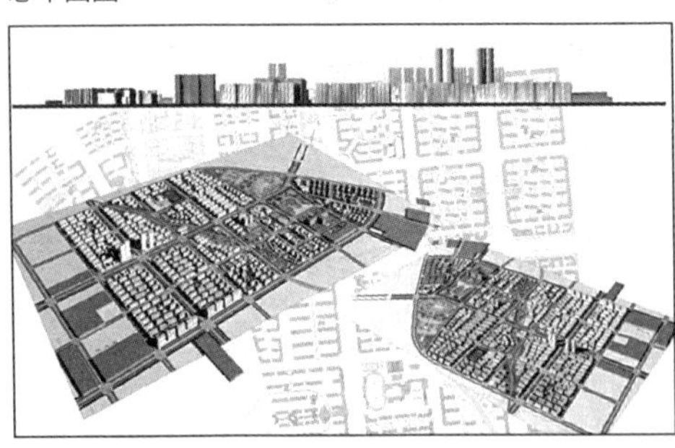

空间意向图

功能结构图

满洲里扎赉诺尔新城详细规划

受 访 者：郎宇茜

工　　龄：8年

采 访 者：王惠婷

采访时间：2015-01-02

采访地点：洲联集团五合国际

【个人简介】

郎宇茜，女，天津大学城市规划专业学士，2008年至今在洲联集团五合国际从事城市规划工作。

采访内容

◎ **问：　您的规划学习之路是从什么时候开始的？**

郎宇茜（以下简称“郎”）：从本科入学，2003年9月1日开始。

◎ **问：　是什么理由或者机缘让您接触规划，并将其作为自己一生的职业？**

郎：　大学本来想学建筑，第二志愿选的规划专业，所以当时选择了服从调剂。

◎ **问：　能谈谈您对城乡规划学的认识吗？**

郎：　我认为城乡规划学属于社会学范畴，更注重对于人的行为和需求的考虑，而且这个专业属于综合性的专业，我们不仅要多走多看，要有很宽阔的知识面，而且还要懂得如何去表达自己的设计和想法。

◎ **问：　在即将走出校园时，您经历了怎样的选择促使您成为一名建筑规划从业者？**

郎：　起初决定考研，经历考研失败后，继而决定参加工作，在经历五年的本科学习之后，没有过多的想法，顺理成章地从事了这个行业。

◎ **问：　您是从何时开始走向工作岗位的？您觉得工作之后和大学时学习的区别是什么？**

郎：　2008年8月进入这个单位，工作的过程中发现工作更要求的是对项目的实际操控能力，而且工作中所参与的每一个项目都要比学生作业时更为严谨，因为它们都是真实的项目，我们要对甲方负责。

◎ **问：您觉得您所在单位有着怎样的特点？**

郎：我们单位属于私营企业，最初是建筑起家，这在当时对于像我这样从具有建筑背景院校毕业的学生来说，入职有很大优势。

◎ **问：您目前做过哪些项目？您在工作上有怎样的心得？**

郎：曾经做过城市设计、控制性详细规划、概念规划等，多为微观设计。工作中我认为更讲求的是对项目的准确判断和工作效率，这个职业是一个时间很难均匀分配的专业，一切时间都要随甲方的要求而发生变化，因此我们不仅要有及时的应变能力，随时调整工作计划继而安排工作时间也非常重要。

◎ **问：在从事规划工作的过程中，您觉得最让您感到欣慰的是什么呢？**

郎：最让我感到欣慰的是能够学有所用，我们都应该找到自己的兴趣点，才能在工作中有源源不断的热情，我很庆幸所学的专业是自己喜欢的，并且在工作中能够得到充分的发挥。

◎ **问：您一定去过看过很多的城市，哪座城市的规划留给您的印象最深？**

郎：中国香港这个亚洲和世界上重要的贸易、交通、金融、旅游中心，也是世界上巨大的出口商品生产基地之一，给我留下了深刻的印象。

◎ **问：您觉得未来规划行业发展的方向和热点在哪儿？**

郎：就规划设计来说，我最近更多参与的是棚户区改造和产业园的规划设计。城镇化如火如荼的今天，我认为这两类项目在目前是非常关键的，它关系到如何在不危害利益的前提下，提高人们的生活质量，并增大经济效益，所以我们常说规划这个专业，它需要的知识领域覆盖面非常宽广。

作　品

河北秦皇岛奥特莱斯世界名品城市综合体项目

（以上图片来源：洲联集团官网http://www.www5a.com/）

受 访 者： 赵祥容

工　　龄： 10年

采 访 者： 朱大鹏、李继涛

采访时间： 2015-12-20

采访地点： 天津

【个人简介】

赵祥容，女，2005年任职于天津城市规划院，后又就职于天津筑土国际都市设计，有着丰富的实践经验。

主要参与项目有天津市西青区中北镇城市设计、天津解放南路总体规划和城市设计、天津市滨海新区总体规划和城市设计、天津生态城城总体规划等。

采访内容

◎ **问：　您的规划学习之路是从什么时候开始的？**

赵祥容（以下简称“赵”）：大学本科。

◎ **问：　是什么理由或者机缘让您接触规划，并将其作为自己一生的职业？**

赵： 高考时候报了这个专业，大学开始学习，之后自然而然从学习到工作。

◎ **问：　能谈谈您对城乡规划学的认识吗？**

赵： 城乡规划是实践性很强的学科，需要在学习理论的同时通过实践来积累经验。

◎ **问：　在即将走出校园时，您经历了怎样的选择促使您成为一名建筑规划从业者？**

赵： 毕业之后找到对口工作，成为规划从业者。

◎ **问：　您是从何时开始走向工作岗位的？您觉得工作之后和大学时学习的区别是什么？**

赵： 我们基本都是5年制的专业，包括我接触到的一些本科刚毕业的学生开始工作后，社会经验和在校学习的知识跟实际的工作还是有一定差距的。本身规划和建筑专业都是实践工作，如果在学习中有机会跟社会接触，在研究生阶段参与一些具体的项目，跟设计单位去接触，在学习理论的基础上增加实际工作的经验，这会对工作有很大帮助。

◎ **问：　您是何时进入现在工作单位，成为一名规划师的？**

赵：　我是十年前离开天津城市规划院，之后到了天津筑土国际都市设计。

◎ **问：　您觉得您所在的单位有怎样的特点？**

赵：　筑土国际是一家由规划、建筑、景观等不同学科的专业设计师和研究人员构成的设计公司，成立于新加坡。筑土目前的业务范围从规划到建筑再到施工图，也许今后会有景观，也许还会有前期策划，内容会更丰富一些，以应对未来市场的需求。

◎ **问：　您目前做过哪些项目？您在工作上有怎样的心得？**

赵：　海河竞赛、天津市西青区中北镇的城市设计、天津解放南路的总体规划和城市设计等。通过公司与国内外专家的合作，我们自己的成长经历还算比较丰富。如果我们想在市场上稳扎稳打地走下去，应该再多一些相关专业的尝试。

◎ **问：　在从事规划的过程中，您觉得最让您欣慰的是什么呢？**

赵：　赶上了城镇化高速发展的时期，建设项目与机会都比较多。

◎ **问：　您一定去看过很多的城市，那座城市的规划留给您的印象最深？**

赵：　天津吧，本身了解得就比较多，对建设过程有很深的感触。

◎ **问：　您觉得未来规划行业发展的方向和热点在哪儿？**

赵：　更可能向生态方面发展吧，时间放慢，静下心来做规划。

作　品

天津市河西区解放南路城市设计

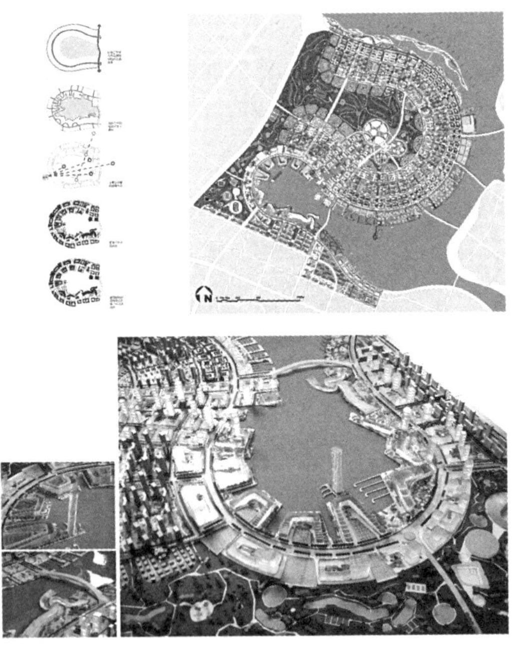

天津市滨海新区城市设计

受 访 者：姜青春

工　　龄：8年

采 访 者：柏云、罗理

采访时间：2015-11-13

采访地点：中国建筑设计研究院

【个人简介】

姜青春，男，出生于重庆市，毕业于黑龙江工程学院，曾就职于亚泰都会城市规划院，现任职于中国建筑设计研究院。

主要参与项目有：安徽省合肥市肥西县三河镇总体规划、内蒙古阿拉善右旗雅布赖镇总体规划、河南省新乡市获嘉县亢村镇总体规划、内蒙古库伦旗新区控规等。

采访内容

◎ **问：　您从什么时候开始接触学习城市规划，在怎样的机缘和状态下您选择学习规划？**

姜青春（以下简称“姜”）：当初报考这个专业的时候比较懵懂，包括一直到学习了几年时间后，我依然不清楚规划工作具体是什么样子的。之前我是在我们县里的规划局实习。但在规划局里实习能接触到和规划相关的工作其实是非常有限的。在那三个月的实习里，我做的工作就是去放线，去跑现场，听评审会，还有整理相关的资料。我还在工地上实习了两个暑假的时间。所以当时在学校里学到的理论知识并没有和实际工作结合得很好，甚至是有很大的偏差。确切来说，我接触和认识规划这个行业，是在工作一年之后。随后我做了好几个项目，这才慢慢地“上了道”，对这个行业有了新的了解。随着不断地接触新的项目，我才慢慢了解规划是什么，以及规划的责任和未来应该干什么。

◎ **问：　大学时学习规划和工作上的区别是什么？到目前的规划从业经历里，您对这个行业有怎样的理解？**

姜：　我是2008年的时候参加工作的，之前也聊到了学习规划和工作的区别。其实当时学习知识的方式就是单纯的记忆和背诵，对于我个人来说大多是为了应付考试。因为没有参与到实际的工作中，所以对这些理论上的东西体会就不是很深。我想大部分人在学校里，都会有这么一个懵懂的时期，对于书本上的东西理解得并不深刻。

出了校园之后，随着不断接触多种多样的实际项目，我对这个行业的认识越来越清晰。其实最开始的时候，我接触到的第一个规划是小区规划。我印象最深刻的是，面试通过之后的第一天，我就画了一个通宵的图。当时我在想，以后的工作就是这种状态吗？后来就慢慢地开始接触总体规划、概念性规划，包括很多城市设计。因为我最开始工作的那家公司，从事更多的是城市设计和概念性规划，没有太多法定性规划，投标性质的偏多。所以当时接触大的规划更多是空间上的，整合一些资料，寻找创新的要素，对规划的认知还停留在图面上。随着经验的慢慢积累，我才接触到了规划落实的层面，涉及的方方面面就变多了，包括甲方的诉求、村民的诉求和最近越来越多的公众参与、居民的调研。目前大数据的运用越来越多。很多时候我们做规划，由于缺少一些对数据的分析，直接影响了规划的科学性。大数据在许多最基础的层面都有所涉及，所以我觉得政府应该把对基础资料收集的工作重视起来，通过网络和其他的信息渠道把所有的基础数据做一个集成之后，再分门别类地把经济数据、土地数据等等都整理成册。这些不仅对我们规划的工作很重要，对政府做决策也是有很大帮助的。也许，以后的规划就变得很简单，因为大数据一出来之后，很多决策性的东西就更加科学，包括调研和一些后续工作都变得简单了。

◎ **问：您的工作经历是怎样的？工作单位有什么特点？从学生到规划师的转变，您认为个人应该做什么样的准备？**

姜： 我的第一个单位是亚泰都会城市规划院，我在那工作了四年多。现在在中国建筑设计研究院工作也快三年了。我现在还是初级职称，这也是我失误的地方，之前对于职称没有很好的认知。职称虽然不能说和你的工作能力成正比，但还是应该重视起来，该准备的东西都应该提前准备好。我们单位的同事都很优秀，都有各自的特点，很值得学习。也有优秀的院士和领导，能给我们很好的帮助。这个就是我们院的一个优势，有良好的资源来帮助我们提升自己。

至于从学生到规划师一个转变的这个过程，我觉得还是应该在工作中学习吧，多沟通、多交流、多思考。多和同事沟通，多参加一些项目，不同的人和不同的项目都能带给你不同的收获。还有一个很重要的就是你出来之后，在工作之余应该尽快把我们的教材和相关规范从头再通读一遍，那时的认识和上学时是不一样的。或许现在研究生的状态相较于本科来说会好一点，学得也更深，但是我建议到了工作中后还是要把教材和规范再通读一遍，结合工作实际，会有很多新的认识和理解。这时候就会觉得很多记忆中的理论知识都是真正有用的。所以这对今后的工作会有很大的帮助，这是我个人的一点建议。

◎ **问：能谈谈您对城乡规划学的认识吗？**

姜： 刚刚其实也聊到了这个问题。咱们的规划从之前的一些大范围的战略性的区域规划，到城市规划，到镇规划，到现在的乡村规划，涉及的层面越来越多，解决的内容也不一样。像战略规划，咱们现在提的京津冀一体化，它要解决的问题和现在正在做的历史文化名镇的保护规划，和我们在北京接触到的一些村镇规划，层面不一样，要求也就完全不一样。我们只有在工作中慢慢积累，才会知道不同层面的规划解决的问题、认识的方面是不一样的。这也是我们教材中所提到的层次规划。这些层次规划最主要的还是对现状的认知，有了深入的理解之后才能做后续的规划设计工作。每个规划要解决的问题各不相同，每个地区的实际问题又不一样，所以我们要抓住一个规划的核心问题，然后有针对性地去解决它。比如总体规划，就是一个在面面俱到的基础上抓最重点的问题，找最核心的要素，规划才能有亮点，才能体现一个城市最本质的东西。

◎ **问：您目前做过哪类的项目比较多？在工作上有怎样的心得？**

姜： 目前做过的规划项目来说，基本都涉及了吧。一些区域性的项目都参与过，包括我在现在的单位也接触到了一些课题。课题和项目又还有一些不一样。关于心得，我现在慢慢地开始觉得要把自己的心态往下调，就是说要多和调研的对象去接触，多扎实地把现状的问题搞清楚，多花精力在分析数据上。在这个基础上提炼、归类、总结，抓到一个最本质的东西。总结来说就是从问题出发，去解决问题，规划就是这样的一个过程。至于最欣慰的地方，还是对规划有越来越深的认知吧，也对规划师这个职业有比较多的成就感。特别是当做的规划得到了落实之后，那种成就感是完全不一样的。像以前来说，规划就是画图。现在越来越注重实施了，领导也越来越懂规划、越来越重视规划。其实这是很有好处的，因为领导懂规划的话，就能在一些碰撞中得到更好的想法。所以在这样的前提下做规划，就要花更多的时间和心思去研究要做的城市，需要深入了解的东西就越多，就会更加认真地对待这份工作。

◎ **问：您一定去过很多城市，哪座城市的规划让您印象最深刻？**

姜： 应该是三河镇吧。我做了这么多的项目里三河镇给我的印象最深。它离合肥比较近，一个有历史性的水乡古镇，很有自己的特色。我们最近有一个课题就是讲怎样延续一个城镇的特色。随着规划行业的发展，国家对这方面也是越来越重视，比起以前为了快速发展而做的千城一面的规划来说有了很大的进步。所以可以说我们是从之前重视快速发展，到了现在重视内涵式发展的阶段。这又回到了最开始咱们聊到的要做一个规划，就必须先了解一个城市的本质，抓住它的特色，突出它最值得突出的东西。只有花精力去了解它，去爱它，才能知道它美在哪，才能抓住它的本真，这样我们做后续的规划工作才能是不被架空的。这也是做一个规划师应该有的逻辑。

◎ **问：一张蓝图要得到实施，您认为最重要的是什么？规划师在这其中起到什么样的作用？或者扮演什么样的角色？**

姜：其实现在来说，村庄规划的实施相对而言落实得更好一点。知道“乡建院”吗？他们就是长期地住在村里面，经常和村民沟通，了解他们的生活方式和行为特点，了解他们真正的需求是什么，然后再去做规划。还有一些体制上的东西都是面面结合，和当地的官员，特别是村领导也经常性地沟通。有很好的沟通作为前提，才能保证后面的实施。规划师其实要起到一个协调、督导、帮助政府的“智囊”的作用，为政府决策提供技术支持和其他服务。对个人而言，我们也算是个小“智囊”，为城市考虑，怎样发展才能更美好。

◎ **问：您认为未来规划发展的方向和热点是什么？在大数据的背景下，我国未来的城市规划应该是什么样子的？**

姜：对于行业现状来说今年是会困难一点。但是我觉得规划以后肯定是一直都存在的，也许今后的规划就不单单是空间的规划，一些政策的规划也可能是有的。刚提到我们是智囊团队嘛，城市在发展就需要我们这些“智囊”的存在，所以我们是不会失业的。只要你能出好的点子，就会有人用。其实“智囊”这个定位对我们规划师来说，要求还是蛮高的。没有一点点底蕴和知识还真当不了“智囊”。对于整个规划行业的发展来说，现在规划越来越细，也越来越注重实施。一个大趋势就是多专业的结合，因为我们搞规划的就必须要去了解各行各业，多方面地考虑问题。我觉得未来还有一个趋势就是信息的集成，包括咱们前面聊到的运用大数据来分析，这也要运用到网络。所以要求规划师懂得的东西就很多，也很注重一个团队的协作，要把各种人的优点都结合到一点，才能形成一个大的“智囊”。因为我们要为一个城市解决的问题是方方面面的，除了空间上的，还有政策、旅游等都对城市的发展有重要影响。所以这不是一个规划师能解决的问题，必然是一群领导、一群规划师和一群对这个城市有思考的居民，是所有人的智慧的结晶。把所有好的想法结合起来，多吸收好的观点，这就是我们未来要做的信息集成，不仅仅是前期的大数据分析，还有后期多方面的想法都要整合在一起。

我之前的一个同事所在的单位，他们现在在转行做大数据。他们的目标就是争取每个设计院在做规划时的第一步，把前期的研究部分都交给他们去做。他们已经搜集整理了很多地方的基本数据，整合到一个平台里，包括一些数据处理、前期的地形分析。对一个城市来说，如果有历年的数据，分析之后就会更精确。城市和城市之间也就有了更加清晰的对比。比如说，我要做一个镇规划，如果有周围很多镇的数据分析，我对这个镇的定位就会更加精准。所以大数据的这个背景对我们的规划工作有十分重要的意义，它对规划的精确性和之后规划落实的可行性都起到积极的作用，也减轻了我们规划师的负担，能让我们的判断更加准确。不过话说回来，规划还是离不开人，毕竟数据不能解决一切问题，它只能起到辅助作用，帮助我们规划师做出更好的判断。

作　品

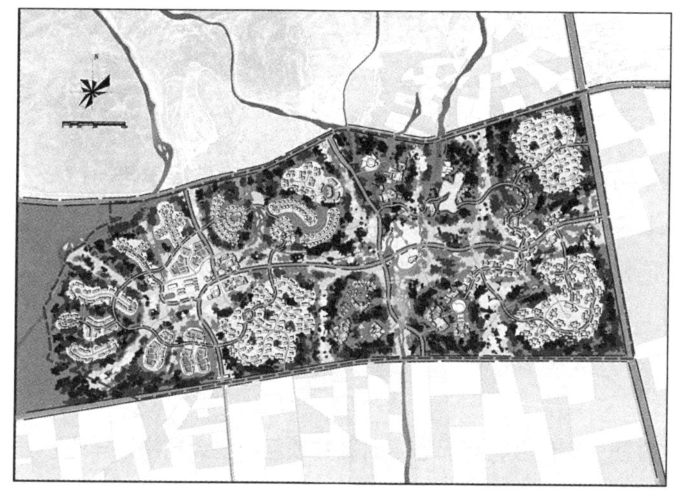

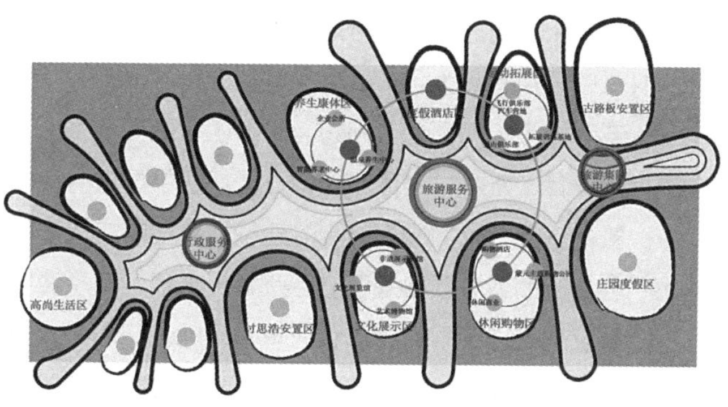

受 访 者：徐海涛

工　　龄：9年

采 访 者：柏云、罗理

采访时间：2015-12-22

采访地点：网络采访

【个人简介】

徐海涛，男，目前就职于北京经济技术开发区城市规划和环境设计研究中心，任规划咨询部部长。

采访内容

◎ **问：您从什么时候开始接触学习城市规划，在怎样的机缘和状态下您选择学习规划？**

徐海涛（以下简称“徐”）：上大学的时候开始接触城乡规划，也算是阴差阳错选择了这个专业，当时报志愿的时候有一点兴趣，但是并不太了解这个专业，报了之后就一直从事这个行业到现在。我的具体的工作经历是从2007年开始，大五实习就在工作的这个地方，后来一直工作到现在。

◎ **问：您的工作单位是怎样的性质，有什么特点？您平时做的项目类型大致是怎样的？**

徐：单位的性质是规划局下属的事业单位，特点是我们除了要编规划以外，还要组织规划编制。我的工作同房地、招商、发改等联系很多，所以涉及的内容也比较广。我做的项目特点大致分为两大块，第一个是解决实际问题比较多，比如说要调规了，或者城市出现了什么问题，或者领导做了什么决策要落实，还有同发改、招商和土地等各个方面打交道比较多，我们从中要做的协调工作就多了。第二个就是做的控规比较多，以指导下一步的建设。其实在实际工作中，并不是我们的控规做成什么样，招商或者项目来了之后就是什么样，而是要针对各个实际的项目或者产业，根据它们各自不同的特点和需求对用地进行切分，对市政和交通等方面的承载进行分析，再根据实际的需求去做控规。在这种情况下，规划并不是前置的，而是后置的。所以有的时候，规划并不像我们上学的时候想象得那样是主动的，在一定情况下规划可能是被动的，它得服从于项目、服从于经济社会发展规划，也就是我们说的经规。而土地又是服从规划的，这三者是有一定关系的，所以在我们讲要三规合一的时候还是会有一些矛盾出现。

◎ 问：**大学时学习规划和工作的区别是什么？到目前的规划从业经历里，您对这个行业有怎样的理解？**

徐：我觉得在学校学习，和在外边，尤其是在和半体制内的事业单位比较起来，在学校里更加注重项目或者设计的思路、方案、理念等等，但工作之后发现规划和政治、管理的关系非常密切。我觉得学生应该多去关注一些管理方面的事情，因为三分规划，七分管理。其实规划还是一个跟管理、跟政治靠得很近的专业，是一个利益协调的东西，而不是纯设计工作。在2008年的时候，中国的《城乡规划法》刚颁布，规划这个行业是很火的。毕业的时候大家都想从事专业对口的工作，所以我也很顺理成章地做了这一行。但是一直到现在，我对自己认识不同的地方还在于规划的管理以及它和政治的联系上。规划有时候并不是一个设计，因为规划者只是一个普通人，他以一个普通人的眼光和视角去认知一个城市，让在城市当中生活的人感觉到尺度舒服。所以说规划这个工作应该更多地关注普通大众，相比起建筑的强调个性，规划更强调共性。规划的核心特点就是均衡与博弈。

◎ 问：**从学生到规划师的转变，您认为个人应该做什么样的准备？**

徐：从学校到工作，学生应该做的准备就是从基础性工作开始，踏踏实实去慢慢积累，这个过程很重要，而并不是上来就会负责很重要的任务。很多时候，细节的东西有时会决定一个规划方案的成败。所谓规划师，应该着重锻炼自己与人沟通协调的能力，这个相当重要，同时也要锻炼汇报的能力。

◎ 问：**能否谈谈您从事这个行业以来，最欣慰或者最感慨的地方？**

徐：最欣慰的可能是通过很多的努力能够协调和平衡各方利益关系，自己提到的建议会被采纳的时候，再看到这个项目一点点建起来，或者说看到一些项目的推动出现在很多微信公众平台或者门户网站上，会感觉到自己的努力还是有一定作用的。其实很多时候，我们一些比较好的想法，或者觉得真正为公众考虑的东西，不被实现或者只能部分实现，无能为力。因为在城市当中一个东西的实现，涉及太多方面的内容，有很多因素在影响着它。规划毕竟还是有局限性的，也可能那种没有完全实现的方式反而是最合适的，因为每一个人的出发点或者看法都是不相同的。

◎ **问：您一定去过很多的城市，哪座城市给您留下的印象最深刻？在我国快速发展的过程中，城市的特色正在消失，关于这个问题您怎么看？**

徐：我去过的城市并不算太多，但我比较喜欢或者说我觉得比较好的是苏州。去过很多次，我比较喜欢苏州的感觉。不论是苏州老城的文化感觉，还是苏州的新城，包括苏州工业园，它的一些政策、建筑还有规划理念都是不错的。苏州工业园和新加坡合作，发展得比较快，到后来的转型升级，我觉得它都是做得相对比较好的，我很喜欢。苏州城市人口不少，城市建设得也很好，它的智能交通、用地管理等等方面都是很不错的。

一说城市特色，大家很容易就会想到一个城市的文脉，或者说城市的文化。我觉得城市的文化是城市特色的一种体现方式，但城市下一步的建设也是新的特点建立的一个过程。有时候并不是说我们非得去坚持原来的东西，我觉得应该有一些新的变化。虽然有一句话叫作不破不立，但还是应该改变，并不能说一味地坚守就是城市特色的保持方式。我们应该找一个平衡点，因为城市肯定是要发展的，像现在老提的这种文化创意产业，可以把自己的底蕴和现在新的东西相结合，保证原来的特点的同时还应该有新的特点，在一个新旧平衡的基础上往前推动和发展。

◎ **问：一张蓝图要得到实施，您认为最重要的是什么？**

徐：一个规划的实现我觉得还是前面说的问题，“三分规划，七分管理”，甚至可以说是“两分规划，八分管理”。因为管理是保证后期实施特别重要的一个方面，无论你的想法有多好，都要有一个政策或者一个机制去保证它能够实现。我觉得规划师在不同的工作岗位和不同的方面起到的作用是不一样的，我们在规划编制方面肯定要提一些好的建议，但这些建议要建立在对一个城市的充分了解和对一些机制的充分了解的基础上，提出的建议才会比较合理。而在管理岗位的规划师就应该尽量去协调各方面的关系，以保证原来规划想法的实现。

◎ **问：在大数据的背景下，我国未来的城市规划会是什么样子的？谈谈您对这个行业现状和未来的看法吧。**

徐：谈到未来规划发展的方向，我记得原来北京一个很厉害的专家曾经总结过我们规划要考虑的一些方面，他说过的几个关键词就是性质、规模、布局、人口、资源、环境、社会、经济、实施，其实很重要的就是这几个部分。我觉得未来的特点，尤其是像北京现在对建设用地的严控增量、盘活存量，它划定了生态红线或者城市的生产边界，城市的更新改造或者这种协调式的规划就会越来越多。再往远了想，就是公众参与会越来越重要。也有人预言说在很久很久以后，规划师的工作性质会慢慢成为一个社区工作者，不再是一个专业性很强的东西，起到的作用更多是承上启下。

大数据经常会跟“三规合一”或者“多规合一”放在一起。我觉得城市规划以后会越来越向着智能化或者说简单化或者模型化等方向发展，可能这当中人的思考就会慢慢变少。比如说我这个地方该放什么，该是多大的高度、多少的面积、多强的容积率，如果说真的所有数据库建立起来之后，这些东西就都会出来。所以又回到刚刚说的，规划师可能真的会慢慢发展成为一个社区工作者。

大家都说现在的规划市场不好，或者说建筑的市场不好，但从我的个人感觉来说，规划没有说市场不好的概念，可能是说对于单纯的项目的一些详细规划，但对于我们现在的过渡阶段，比如说产业的转型升级，或者北京的首都功能疏解，在这种存量为主的情况下，现在的规划其实处在一个转型的节点上，对于城市更新改造的方法、体制、政策、转型升级的方向，很多体制内的部门都在研究。

作　品

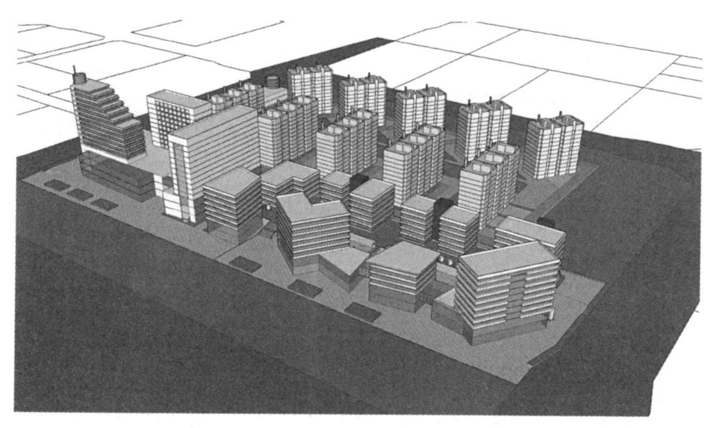

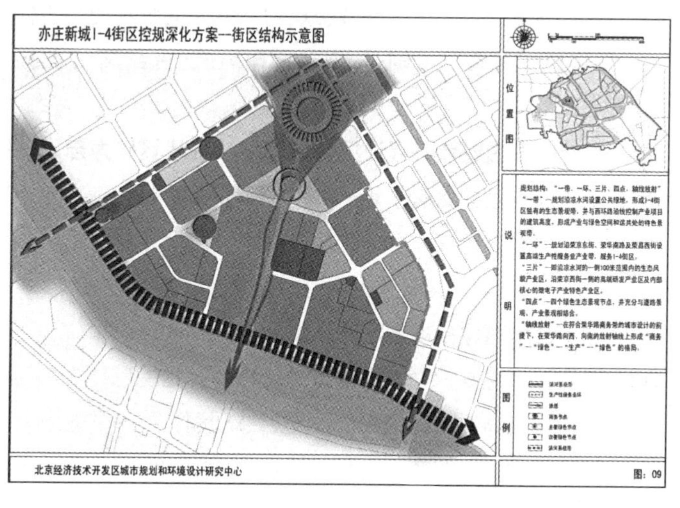

受 访 者： 李海梅

工　　龄： 7年

采 访 者： 贾灵光、靳林强

采访时间： 2016-01-06

采访地点： 清华同衡规划设计研究院

【个人简介】

李海梅，女，2006年本科毕业于长安大学城市规划专业，2009年硕士研究生毕业于南京大学城市规划与设计专业，现任职于北京清华同衡规划设计研究院，参与多个项目，实践经验丰富。

主要参与项目有绵阳市地下空间开发利用及人防工程规划（2010～2020）、济南市人防工程建设规划、蚌埠市城市公共安全规划、大西柏坡规划、巴彦淖尔市城市总体规划、邳州市城市总体规划等。

采访内容

◎ **问：** **您的规划学习之路是从什么时候开始的？**

李海梅（以下简称“李”）：从2001年上大学开始的，2001年在长安大学学的规划，然后考研去南京大学学的城市规划与设计这个专业。本科的时候学的偏设计方向，在研究生阶段偏区域规划，2009年毕业之后到清规院安全所工作。

◎ **问：** **是什么理由或者机缘让您接触规划，并将其作为自己一生的职业？**

李： 我觉得这就是命运，我当时报志愿的时候是调剂的，以前第一志愿报的法律和医学，都没有录取，后来调剂过来学的这个专业。

◎ **问：** **能谈谈您对城乡规划学的认识么？**

李： 这几年的感受，规划学科越做越细，开始的总体规划可能就是单纯的总体规划，现在来说总体规划已经不仅仅是总体规划，所有的规划都要向详细规划、向设计层面来扩展，现在很多规划都是战略到总规到设计一体的规划。

◎ **问：在即将走出校园时，林经理了怎么样的选择促使您成为一名建筑规划从业者？**

李： 我们这个专业很特别，上大学的第一天就知道毕业之后会干什么，我们这个专业对口性非常强，不像有的专业到毕业了也不知道具体干什么。

◎ **问：您是从何时开始走向工作岗位的？您觉得工作之后和大学时学习的区别是什么？**

李： 我是2009年4月份研究生毕业的，大概5月份开始在清规院安全所工作的。个人感觉工作后这个套路比在上学的时候要规范很多，上学的时候更加偏向研究性的东西，一个项目用一年的时间边研究边做，工作之后可能同时要做好几个项目，几个项目并行，慢慢就形成了什么规划就按一定的套路去做，然后每个院便形成了每个院的风格。要珍惜在学校做研究的时光，到单位工作之后，项目的时间要求比较紧，项目也比较多，精力也不够。

◎ **问：您目前做过哪些项目？您在工作上有怎样的心得？**

李： 我做的项目比较杂，从最开始的详细规划、小区规划，到控规，到后来做总规、做战略都有，然后慢慢就有了安全所的项目，比如防洪、防灾、消防、人防、地下空间都做。总体上感觉专项规划做得比总规轻松一些，项目的周期比较短，总体规划一般都要一两年，而且调研、汇报次数特别多，专项规划相对来说要简单一些，当然专项规划费用也会低很多，但是它的周期比较短，做得比那些规划要轻松一些。

◎ **问：在从事规划工作的过程中，您觉得最让您感到欣慰的是什么呢？**

李： 最欣慰的是，我刚来院里做的第一个项目是重庆一个县的总规，县城在一个山上，建设得比较混乱，我们规划之后重新选了一个地方做了规划，后来甲方在群里发了一些照片，看到这个城市现在建设得很好，我们就很有成就感。

◎ **问：您一定去过看过很多的城市，哪座城市的规划留给您的印象最深？**

李： 北京现在的规划就挺好的，感觉北京的绿化特别好，无论什么季节，行道树的颜色与时间的搭配还是比较好的，城市建设得也还不错。还有无锡这个城市也还不错，总体感觉城市比较干净，市容市貌比较好，城市交通也很好，总体的感觉很舒服。

◎ **问：您觉得未来规划行业发展的方向和热点在哪儿？**

李： 现在城市在向绿色化、生态化、可持续的方向发展，比如海绵城市等。

◎ **问：就您就业经历而言，能为还未毕业的我们做些经验之谈吗？**

李： 我感觉毕业第一份工作还是很重要的，因为我们这个专业就业的方向有可能是确定的，就是城市规划，但是这个行业也有很多的方向，比如我们院就分好多所，总规、详规、市政、园林、名城保护等，现在专业化也是一个方向，毕业的时候就选好自己喜欢的方向，并向这个方向努力。还有就是学校很注重方案能力，我现在主要做人防、安全类的项目，但是在没有确定自己的方向之前，要把所有的基础知识都掌握。再有就是上学时候的书一定要留着，有些问题有的时候还是要查一下，自己的书看着就会比较方便。最后就是手绘能力也是很重要的，另外GIS现在与规划结合的越来越紧密，学习一些GIS很有必要。现在城市的智慧化也是比较热门的。

受 访 者： 刘煊赫

工　　龄： 8年

采 访 者： 柏云、罗理

采访时间： 2015-12-17

采访地点： 清华同衡规划设计研究院

【个人简介】

刘煊赫，男，本科毕业于山东科技大学，硕士研究生毕业于清华大学，现任职于清华同衡设计研究院，规划师。

采访内容

◎ **问：　您从什么时候开始接触学习城市规划，在怎样的机缘和状态下您选择学习规划？**

刘煊赫（以下简称"刘"）：2002年本科学习。当时服从分配，从建筑设计调剂到规划专业，由此开始学习规划。

◎ **问：　您是什么时候参加工作的？大学时学习规划和工作的区别是什么？**

刘： 2007年本科毕业开始工作，工作了一段时间之后，又上了研究生。工作与学习的区别比较大，大概有四方面。第一，理想与现实。在学校学习，是比较理想化的理论与知识，是一个愿景式的，我们希望在规划做什么，在世界做什么，这是比较理想的状态。现实会有各方利益博弈，在实践当中会有感触。第二，整体与局部利益。作为规划师来说，我们院主要承接的是政府的项目，比较宏观的规划，我们代表的是整体的利益，比如说市、县等的总体规划，但在规划的时候，遇到拆迁或者新建公共设施等问题时，会涉及多方面的利益，整体与局部利益的博弈是非常明显的。第三，近期与长远利益。我们的规划最好就是一个蓝图实施到底，但是我们国家的官员基本是三年一换届，所以在他的任期内会很想做出一些成绩。相对我们的规划年限，近期5年，中期10年，远期20年，这样，近期和中远期就会产生矛盾。第四，如前面所说，规划是各种利益的博弈，有政府利益、市场利益、公众利益，还有一些第三方组织的，如NGO利益。

◎ **问：在即将走出校园时，您经历了怎样的选择促使您成为一名规划从业者？到目前的规划从业经历里，您对自己有怎样的认识？**

刘： 首先是毕业了，面临生存压力，当时需要找一个工作，在专业上，也希望学以致用，就会在规划院、开发单位，或是当老师等等，这就是生存和实践。解决了生存问题之后，会相对应地按照自己适合的或者感兴趣的工作，再去作一个选择。在规划从业经历里面，第一点，避免不了生存和家庭问题，自我价值实现的问题，所以规划师也是一种普通的职业。第二点，规划师群体很小，全国直接从业者只有20万人，所以我们是很小众的，但我们做的却是大事，一个城市的全部都交给规划师来规划，一群小众的普通人在做着一些大事，所以我认为规划师这个职业是神圣的。但作为小众的一员，在做事时，千万不能高看了自己。作为规划师要走出去，对生活有追求，才能为居民规划出美好的愿景。

◎ **问：从学习到工作，从学生到规划师转变的过程中，您认为个人需要做怎样的改变或准备？**

刘： 第一，要专业基础很扎实。对比一些已经工作了的人，他们有丰富的阅历，如果你自己专业基础不扎实，基本就没有竞争力，比较优势不存在。第二，要多走出去看。必须要了解更多的东西，规划涉及方方面面，并不是只有空间的规划，所以必须要去了解多个方面。第三，要虚心请教。我年轻的时候总觉得自己什么都会做，年轻气盛，其实并不是那样。有心气是好的，但必须要虚心请教。第四，要胆大心细。做项目和为人处世其实是一样的。比如说，你的领导给你安排了一个任务，你推三阻四，跟领导说我不行，这是一种很糟糕的想法，这样你自己也很难进步。所以，在你自己认为可以承担下来的情况下，你自己胆大一点，去尝试，但在做的时候要心细一点，要做好，不会的去研究，一个人做不到的，联合大家去做。第五，要善于学习，拒绝忽悠。我个人反对忽悠。学习和忽悠是两个相反的东西。规划在大类上属于咨询行业，在说和做时，要有依据，要有论点，这个要通过学习和知识的积累，才能做到。

◎ **问：能谈谈您对城乡规划学的认识吗？**

刘： 我认为城乡规划到现在为止有四个阶段。第一，物质规划阶段。比如田园城市、生产力布局、科林斯塔勒的中心地理论等，这些经典理论在当时的时代背景下很有用，尤其是在中国计划经济时代非常实用。当时，空间大、人少，规划做出一个布局，政府就可以有计划地将人迁过去。物质性规划在工程层面，布局规划好就可以。第二，理性规划阶段。随着我国的人口增长以及市场经济的发展，人口流动，产业格局改变，为了做出正确的规划，规划师采用科学的方法，计算人口、用地承载力、水资源承载力等，以及对各种安全格局的掌握，以达到一个理性的状态。理性规划在2001年之前比较盛行，但理性规划强调计划性，在现在新常态的经济背景下，开始不适用了。现在有个理论叫倡导性规划。倡导不同的利益群体共同诉说自己的需求，协调融合，形成一个规划方案。从理论上来看，这种规划一定是对的，满足了各方需求。但问题通常会出现在参与方，不同的利益群体在利益诉求时会有一定的主观性，会导致规划的结果出现偏差。我认为倡导性规划未来也不会完全适用。最后，我个人认为城乡规划在下个阶段会走到空间生产的阶段。福科的《规训与惩罚》和《疯癫与文明》，从哲学层面思考空间的形成，推荐大家阅读一下。空间生产是一个辩证的理念，如一栋楼，由政府引导、开发商投资，共同建设，建成之后，不同的使用群体进驻，由此空间生产出各个不同的群体。所以，我认为，下个城乡规划阶段应该研究空间生产。

◎ **问：** **您现在的工作单位是？什么职称？**

刘： 清华同衡规划设计研究院。媒体中心副主任，不动产中心副总规划师。

◎ **问：** **您所在的工作单位有什么特点？**

刘： 一是规模大，专业多。清规院有40多个所，按不同专业区分，专业配备比较齐全，比如我们有光学所、声学所、公共安全所（研究危险品仓库、生态安全格局等），还有环境所等。我们目前形成了一个全产业链，叫IDBO（投资、策划、建造、运营）。二是学习氛围比较浓。我们有咖啡厅，还有各种不同的供交流的公共空间，大家相互交流、思想相互碰撞、相互学习。

◎ **问：** **您目前做过哪类的项目比较多？在工作上有怎样的心得？**

刘： 前期做城市总体规划，后期做控规、修详规、城市设计等，从宏观到微观，都有接触，还包括策划和旅游规划等，以非法定规划为主。最近对接国家发改委和国土资源局比较多，做了一些土地流转的研究，国家发改委旗下的工程咨询。还有《城市规划》英文版、《世界建筑》等的专业媒体工作，也涉及一些。所以作为规划师，到了后期，会涉及方方面面。主要还是解决问题，体现自己的价值。

◎ **问：** **在从事规划工作中，让您觉得最欣慰的是什么？或者有什么感慨的地方？**

刘： 有四点。一是在做规划时，会有很多出去看的机会，会极大地丰富个人阅历，读万卷书不如行万里路。二是不管做城市总体规划或者居住小区规划，城市只有一个，所以在规划设计时，要对项目足够重视，同时甲方也很尊重规划师。三是在做规划，看到规划被实施之后，会有很大的成就感。四是在退休之后，个人会有一些人生总结，这很重要。

◎ **问：您一定去过很多城市，哪座城市的规划让您印象最深刻？**

刘： 城市规划是一个工具。每个城市的规划好还是不好没有绝对。印象深刻的是我做的新疆可克达拉市规划，是国家兵团建设的新城。从规划到建设，我都很了解。当地守卫边疆的文化很浓，对那里很有感情。

◎ **问：在我国快速发展的过程中，城市的特色在消失，关于这个问题您怎么看？应该怎样去解决它？**

刘： 这个问题不该这样问。我们现在说千城一面也好，城市没有特色也好，我认为这是不一定的，到了下个阶段，说不定这种现象会被认为是一种城市特色。城市的发展有它一定的道理，城市特色也许没有消失，也许正在消失，我们无法判断。所以我认为不能提解决，应该是怎样使城市特色更突出。

关于城市特色，分为两个方面来讲：城市和乡村。城市特色在某种程度上可以说是多方利益角逐的结果，没有一个主体可以决定城市特色。农村地区，我们可以看日本、韩国等国家，他们从建设乡村基础设施开始，到地区特色营造，到管理（自组织管理），最后到区域性的特色营造和道德层面建设，是随着经济社会发展的不同，一步一步建设，自然存在和发展。如何使城市特色更突出，首先要价值观比较理性、超前，其次要提高全民素质和物质水平。

◎ **问：一张蓝图要得到实施，您认为最重要的是什么？规划师在这其中起到什么样的作用？或者扮演什么样的角色？**

刘： 第一点是价值观要一致，这样蓝图才能得到实施。规划师首先要替大家分析好，为什么要做这样的蓝图。第二点是协调，规划师必须要协调好各方利益。最后是倡导自己的价值观，由此得到一致的价值观。

◎ **问：您认为未来规划发展的方向和热点是什么？**

刘： 热点很难把握。规划发展方向我认为有四个。一是管理性。以前的增量发展规划已经过去了，城市管理将成为一个方向。二是社会性。在城市化率提高后，城市规划的社会性将会凸显。三是操作性。城市规划操作性必须要提高，不然规划就是空中楼阁，我们不希望规划成为别人口中的“墙上挂挂”。四是精细化。精细化的管理和经营，之前有个城市经营理论，就是希望把现状经营到蓝图上，必须要精细化、科学化。

◎ **问：在大数据背景下，您认为我国未来的城市规划应该是什么样子的？城市应该是什么样子的？**

刘： 首先我认为大数据存在于每个时代，只是以前的数据整合分析能力不是很强。我认为数据能增强规划的科学性，有助于做决策，增强知识的连接度。城市首先为公众服务，公共服务设施和基础设施将会更完善。城市发展与大数据有关，但大数据不会改变城市发展的进程。

◎ **问：最后，您认为我国城市规划行业的现状如何？您认为规划师应该在其中扮演什么样的角色？**

刘： 2013年我为住建部做了一个课题，对全国的规划院做了一个调研。规划院基本上分三等，第一就是一些国家级大院，如中规院、清规院等，规模大，产值高；第二是以地方院为首的，如省院，规模在200～500人；第三是乙级、丙级院，规模小，产值低。从去年开始，新常态经济背景下，一些小院都倒闭了。今年，两极分化严重，大院项目非常多，但小院却没有什么项目可做。首先在新常态背景下，规划师要理性看待现在行业的状态，有必要坚信我们的经济会向好的方向发展，持续不断地学习，同时在新常态下，要求变和创新。我认为这是规划师在这个时期应该扮演的角色。

受 访 者： 张喆

工　　龄： 9年

采 访 者： 李静岩、王惠婷、宋鑫宇

采访时间： 2015-01-05

采访地点： 洲联集团五合国际

【个人简介】

张喆，男，清华大学城市规划专业硕士，2006年至今在洲联集团五合国际从事城市规划工作。

采访内容

◎ **问：　您的规划学习之路是从什么时候开始的？**

张喆（以下简称“张”）：从大学本科学习城市规划专业课程时开始。

◎ **问：　是什么理由或者机缘让您接触规划，并将其作为自己一生的职业？**

张： 因为自幼喜欢绘画，所以考大学填志愿时选择了一个与绘画有关系的专业，真正接触规划后感觉把这个专业作为自己的职业还比较适合。

◎ **问：　能谈谈您对城乡规划学的认识吗？**

张： 城乡规划学最近几年才从一个二级学科变为一级学科，可见其重要性，同时这也符合我国现阶段的发展现状。我从实践中体会到，城乡规划是一个涉及各个方面的巨系统。反映到学科建设中，它应该是一门涉及地理、人文、经济、建筑、艺术等多专业知识融合的独特的学科。

◎ **问：　在即将走出校园时，您经历了怎样的选择，促使您成为一名建筑规划从业者？**

张： 可以说，毕业前在中规院的实习对我帮助很大，这使我了解和适应了规划这一职业，也促使我坚定地选择成为一名城市规划师。

◎ **问：　您是从何时开始走向工作岗位的？您觉得工作之后和大学时学习的区别是什么？**

张： 2006年大学毕业后就走向了工作岗位，应该说工作和学习还是有很大区别的。这就好比理论与实践的关系，一个初入社会的规划从业人员应该摆正位置和转换好自己的角色，更好地把自己在校园里学到的理论运用到实践中，而不是生搬硬套。

◎ **问：您是何时进入现在工作单位，成为一名规划师的？**

张： 大学毕业就来到现在的工作单位。

◎ **问：您觉得您所在单位有着怎样的特点？**

张： 经营方面市场化，服务于市场；专业方面一站式，多专业整合。

◎ **问：您目前做过哪些项目？您在工作上有怎样的心得？**

张： 最近完成了“威海双岛湾科技城城市设计”。建议规划师们要学会站在“别人”的角度想问题，包括政府、甲方、产品的使用者等等，这并不等于屈服于某一方，而是可以保证你更全面地考虑问题。

◎ **问：在从事规划工作的过程中，您觉得最让您感到欣慰的是什么呢？**

张： 两个方面：一方面是在项目过程中，自己的方案被认可，这个规划就可以在一定程度上发挥它的作用；一方面是看着一拨拨年轻的规划师加入自己的队伍，并且不断成长。

◎ **问：您一定去过看过很多的城市，哪座城市的规划留给您的印象最深？**

张： 新加坡，硬件方面其实和国内很多城市没有多大区别，关键是软件。

◎ **问：您觉得未来规划行业发展的方向和热点在哪儿？**

张： 侧重政策层面，热点是旧城的更新与发展。

山东威海双岛湾科技城城市设计

（以上图片来源：洲联集团官网http://www.www5a.com/）

受 访 者： 谭晓鸽

工　　龄： 8年

采 访 者： 邓美然

采访时间： 2015-01-02

采访地点： 中国城市建设研究院有限公司

【个人简介】

谭晓鸽，女，获天津大学建筑学院城市规划及设计专业学士学位，后获得天津大学建筑学院城市规划及设计专业硕士学位，2007年至今在中国城市建设研究院有限公司城乡规划设计研究中心工作。

采访内容

◎ **问：　您的规划学习之路是从什么时候开始的？是什么理由或者机缘让您接触规划？**

谭晓鸽（以下简称“谭”）：1999年大学入学开始学习规划。理由一个是兴趣，另一个是因为当时高中毕业报考城市规划和建筑学专业需要美术加试，而我上了美术辅导课，觉得报考这个专业可能会有优势。

◎ **问：　您是从何时开始走向工作岗位的？您觉得工作之后和大学时学习的区别是什么？**

谭： 2007年毕业后走向工作岗位，工作之后和大学学习的区别，一个是开始了朝九晚五的工作，项目多还要加班，比大学自由时间少了。另一个要面对的是有实际设计要求的甲方，有时候项目周期会有几年，中间要和甲方进行多次沟通协调汇报，不是每半个学期就能完成的课程设计。

◎ **问：　请谈谈您对城乡规划学的认识？**

谭： 城乡规划是一个公共政策，土地和空间资源利益的博弈会反映到空间布局上。规划师应协调政府、开发商和公众的利益。可操作性弱和公众参与少是目前普遍存在的薄弱环节。城乡规划是针对当下的城乡进行的，但是应该放在大区域的发展背景下，尊重过去城乡的发展轨迹，立足于城乡的发展未来。

◎ **问：作为一名优秀的城市规划从业人员，在学习和参加规划工作的这段时间里，您对自己有个怎么样的认识呢？能谈谈吗？**

谭：我不太自信，有点内向，参加工作后这两点还是有些改善的。在工作的这段时间里，我对"使命"和"责任"有了一定的认识，规划工作是重要的。

◎ **问：每个人的一生都有几个重要的转折点，您认为哪些决定改变了您的人生轨迹？为什么那样决定？每一个人的胸怀、气度、才气、智慧等，他们都是和自小的教育和身边环境决定的，您认为使您成功的是哪些因素？**

谭：首先我并不是一个成功者，只是一个还算敬业的、没有放弃追求和进步的规划师。人生轨迹算是按部就班。之所以这么多年还坚持在这行，与天性乐观有些关系吧。

◎ **问：我国的城市规划行业的现状如何?您对我国的这些现状有什么看法吗？以及规划师在城市规划过程中扮演的角色是什么？**

谭：规划师话语权不多，很多都是领导决策。要改善这个局面，首先规划师要加强修养，同时还要完善规划师执业制度，以及政府关于规划编制、规划实施的公共参与、共同决策的制度。规划师在城市规划过程中扮演更多的是空间规划者和协调者的角色。

◎ **问：您现在就职于哪个单位是？现在是什么职称？参加工作多长时间？**

谭：中国城市建设研究院有限公司，现在是城市规划师职称，参加工作7年时间。

◎ **问：您觉得您所在单位有着怎样的特点？**

谭：涵盖比较多，包括环卫、园林、规划、市政、建筑等专业。

◎ **问：您目前做过哪些项目？您在工作上有怎样的心得？**

谭：邢台市"一城五星"城乡总体规划、邢台市城市总体规划、盐城市西南片区盐渎路南侧地段控制性详细规划、盐城市盐都新区商务商贸区及周边地区城市设计等项目。项目中的心得是要善于发现甲方众多要求中哪些是合理的，哪些是不合理的，哪些是可以做得更好的。

◎ **问：在从事规划工作的过程中，您觉得最让您感到欣慰的是什么呢？**

谭：虽然在规划工作上进步不大，但还是有进步的。

◎ **问：您一定去过看过很多的城市，请问哪座城市的规划留给您的印象最深？**

谭：意大利佛罗伦萨给我留下的印象最深，城市具有很强的整体风貌和特色，尺度协调宜人，保护和利用得当。

◎ **问：您觉得未来规划行业发展的方向和热点在哪儿？**

谭： 对发展的判断不应该依赖路径，未来规划GDP由两位变成一位，城镇化率由一年平均1.2个百分点，降到了0.8～0.9个百分点。新型城镇化的要求，不是过分地强调速度，而是更强调人的城镇化、提高质量的城镇化、四化的城镇化、生态环境的城镇化。

◎ **问：您对我国的城市、环保、交通、人文等等，有什么看法？能做怎么样的改进？您认为中国城市规划现存的主要问题是什么？政府以及城市规划师，应该在其中起到什么样的作用？**

谭： 不同的城市有不同的发展轨迹和个性特征。城市应更注重自身的文化传承，建设有特色、有文化内涵的城市，应更生态、更亲民、更开放。现存的问题是拆得太多太快。政府和规划师都应该积极反思，协调历史、现在、未来的关系，保护和发展的关系。

◎ **问：您觉得我国未来的建筑模式和城市规划应该是个什么样子？**

谭： 更生态，更亲民，更开放，更多元化，更有特色。

◎ **问：现在一些大中城市，甚至是一些小的城市，他们的城市规划和房屋构造基本都是重复和翻版，您怎么看这问题？应该怎么去解决它？**

谭： 城市不能一味追求GDP的增长，应追求经济、生态、文化、社会协调发展。同时，要加强城市特色、风貌和文化的保护。

◎ **问：现在城市化过程是大家比较关心的问题，您觉得中国的乡镇城市化适合走哪条道路？国外的经验教训有哪些值得借鉴，哪些应该避免？**

谭： 中国幅员辽阔，乡镇发展速度和阶段不统一，应以自身条件和市场经济为基础发展，尊重城市化的发展规律。应该避免发展上的“中等收入陷阱”和城市贫民窟等现象。

◎ **问：最后问个关于房价的问题，众所周知目前我国房价虚高，不知道您怎么看？**

谭： 房价基本上由市场需求关系决定，一线城市人口膨胀，供需矛盾突出造成房价上涨，中小城市由于人口增长缓慢，供大于求造成房价下行、不稳定。政府应统筹协调住房供需关系，一方面抑制特大城市发展规模，另一方面提高中小城市公共服务设施，尤其是教育和医疗设施水平。

作　　品

核心区平面图

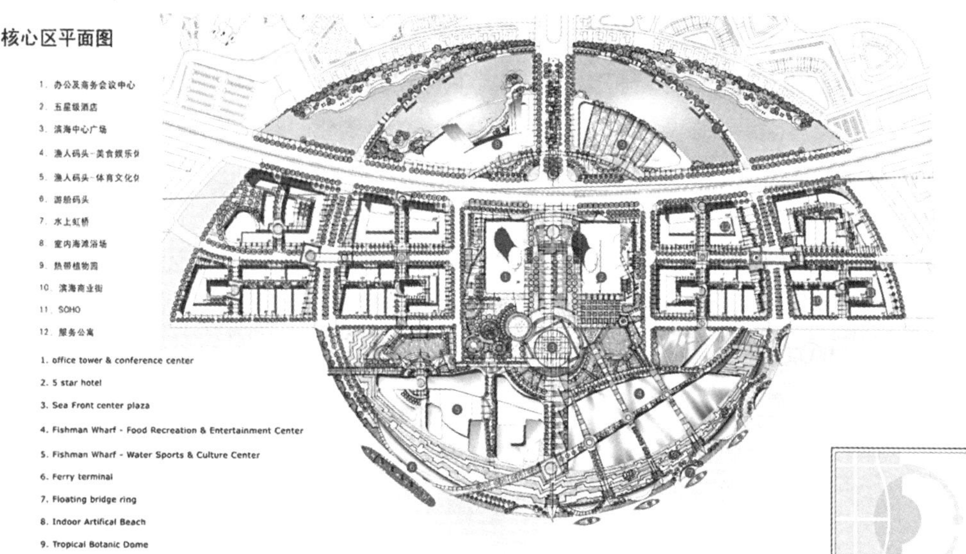

1. 办公及商务会议中心
2. 五星级酒店
3. 滨海中心广场
4. 渔人码头-美食娱乐区
5. 渔人码头-体育文化区
6. 游船码头
7. 水上虹桥
8. 室内海滩浴场
9. 热带植物园
10. 滨海商业街
11. SOHO
12. 服务公寓

1. office tower & conference center
2. 5 star hotel
3. Sea Front center plaza
4. Fishman Wharf - Food Recreation & Entertainment Center
5. Fishman Wharf - Water Sports & Culture Center
6. Ferry terminal
7. Floating bridge ring
8. Indoor Artifical Beach
9. Tropical Botanic Dome
10. Commercial street
11. SOHO
12. Service Apartment

天津东疆港起步区城市设计

项目时间 2006年9月

项目参加人 田琨、陈璞、Clemens、Dirk、谭晓鸽

设计单位：新加坡筑土国际都市设计天津分所（Achiland Consultant International）

基地位于天津市滨海新区海港物流区，为东疆港起步区，基地地面积208.69公顷，设计容积率0.74。建设项目包括公寓区、住宅区、商业办公区、中心广场、高尔夫球场等。方案通过对起步区的修建性城市设计，确立并强化东疆港综合配套服务区的城市形象与特征，同时通过起步区标志性开放空间、标志性建筑等构建滨海新区标志性景观。

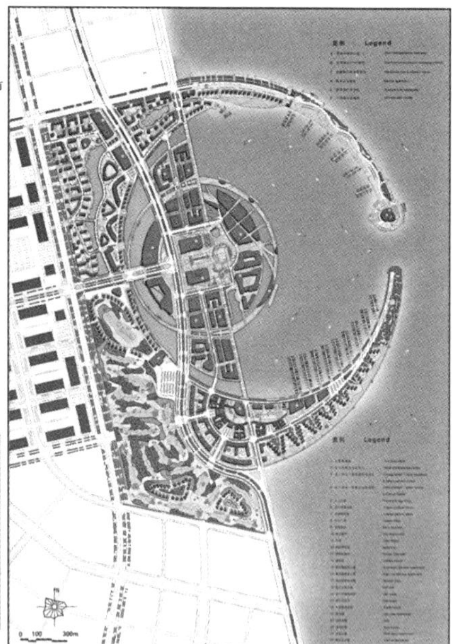

总平面图

受 访 者：刘峘

工　　龄：9年

采 访 者：邓美然

采访时间：2015-01-06

采访地点：北京建筑大学

【个人简介】

刘峘，女，获得天津大学建筑学院的城市规划工学学士，2006年获得天津大学建筑学院的城市规划与设计专业工学硕士，2006 年 7 月~2014 年 6 月，任职清华同衡规划设计研究院旅游与风景区规划所主创规划师、项目经理，从事风景区、旅游度假区、旅游小城镇的规划与设计。

采访内容

◎ **问：　您的规划学习之路是从什么时候开始的？是什么理由或者机缘让您接触规划？**

刘峘（以下简称“刘”）：大学本科期间就选择了城市规划专业。高中的时候对美术比较感兴趣，也比较喜欢大胆地想一些事情，希望以后学习的东西是那种能够激发我创造力的专业。而且我考大学的时候规划、建筑行业也算是一个蓬勃发展的行业，前景比较好，综合考虑个人兴趣与事业发展，就选择了这个专业。

◎ **问：　您是从何时开始走向工作岗位的？您觉得工作之后和大学时学习的区别是什么？**

刘：　其实我在大学本科期间就已经接触工程实践，相对来说还是比较早的。正式参加工作应该是2006年。如果说工作期间和学习期间的区别，最主要的就是接触的项目类型不同，本科期间做的主要就是一些城市总规、控规、城市设计之类的规划。工作以来主要倾向于风景区、旅游度假区一类的规划设计。另外，我觉得还有一个很大的区别就在于对专业的认识，学生时代的各种想法都很大胆，然而回到工作中就需要考虑多方的因素，来权衡自己的设计，概括来说学习和工作之间的转变就是，从学生期间的大胆畅想到工作期间的审慎求索。

◎ **问：作为一名优秀的城市规划从业人员，在学习和参加规划工作的这段时间里，您对自己有怎样的认识呢？能谈谈吗？**

刘：怎么说呢，就我而言吧，我觉得我应该是从一个职业者到一个有态度的职业者的转变。由于职位或是岗位的不同，我之前没有什么机会来表达自己的态度。后来随着工作时间的推进，接触的项目越来越多，在工作的过程中慢慢地就会形成自己的态度，并且逐渐有机会去表达自己的观点。我觉得这可能也算是工作以来的一些心得体会吧，慢慢知道了这个社会需要什么、自己需要努力去做什么。

◎ **问：每个人的一生都有几个重要的转折点，您认为哪些决定改变了您的人生轨迹？为什么那样决定？**

刘：其实到目前为止，我没有遇到什么特别大的转折点，相对而言比较重要的就是随着工作经验的积累，逐渐会思考我现在从事的行业它未来的发展方向是什么，会思考社会需要什么以及我又能切实做点什么。想过这些之后我就会去找一些志同道合的人，试图完善自己的想法。

◎ **问：现在的工作单位是？现在是什么职称？参加工作多长时间？**

刘：北京建工建筑设计研究院，高级职称，九年。

◎ **问：觉得您所在单位有着怎样的特点？**

刘：踏实务实，规模适中。

◎ **问：目前做过哪些项目？您在工作上有怎样的心得？**

刘：经过之前这么长时间的工作，我觉得心得可以说是更加关注一些利益相关者，会去思考生活在城市或者村镇中的居民到底需要什么，在工作中会权衡利益相关者的各种利益，在此基础之上形成设计，尽可能地少劳民伤财。不再是像早期做项目那样偶尔去套用一些固有的成果和模式了。

◎ **问：从事规划工作的过程中，您觉得最让您感到欣慰的是什么呢？**

刘：社会对规划的认识在逐渐提高，一些领导、决策者的专业能力和对规划专业的认识能力在提高。相对成型的规划技术成果也都相比之前完善许多，包括一些规划技术手段也在进步。这是我觉得工作这么长时间以来最欣慰的事情。

◎ **问：您一定去过看过很多的城市，请问哪座城市的规划留给您的印象最深？**

刘：中国香港是一座山地城市，人口密度很大，但却能做到疏导有致，虽然密不透风却也疏可走马，行人与道路的组织很和谐。

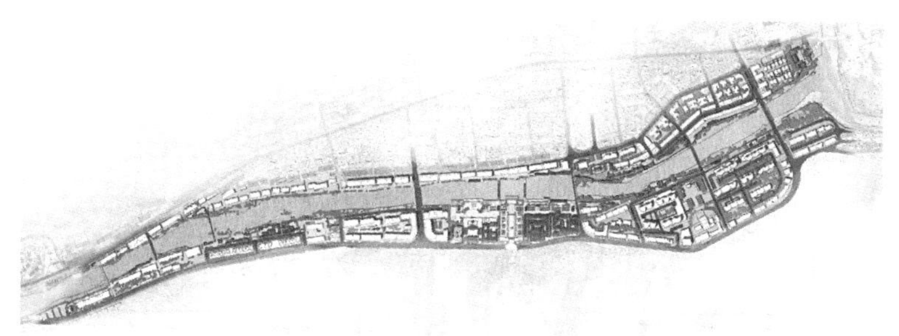

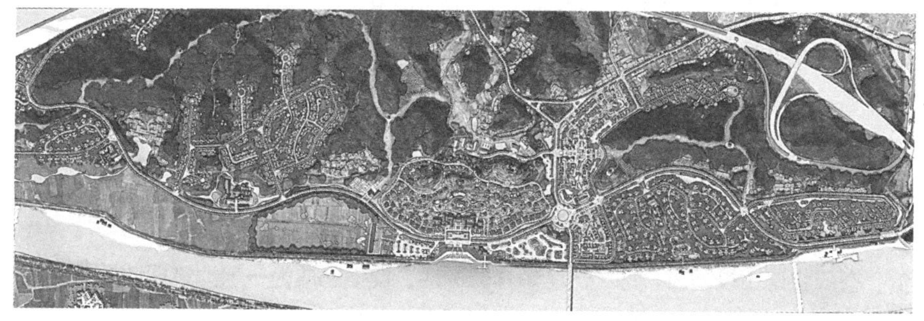

受 访 者：唐克然

工　　龄：6年

采 访 者：梁晓东

采访时间：2014-12-11

采访地点：北京建筑大学

【个人简介】

唐克然，现于中国建筑设计研究院担任项目负责人。

采访内容

◎ **问：　您的规划学习之路是从什么时候开始的？**

唐克然（以下简称“唐”）：我是2003年在哈尔滨工业大学就读城市规划专业，从而开始了我的城市规划之路。

◎ **问：　是什么理由或者机缘让您接触规划，并将其作为自己一生的职业？**

唐：　我最开始报考的专业是哈工大的建筑学，因为分数线不够，调剂到了城市规划专业，算是一种机缘吧。

◎ **问：　能谈谈您对城乡规划学的认识吗？**

唐：　我认为，规划是一种对未来预测的科学，研究对象是城市；城乡规划学研究的是一种动态的变化，同时城乡规划学在中国更多的是一种法定规划的修编，受到国家政策的约束与影响很大。

◎ **问：　在即将走出校园时，您经历了怎样的选择，促使您成为一名建筑规划从业者？**

唐：　在毕业的时候选择有出国、读研、工作，工作又包括房地产、设计院、公务员，我当时就是选择了设计院这条路。

◎ **问：　您是从何时开始走向工作岗位的？您觉得工作之后和大学时学习的区别是什么？**

唐：　2007年走向工作岗位的，大学的学习就是作业，几张图纸。但是工作中就面临很多实际的事情，在和甲方磨合的过程中要学会灵活善变，用沟通协调来找平衡，来解决问题。

◎ **问：您觉得您所在单位有着怎样的特点？**

唐： 我所在的单位，是一个社会责任感很强的单位，每年都会接一些不是以营利为目的的项目，是国家扶持的项目。部院有设计院风向标的作用，做设计有原则。

◎ **问：您目前做过哪些项目？您在工作上有怎样的心得？**

唐： 总体规划是一个十分漫长的过程和工作，时间一长，就存在很多的变数，有时候纲要评审、专家评审都过了，但是时间一长，城市换了领导，成果就要改。控规是一个科学化、量化、专业化的规划。我的心得是，在协调工作和各方面利益的时候，要坚守底线，底线很重要，但是在底线之上，要学会灵活处理问题，寻找有效的途径解决问题。其次心态很重要，切忌急躁烦躁，宽容一点，规划是一个高危行业，每年我都听说有设计院的中层领导猝死。所以心态很重要。

◎ **问：您一定去过看过很多的城市，哪座城市的规划留给您的印象最深？**

唐： 新疆吐鲁番，那是一个不浮躁的、宽容的城市，这给我留下了很深的印象。

◎ **问：您觉得未来规划行业发展的方向和热点在哪儿？**

唐： 次一级城市的规划、小城镇规划、城市设计，更多的非职业的规划人来做规划。

受 访 者: 赵科科

工　　龄: 7年

采 访 者: 刘娟

采访时间: 2015-02-02

采访地点: 中国建筑设计研究院

【个人简介】

赵科科，男，2008年研究生毕业于同济大学，同年分配到中国建筑设计研究院城镇院工作。现为城镇规划设计研究院详规所工作人员。

采访内容

◎ **问： 您的规划学习之路是从什么时候开始的？**

赵科科（以下简称“赵”）：大学前两年是建筑学的教学，大三开始接触规划。

◎ **问： 是什么理由或者机缘让您接触规划，并将其作为自己一生的职业？**

赵： 最开始我是想学设计的，一个比较广义范围的设计，例如工业设计、汽车设计之类的。我有一个亲戚从事规划方面的工作，当时给我建议说可以学建筑类和规划类的专业，后来觉得还是对城市规划这种宏观的设计更感兴趣，于是就报了城市规划专业。

◎ **问： 能谈谈您对城乡规划学的认识吗？**

赵： 城乡规划以前是挂靠在建筑学下面的二级学科，现在成为一级学科，这说明城乡规划专业的地位上升了。城乡规划包括的范围比较广，没有太强的专业定向性和技术性，从专业来说城乡规划是一门实践性的学科，涵盖方方面面，如经济、社会等方面，是广度非常大的学科。

◎ **问： 在即将走出校园时，您经历了怎样的选择促使您成为一名建筑规划从业者？**

赵： 我一共走出去过两次大学校园，本科毕业时就励志要考研，感觉本科学习五年对城市规划的研究还是不够深，出于自己的兴趣就考了研究生，后来很荣幸地考上同济的研究生。第二次走出校园，觉得城市规划的学习不是完全靠理论的，更多是通过经验和实践的积累，所以就没有继续读博士，而是选择出来找工作，直接到了现在的单位来工作。

◎ **问：** **您是从何时开始走向工作岗位的？您觉得工作之后和大学时学习的区别是什么？**

赵： 2008年底开始找工作，2009年4月正式上班，一直供职目前这家单位。我觉得大学作的都是一些虚的假题，工作后参加的都是真正的项目；另外有一个区别就是单位是国有的大院，中规中矩的东西多一些，工作之后很多不切实际的想法会逐渐减少。

◎ **问：** **您觉得您所在单位有着怎样的特点？**

赵： 中建院是我国建筑类的大院，在它下面分为12个子公司，我们城镇院是在中建下面的一个比较小的子公司。大院有大院自己的一些特点，例如整个院的制度比较完善，职级划分比较明确，机构也比较健全，年轻人参加工作后可以学到很多经验。城镇院作为其中的小院，也有小院自己的优势和特点，我刚入职的时候这边只有40个人左右，分为2～3个所，整个体系比较灵活，从院长到副院长直接参与指导项目，亲自画方案，这种氛围比较好，对于我们这些刚入职的年轻人是比较有好处的。我在这家单位收获很多，建立了比较深的感情。

◎ **问：** **您目前做过哪些项目？您在工作上有怎样的心得？**

赵： 谈到这个问题也是我感觉比较遗憾的地方，因为中建院背景的原因，做的项目很多都是城市设计，项目比较单一。跟总规、控规等法定规划比较来说，城市设计就特别的灵活，对于城市设计项目，小的设计公司也能做，外资也能做，没有明显的框架来限制，能在一定程度上发挥自己的主观能动性。在我们入职之后也做了各种类型的课题研究，充实了城市设计，当然城市设计从根本来说是对城市公共空间的一个愿景，研究城市的空间和城市总体风貌。

◎ **问：** **在从事规划工作的过程中，您觉得最让您感到欣慰的是什么呢？**

赵： 当每个项目要结束的时候，能得到当地政府和业主的认可，是非常有成就感的，为地方的领导推进当地的城市建设起到很好的作用。还有一些遗憾，目前做的这些城市设计实施的特别少，当然我们院在2005年、2006年的做的一些项目，有五六个目前已经实施了，整个新区的路网已经建起来了，城市的空间形态也已经出来雏形了，这让我们觉得挺欣慰的。

◎ **问：** **您一定去过看过很多的城市，哪座城市的规划留给您的印象最深？**

赵： 城市本身就是复杂的系统，每个城市都有自己的特点，每个人对城市的理解也都不同。要说哪座印象最深，香港的规划给我留下的印象挺深的。香港是从原来的香港岛发展而来，采取了西方规划的思想，比如小地块的切分，小空间街的尺度，都非常的人性化，现在的香港纵向发展比较大，每个地块最大也就100米×100米，好处就是减少一些交通上的城市病。另外一个特点就是香港比较有活力，每个城市并不是表面上的一个反映，而是更内在的一些历史上的影响。香港是受过殖民统治的城市，香港的民主制从制度上对香港城市的发展也有一定的影响。从制度对城市发展的影响上最明显的例子——上海租界的肌理和新城区建设的城市形态是完全不同的。城乡规划法第一条城乡规划是一项公共政策，这也从另外一方面说明制度从一定层面上决定了城乡规划。

◎ **问：您觉得未来规划行业发展的方向和热点在哪儿？**

赵：谈到这个问题我觉得我的资历还比较浅。就个人理解，规划行业未来的一个热点是网络吧，我们现在处于互联网时代，互联网对于整个社会和行业的影响很大，大数据是目前我们行业比较热的一个关注点。另外一个是规划对图纸以外的关注，社会方面或经济方面，如何进行社会公众参与也是一个关注点，由于国外制度的原因，咱们能看到公众参与做得比较完善。还有一个就是文化方面也是关注的热点，好多舆论导向都是关于传统和本土文化的。还有其他方面，比如生态建设，城市化从生态的角度去发展也是未来规划的热点和导向。

作　品

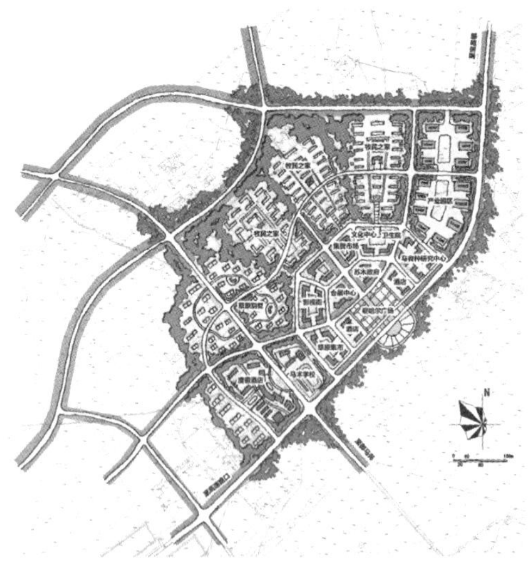

炮台营子风情马镇设计平面图

第三篇 | Article

10～15年工作经验的规划师

受 访 者： 张晓巍

工　　龄： 11年

采 访 者： 梁晓航

采访时间： 2015-01-09

采访地点： 中国建筑设计研究院

【个人简介】

张晓巍，男，2004年毕业于哈尔滨工业大学城市规划专业。现在就职于中国建筑设计研究院（集团），任城镇所所长。高级工程师，国家注册规划师。

采访内容

◎ **问：　您的规划学习之路是从什么时候开始的？**

张晓巍（以下简称“张”）：从小在建筑世家的影响下耳濡目染，父辈就是从事建筑相关的工作。在上学的时候就对这个行业并不陌生。2004年毕业于哈尔滨工业大学城市规划专业，并从事规划事业至今。在大三之前一直都在学习建筑相关知识。在大三之后才开始真正认识了城市规划这个专业，从开始看规划汇刊觉得很懵懂，在大三之后接触了全面的规划方面的学科知识之后，慢慢开始思考城市规划是做什么事情的，再之后通过规划原理这本书才开始钻研这门学科。

◎ **问：　能谈谈您对城乡规划学的认识吗？**

张： 城乡规划学是一门系统学科。不是一门硬性学科，是一个很软的学科。也是像“墨”技术含量的学科，即使在工业化产品极大丰富之后，才会有经历去研究建筑和规划。在一切相关事物都完成之后才会进行规划设计。规划是一个平台。城乡规划学就像是一台电脑的主板。虽然电脑由很多零件组成，好的电脑需要一个强大的CPU，但是也不能少了主板的组装。需要有一个稳定的主板把各种零件组合对接在一起才能使电脑正常运营。同样，城市规划也拥有这样的作用，就是把各个学科的知识整合在一块，通过排列组合让一座城市的各个层面以及基础设施井然有序地组合在一块，让各个部门可以有条不紊地进行，让城市变得更加有序，不会变得混乱。

城乡规划学对于建筑学也有一定的影响。可以给建筑师提供一些建筑条件和要求。这些可以提供建造在城市里的适宜条件，就像城市设计导则一样。

◎ **问：** **您是从何时开始走向工作岗位的？您觉得工作之后和大学时学习的区别是什么？**

张： 毕业之后没有选择留校继续深造，因为觉得北京是一个能有更大工作机会和学习机会的地方，所以来到北京来打拼。和一些清华和北大的老师也都学习交流过，我认识到城市规划是一门很综合的学科，要学习的东西有很多。

◎ **问：** **您是何时进入现在工作单位，成为一名规划师的？**

张： 毕业之后去了中国建筑设计研究院工作了两年，后来又去跨国公司工作过三年。正因为在跨国公司锻炼，奠定了坚实的基础，开始尝试当项目负责人。最后选择了现在的公司工作，这里既是个人比较满意，又因为这里更加适合个人的发展。

◎ **问：** **您觉得您所在单位有着怎样的特点？**

张： 现在的单位是做集成“一揽子”规划。从规划到建筑、施工图、工程管线，再到室内设计，同时包括办公建筑、公共建筑、科研文教、体育建筑、商业建筑、住宅建筑、室内设计、景观设计和规划设计。设计地域覆盖全国各地，东至东海之滨，南到宝岛海南，西至准格尔盆地，北到内蒙古高原。我们的设计因地制宜，大胆创新，赢得了广大业主的一致赞许。同时公司还积极参加国家涉外工程项目的设计和施工。

◎ **问：** **您目前做过哪些项目？您在工作上有怎样的心得？**

张： 目前任何项目都可以胜任，因为根据多年的经验，已经有了个人的见解和看法，所以做任何项目都会马上找出其问题所在。根据多年的经验，我发现规划不是一个人就能做好的事情，要做到画图好、方案好、汇报好，这需要团队协作。每个人都有自己的特长，要充分发挥个人的优点，也要提升个人的能力，同时要做一个靠谱的人。要做好个人的分内之事，不能拖后腿。当同事或者领导把任务分配下去之后，要合理安排好工作时间，统筹好每个人之间的合作关系，让每个人的优点发挥到极致，才能合作好，工作效率才能提高。并且要多关注国家经济发展的走向，目前国家处于经济转型的关键时期，我们规划师要跟上国家经济发展的步伐，对城市未来发展的大趋势做到心中有数。

对于年轻人，我想给的意见就是要做有心人。要掌握基本知识和规范，了解行业的基本话题，要多读书和报纸，多写读书笔记，拓展个人的知识维度，提高个人的素质。

◎ **问：在从事规划工作的过程中，您觉得最让您感到欣慰的是什么呢？**

张： 看到把员工培养成一个靠谱的规划人。我们是一个服务型的行业，为各级地方政府的城市发展提供意见和建议。要在工作过程中培养好的习惯。大家相互配合，交流。对外要服务好甲方，对内要和团队相互配合，才能把项目做好。通过我个人的组织管理以及和员工共同打拼，这不仅能提升他们的业务水平，也可以给他们带来幸福感。

◎ **问：您一定去过看过很多的城市，哪座城市的规划留给您的印象最深？**

张： 杭州。最喜欢的是杭州西湖周边的环境治理。可以使公众享受到更多的开放空间。打造西溪模式的基本原则是围绕"积极保护"，始终坚持"生态优先、最小干预、修旧如旧、注重文化、以人为本、可持续发展"六项原则。保护生物多样性及湿地生态系统结构和功能的完整性，是西溪湿地综合保护的"第一要务"，具体包括修复植被、保护动物、改善水质。湿地公园严格控制建筑和建设规模。同时立足次生湿地的实际，尊重历史，保留必要的建筑设施和文化遗产，承载西溪湿地特有的文化元素和历史信息，体现真实的西溪、延续的西溪、完整的西溪，反映人与自然和谐相处的历史和现状，体现对文化的尊重。

◎ **问：您觉得未来规划行业发展的方向和热点在哪儿？**

张： 一是未来的城市规划应该从增量规划向存量规划转变。二是因为现在中国正在处于经济转型时期，经济转型对我们所从事的行业会有一定的影响。我觉得未来项目应该向文化传承产业方向转移。不要再进行大规模的城市建设，因为一定会有饱和的那一天，所以就要多规划像迪士尼乐园一样的产业，这种项目才能吸引更多的人来参观、来消费。政府大力宣扬要开展文化传承产业，可见这必定是发展的新趋势和走向。

受 访 者： 孙立

工　　龄： 13年

采 访 者： 高佳璐

采访时间： 2015-01-13

采访地点： 北京建筑大学

【个人简介】

孙立男，男，北京建筑大学（原北京建筑工程学院）副教授，硕士研究生导师，国家注册规划师，中国城市规划学会会员，日本都市计划学会、规划行政学会、建筑学会会员。于1994年开始学习城乡规划学专业，本科毕业于西安建筑科技大学，硕士阶段师从该校黄明华教授。2008年考入东京大学，2011年取得博士学位后继续回国任教。

采访内容

◎ **问：孙老师您好，请问您的规划学习之路是从什么时候开始的？**

孙立（以下简称“孙”）：1994年大学时开始学习城乡规划学专业，本科、硕士均毕业于西安建筑科技大学。2007年公派赴日留学，2008年考入东京大学，在该校国际城市规划与地域规划研究室攻读博士学位。2011年取得博士学位后继续回国任教。

◎ **问：是什么理由或者机缘让您接触规划，并将其作为自己一生的职业？**

孙： 由于儿时喜欢画画，考大学时对于规划并不十分了解，就想上个和画画有关的专业，所以选择了城市规划专业，现在看来这不单纯是一个和画画相关的专业，它涉及的范围十分宽泛，是一个需要上知天文下知地理的专业。

◎ **问：能谈谈您对城乡规划学的认识吗？**

孙： 既有一定工程性，更具社会人文学科的属性。可以说是一门平衡与城市土地和空间有关的各方利益问题的学科。城市本身就是一个复杂的经济、社会、文化、历史等等的综合体，必须学习有关于城市的知识，但又不绝对仅仅是空间的分配，涉及的学科很多，系统庞杂。

◎ **问：在即将走出校园的时候，您经历了怎样的选择促使您成为一名规划从业者？**

孙：中学时代仰慕班主任，一直对教师这个行业心有向往，毕业后，选择了规划教师这个行业，希望可以将自己对专业、对生活的感悟教给学生。

◎ **问：您从什么时候开始走向工作岗位的？您觉得工作之后和大学相比，主要的区别是什么？**

孙：2002年开始走向工作岗位，供职于北京建筑大学，规划系副主任，工作13年。大学学习的过程中，我们有大把自己的空闲时间，可以选择自己喜欢的方向深入学习研究，并且可以与老师同学商量讨论，共同学习。而工作后，更需要独立解决专业问题的能力，对特定的项目需要特定的研究来解决，并且在时间上有了很多限制，也不能根据自己的喜好来选择工作。所以，在校期间，是一段十分适合学习的时间，应该充分利用。

◎ **问：您觉得您所在的单位有着怎样的特点？**

孙：因为在学校工作，是一个研究与规划实践并重的单位，教学要进行相应的研究，但因为这个专业的实践性，所以也会参与一些实际的项目。

◎ **问：您目前做过哪些项目？您在工作上有怎样的心得？**

孙：做过的项目涉及规划全系：总规、控规、修规；村镇规划；城市设计；保护类规划；旅游策划类规划；概念规划。心得：规划实践必须有理论指导才有意义；反之，理论结合实际也很重要，理论要活学活用。规划不仅仅是一门技术，更是一个对心态、对沟通能力的考验。规划的完成要和各单位进行良好的沟通、协调，是一门和人打交道的学问。

◎ **问：在从事规划工作的过程中，您觉得什么让您最感到欣慰吗？**

孙：规划做到公共利益最大化，各方利益均得到基本保障，综合最优。规划理念和思想得到实现。

◎ **问：您一定去过很多城市，哪座城市的规划留给您的印象最深呢？**

孙：北京市。印象最深是因为产生的关系最多。待得越久，和一个城市产生的联系越多，印象就会更加深刻。并且自己的工作很多都是在北京完成的，自然对这里的印象最深。而由于出差经过的城市，虽然也有留下印象的，但由于产生的联系较少，自然没有北京那么深刻。

◎ **问：** **您觉得未来规划行业发展的方向和热点在哪儿？**

孙： 规划治理与民主化，让更多的人参与到对自己生活环境的规划中，而不只是规划师的大挥笔墨。且要对不合理、不生态的规划进行治理，达到最好的效益。

作　　品

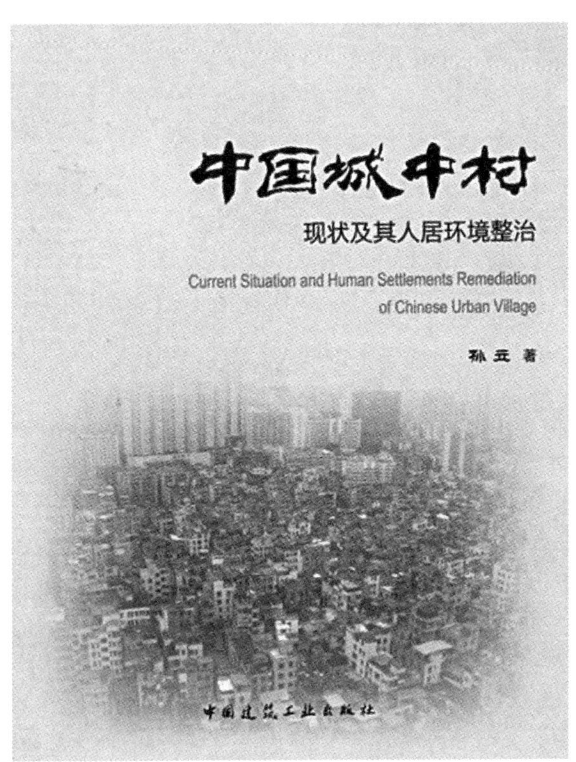

北京市太子峪村棚户区改造地区控制性详细规划

编制起止时间：2014.2—2014.5
项目负责人：孙立
主要参加人：钱培心 周丽 高炜

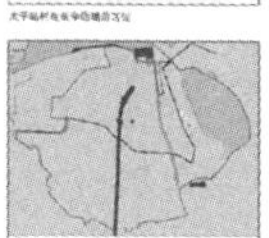

为落实市、区及镇政府对于加快棚户区改造及环境整治的总体要求，推动长辛店镇重点项目建设的拆迁安置，满足太子峪村农民搬迁需求，受长辛店镇人民政府委托，编制《北京市太子峪村棚户区改造地区控制性详细规划》。

规划位置及范围

规划地块位于北京市丰台区长辛店镇0302、0303、0304街区内，属于太子峪村范围。距北京市中心城约20公里，位于丰台科技园区西区的东侧。规划范围西北侧科技园二区用地，北接201所，东、南、西南至村界，约562.4公顷。

现状基本情况

规划用地位于北京市西部浅山区，部分地区为丘陵，总体呈西高东低、北高南低的态势。

该地区低山丘陵地貌特征显著，仓储单位已建防护绿地。用地内工程地质条件复杂，有京九线和重要的高压走廊通过，中部地区基本农田，东侧有保密单位，用地被切割得比较破碎，对建设用地布局影响较大。

土地权属方面，除京九线的铁路建设用地和保密单位用地外，其他均为村集体用地。

现状用地多为农田和林地，居住用地较分散，工业与居住用地混杂。除一些经过小区和商品房小区外，居住建筑多为低层的自建房。

交通方面，现状有梅市口路从东北向南贯穿用地，北宫南路和长兴路为东西方向主要道路，太子峪环道沿用地北部地区延太子峪中路与梅市口路相交。京九线与梅市口路近乎平行，贯穿用地南北，在东北侧丘陵地区进入隧道。用地内缺少支路。

贵州理工学院新校区修建性详细规划（投标方案）

编制起止时间：2014.10—2014.11
项目负责人：孙立
规划负责人：蒋刚 薛晓丹
建筑负责人：魏军 俞关峰
主要参加人：宁宾 王汉鸿 王一晓 何蓉 陈 陈志明 高佳蕾 赵金辰 李璐奇 杨威 赵文慧 赵伟

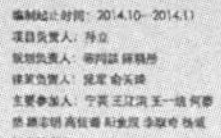

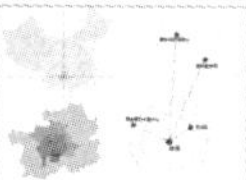

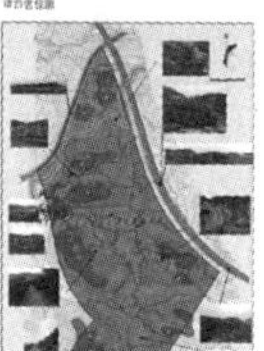

项目概况

新校区位于中国贵州省贵安新区东南部（贵阳市西南侧）大学城二期内，紧邻贵阳市花溪区，规划总征地面积120.6公顷（1809亩），规划总建筑面积约60.19万平方米。

目标与定位

规划目标是传承贵州工业的历史文化，尊重山地自然环境，把贵州理工学院新校园建设成为理工类学科特色突出、现代感强烈、建筑风格新颖、环境优美的低碳绿色智慧新校园。

规划定位为高起点、现代化、可持续发展（低碳、节能、环保）的科技校园、人文校园、绿色校园、智慧校园、特色校园。

用地布局

在校园功能分区方面，本方案深入挖掘山水与校园各功能区在文化意境上的关联。为契合“智者乐水、仁者乐山”的意境，将有着清澈、灵动意味的学生生活区与北部的车田河自然水系相结合，而在组织有着相对心理厚重感的教学、科研等设施的空间布局时，则与主要山体寻找着内在的逻辑联系。

空间结构

本方案采用带状组团式的规划结构，这种结构形式最适宜处理复杂地形条件下的空间布局问题，带状结构可以根据地形自由摆动，而不失结构的整体性；组团式

河北省邯郸市成安县城市总体规划（2004-2020）

编制起止时间：2004.3—2005.9
项目负责人：孙立 李东 吴振伟
主要参加人：李静 丁俊 陈飞宏 张斌 曹仁成 高德东 冯宁 于丹丹 于洪杰

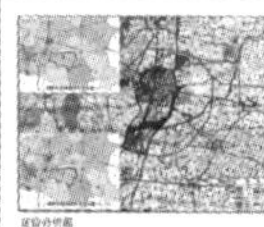

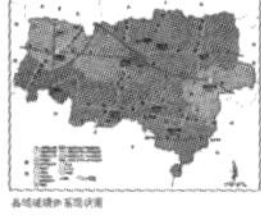

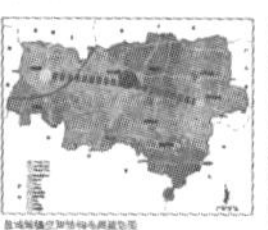

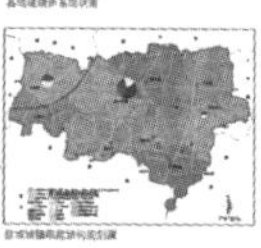

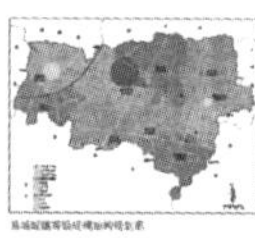

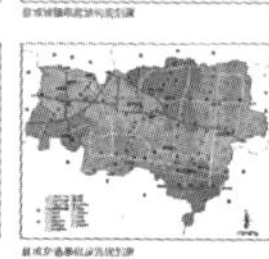

城镇体系结构

规划期内成安县域城镇体系空间布局结构为：“一横三纵”。

“一横”指连接县城与商城镇和漳河店镇之间的省级公路，形成东西向的县域城镇的主发展轴；

“三纵”是指东、中、西三条南北向的城镇次发展轴。东部城镇次发展轴上分布的乡镇有北乡义、漳河店、李家疃，以规划待建的乡镇公路加强其间的联系；中部次发展轴以滑荣县级公路为轴线连接着县城、道东堡、辛义乡；西部次发展轴以京峰公路连接柏城镇和长巷乡。

除在“一横三纵”城镇发展轴线上的主要城镇外，其他各村镇间通过乡镇公路加强联系，形成网络状的空间布局形态。

城镇职能结构：

一级县域中心为邯郸市工业卫星城，县域农业生产服务基地、政治、经济、文化、信息中心；二级副中心（商城镇）为主城互动发展，以建材工业和农产品加工业为主的工业小城镇；二级东部中心（漳河店镇）以农业服务型和农产品加工业为主的工业小城镇；三级各乡镇域中心以社会、行政职能为主的综合性集贸、工贸型小城镇。

云南省曲靖市师宗县城市总体规划（2005-2025）

编制起止时间：2004.12—2005.7
项目负责人：孙立
主要参加人：陈强 陈飞宏 郑瑞霞

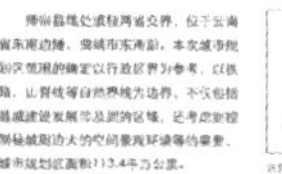

师宗县城处滇桂两省交界，位于云南省东南边陲，曲靖市东南部。本次城市规划区范围的确定以行政区界为参考，以铁路、山脊线等自然界线为边界，不仅包括县城建设发展涉及到的区域，还考虑到控制县城周边大的空间景观环境等的需要。城市规划区面积113.4平方公里。

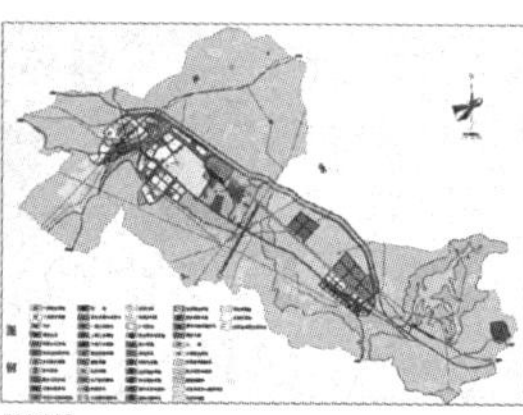

受 访 者： 张云峰

工　　龄： 15年

采 访 者： 陈钰麒

采访时间： 2014-12-29

采访地点： 中国城市规划设计研究院

【个人简介】

张云峰，男，2001年研究生毕业于哈尔滨工业大学，同年在中国城市规划设计研究院工作。高级城市规划师，兼北京建筑大学硕士研究生导师。

采访内容

◎ **问：张老师您好，请问您的规划学习之路是从什么时候开始的？**

张云峰（以下简称“张”）：学习规划，从上学算起？那就是1993年上大学，但实际上因为我是学建筑学的嘛，那个时候建筑和规划也没分得那么开，规划专业是有的，但我还是偏重建筑学。真正对规划接触得多一点的应该是1998年以后，读研究生开始。那个时候开始学城市设计，对规划了解得多了一点，但还是不系统。真正对规划系统地学习和研究就是上班的时候了。

◎ **问：是什么理由或者机缘让您接触规划，并将其作为自己一生的职业？**

张： 接触规划要早，因为我哥是学规划的，他上大学是1985年，那个时候一般老百姓对规划是做什么的完全不了解。挺有意思的是，在20世纪80年代末90年代初吧，出台了《城市规划法》，普通老百姓对这个是完全没有概念的，没有感受。因为我们家有一个人是学城市规划的，我记得我爸就说：“你看看出《城市规划法》啦”。我就觉得城市规划很重要了。那个时候，很早了，我一直对这个印象挺深的。对城市规划有那么点模糊的认识。读建筑学这个专业，包括后来找的这个工作，其实还是受哥哥的影响比较大。

◎ **问：能谈谈您对城乡规划学的认识吗？**

张： 这个题太大了，呵呵（笑）。我的感觉呢，一方面涉及城乡规划的人，还不敢把自己这门学问叫科学，没有人这么提。这里面的原因也比较简单，就是城乡规划从

20世纪八九十年代开始兴起到现在，它的发展变化非常快，它在不断地融入很多交叉学科的内容，现在还没有一套真正有中国特色的理论体系能够建立起来，从这个角度讲，这个学科还处在不断探索中，中国城市发展太快了，所以这个作为一个学科建设还有很多工作要做。另外一个就是，它跟数学、物理这些学科比起来还是要“软”，这些学科可以叫科学，而像经济学啊、社会学啊、城乡规划学啊等等，这样的一些学科，既没有现成的公式，也没有什么定论，所以相当多一部分还是偏重于软科学的。但实际上，城乡规划在偏软科学的同时它也有“硬”的一方面，这个咱们在做控规时就能理解了，在相当大一个层面上它还是一个工程，是非常综合性的城市工程。这是一门很有意思的学科，这些年城乡规划学的发展就是一个不断有东西融进来，不断有东西被分解出去的过程，分解出去变成独立甚至很庞大的分支。就这么十几二十年的功夫，我对城市规划的理解就从一开始的单纯地搞城市建设变成了一个要综合社会、经济、环境、人文等方面的复杂的学科。因此，要做一个合格的规划师是一件很难的事。

◎ **问：在即将走出校园的时候，您经历了怎样的选择促使您成为一名规划从业者？**

张： 我本科学建筑学，读研究生做城市设计，所以毕业找工作的时候就面临一个问题：我还要不要接着做城市设计？然后要做城市设计的话是去建筑设计院还是去城市规划院？2001年的时候，建筑设计院都已经改制完了，都变成企业了嘛，规划院还没有改制，是事业单位。从本意讲呢，我还是想去建筑设计院的，毕竟本科学的建筑学嘛。但是后来我请教金广君老师还有我哥，想做城市设计到哪类单位更好？他们说想做真正的城市设计还得去规划单位。我哥是学规划出身的，但是他对建筑也很感兴趣，金老师就是建筑学出身的，他们对建筑也了解。但是那么多年了，我毕业的时候老师就像我现在这么大，他知道国内的城市设计、城市规划发展的状况，然后建筑设计院在干什么，他们能干什么，规划院在干什么，他们能干什么。所以假如想做偏宏观类的城市设计，还得去规划院，因为做一千个建筑一万个建筑，永远不会很真正地去理解城市。理解城市是一件很难的事情，虽然咱们国家有这么多的城市规划院，但真正能够系统完整全面地理解城市的也不多，这个取决于做没做过总体规划。从这方面来说中规院还是一个很好的平台。

◎ **问：您从什么时候开始走向工作岗位的？您觉得工作之后和大学相比，主要的区别是什么？**

张： 2001年的时候。区别啊，上学的时候肯定是以学为主，学别人的东西，没有自己的积累，上大学就是打基础，就像是堆沙子、做基座，很长时间都在一个平面活动。知识范围从宏观看就是一个平面的，不断地扩大范围。东一榔头西一棒子的，撞到哪儿就看到哪儿。这是它的一个特点，也算是一个优势吧，因为有大把的时间，对什么感兴趣就看什么，是一段很值得怀念的时光。包括我现在有时不自觉的时候说出来的一些东西，很多是我上大学的时候看到的。工作就不一样了，也得学习，规划这个行业还是对学习要求很高的一个行业，要不断地在学中干，在干中学，但这种学习目的性就非常强了。我现在几乎不会有时间看完整本的书，会先看目录，要看哪一章节就直接翻过去看一眼，知道个大概就行了。但是这个时候的学习我觉得可能是个立体的，自己的思想包括接触到的东西会有高度了，会有很多的想法。我刚上班的时候觉得写文章很痛苦，因为积累的东西太少了，大概到了五年以后，我就会有一种想说的欲望，这种积累贯穿在平时写文章或者是讨论中。

◎ **问：您是从什么时候进入现在的工作单位的？您觉得您所在的单位有着怎样的特点？**

张：2001年9月份进的中规院。中规院的特点是偏宏观，然后中规院本身作为一个规划单位，从单位构建、品牌搭建上说应该在国内算是最全面的了。进中规院就有点像进了大学，这也是挺难得的一个特征。科研机构应该有这样的特点，思想很开放、很多元。每个人有自己的想法，大家都去做做自己感兴趣的事，这个挺好的。

◎ **问：在从事规划工作的过程中，您觉得什么让您最感到欣慰吗？**

张：思考得到甲方的认可，规划实现了，这个肯定是感到很欣慰的。这个挺有意思的。我刚工作的时候，第一年做了一个余姚市城东新区起步区的控规，那个控规方案非常有特点，城东新区在两座山之间，当时我们就想这两座山之间的视线通廊是一个很宝贵的资源，怎么做出来呢？这样的话，余姚新区就被两条视线通廊分成了三部分，像三个瓣似的。这个路网也挺有特色的，像个辫子似的，碰到绿的地方就把它收上去了，当然大路还是要连通的；最后就变成一个大网格下面有小组团的布局；同时我们还做了一个常规一点的布局，就是网格形的，一起给规划局长看。当时那个规划局长一看我们第一个方案就说："这个好啊，就做这个吧"。规划做完我们就交了，当时是2002年，这个项目过去很长一段时间了，等到2010年，我们做宁波战略，又开始调研，余姚市是宁波下面的一个县级市，我又去余姚调研了。在余姚规划局专门有个城东新区的规划展示厅，就是我们当时做的规划，基本上就是照着我们当时那个方案建设的，我们还是挺有成就感的。遗憾的是调研时间太短，等有时间了再去好好看看。

◎ **问：您一定去过很多城市，哪座城市的规划留给您的印象最深呢？**

张：印象最深的，国外的城市是巴黎，我感觉巴黎是我见过的最好的城市。有人跟我说是伦敦，但是很遗憾，伦敦我没去过，所以没办法作比较。要说最有感情，最想生活的城市，我觉得还是洛杉矶。人们不都说洛杉矶是“美国梦”的代表嘛——一栋别墅、一辆车，有自己的院子，白天开车去市中心上班，晚上回到郊区生活。但是这个不可避免地带来了很多问题，包括资源浪费啊、城市无序蔓延等等，这是一个很矛盾的东西。国内印象比较深刻的城市应该是杭州吧。从城市建设管理水平、自然山水景观条件、生活舒适度等来看，杭州是综合水平最高的。

◎ **问：您觉得未来规划行业发展的方向和热点在哪儿？**

张： 一个呢，城市规划从增量规划走向存量规划，这句话肯定是大家都会认可的。另外一个呢，就是城市规划从关注建设空间转向控制生态红线，以前看用地图的时候可能是看填色块的地方，现在再看用地图，可能更关注的是没填色块的那些绿色空间，怎么把它保护住，这是更重要的。现在的热点：生态、大数据，这是说得比较多的；然后社会治理、农村、三规合一这些算是热点吧。

作　　品

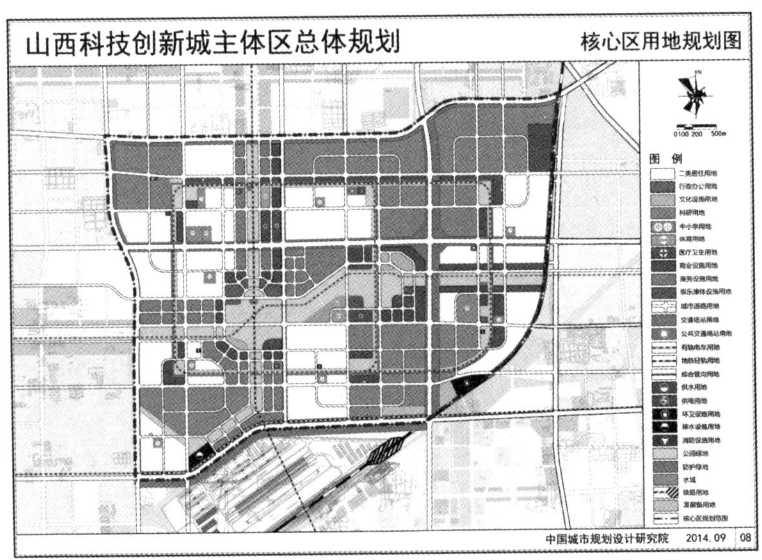

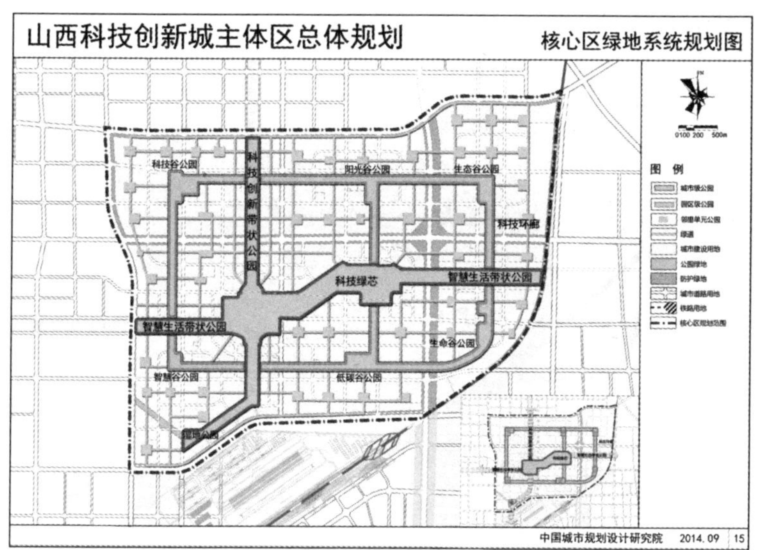

山西科技创新城主体区总体规划

受 访 者： 杨帆

工　　龄： 12年

采 访 者： 何泰然

采访时间： 2015-01-07

采访地点： 中国咨询集团

【个人简介】

杨帆，女，清华大学建筑学院毕业，后在美国哈佛大学、哥伦比亚大学取得双硕士学位。现任北京中咨集团海外咨询有限公司规划所副所长。

采访内容

◎ **问：　您的规划学习之路是从什么时候开始的？**

杨帆（以下简称"杨"）：我本科期间学习的是建筑学，学完之后没有太大感觉。毕业前的实习是在北京市规划院，这算第一次接触真正意义上的规划。说到真正学习规划其实是在工作的时候，所以说，其实我是一个没有学习过规划的规划师。

◎ **问：　是什么理由或者机缘让您接触规划，并将其作为自己一生的职业？**

杨：　选择规划其实是一个比较机缘巧合的事情。我是先选择了清华，然后才选择了建筑。可能由于个人性格的原因，我还是比较喜欢文艺一点的东西，恰巧清华的建筑还比较文艺一些，而其他的学科太枯燥，就选择了清华的建筑。就像前边说的，清华的建筑是吴良镛先生所讲的广义建筑学，并没有专门的规划专业。

◎ **问：　能谈谈您对城乡规划学的认识吗？**

杨：　这是个比较大的问题。我觉得可能随着工作岗位的变化，看待这个问题的视角也会不同。在规划局等管理岗位的人和在规划院的工作者对于这个问题的看法肯定是不一样的。就我个人而言，本科是建筑学，之后学的是城市设计也好，房地产也好，实际上还是围绕在城市规划的边缘，并没有真正地接触城乡规划。但是如果真正放到工作里边，我感觉建筑、规划和景观肯定是分不开的，现在所说的大景观，其实我觉得还是一个大规划的概念。

我个人觉得规划师应该是一个十分复合型的职业，规划师在具有逻辑思维和对法规理解和掌握的基础上，还应具备对建筑尺度的把握、审美的造诣和景观师所具备的对城市空间美学的造诣。举例来讲的话，大问题是对树种的了解，落实到工作中就是街道的整治，其实就是从非常大的题目落到了非常小的点和尺度来入手，这是有非常高的要求的。这点其实跟国外比较接近，因为他们没有很大的地方去做大批大批的规划。虽然他们也进行社会、经济、文化问题的分析，但他们真正落实下来的也会是非常小的点，可能很大的概念落实到工作上就是一个垃圾桶或者一个街角的设计。

再一点我觉得，规划师做出来的东西，应该比景观设计师做出来的，不敢说更漂亮，但应该是更加有道理；跟建筑师相比的话，规划师更具有宏观视角。现在所讲的奇奇怪怪的建筑，其实就是建筑师在做设计的时候跟周边的关系没有处理好。这个也是职业导致的差别吧，以规划师的眼光来做景观的话，就会进行前期的分析；但是景观设计师就直接开始画，虽然很唯美很漂亮。

总体来讲，我觉得作为一个城市规划师应该是有更高、更复合的要求，规划师做的事情也应该更有深远的意义。

◎ **问：在即将走出校园时，您经历怎样的选择促使您成为一名规划从业者？**

杨： 主要还是顺水推舟的一个选择。本科学的建筑，这类专业不像经济管理类专业，转行很容易。就算转去做管理了，你还是比不上专门做管理的人，所以就进了这个行业。至于规划，我认为跟建筑还是不太一样。个人性格导致，我对微观不是很感兴趣，更喜欢综合性强的，在一个项目中需要处理大量信息的、有挑战性的规划工作。

◎ **问：您是从何时开始走向工作岗位的？您觉得工作之后和大学时学习的区别是什么？**

杨： 我2001年本科毕业就开始工作了。工作了四年后，2005年又回到校园，用5年时间攻读了哥伦比亚大学的城市设计硕士学位和哈佛大学的房地产和项目管理硕士学位。毕业后，又参加了工作。

至于区别呢，在校学习的东西更加具体，比如对建筑的功能、尺度的认识都比较具体，当然这些认知和积累对做城市设计有好处。说到差别，有很多。其实国外几年学习的东西跟工作更加接近，能够以一个更加宏观的角度来看待问题。说到底还是工作一段儿时间之后再去学习，就会有目的地为自己将来的工作做知识积累。这就是我对工作和学习的理解吧。

◎ **问：您是何时进入现在的工作单位，成为一名规划师的？**

杨： 2014年7月份到现在单位的。

◎ **问：** **您觉得您所在单位有着怎样的特点？**

杨： 现在这个单位叫作中国国际咨询工程公司。它以前是给发改委做评估、科研的一个单位，有国资背景，做的大都是规划的前期工作。规划这块正好可以给前期的资源和建筑的后续落地搭桥，可以使前期做过的可行性研究和评估的项目落地，形成一个整体的框架和链条，这也是这个单位最大的亮点。

◎ **问：** **您一定去过看过很多的城市，哪座城市的规划留给您的印象最深？**

杨： 单讲一个城市印象的话，应该是纽约。看规划图就了解了，结构清晰、系统完整，但是真正能让人喜欢的一座城市，必然得是走在城市的街道上，是城市设计和景观这些人的尺度的东西所给的感触。因为纽约我待的时间相对长一点儿，所以我对纽约的规划印象比较深刻，比如说中央公园，它最够大、很舒适。纽约是个特别包容的城市，世界上各种各样的人都在一个城市里，你穿成什么样儿、长成什么样儿，都不会遭到侧目。这给了我很多启发，开始重视人文的东西，通过发放问卷的方式了解人的需求。其实做规划，没必要总是在意路网如何、图面如何，如果脱离了人，一切都是没有意义的，因为最终规划服务的对象还是人，规划是人文的。

◎ **问：** **您觉得未来规划行业发展的方向和热点在哪儿？**

杨： 这是个很大的问题。我觉得，实际上问题我能提出来，但是解决的方法我并不知道。发展方向在于做的规划能够实施，如果决策层有更多懂规划的人，这个问题就会慢慢得到解决。当然，现在很多规划做得很棒，但还是有待提高。说得具体一点，智慧城市、信息化城市是现在比较热点的话题，但到底应该以一个怎样的城市空间来实现智慧城市，是一个非常关键和值得思考的问题，很多人像有了答案一样天天在说这个概念，归根结底，那些所谓的答案都是换汤不换药，没有真正地解决问题。再比如低碳、生态问题，这些倒是好解决，北欧有很多城市就做得很棒，我们可以去借鉴。总结一下，我认为如何让优秀的、接地气的规划落地，才是将来发展的方向。

广东肇庆双龙片区（现代服务业园区）控制性详细规划及城市设计

受 访 者： 卢庆强

工　　龄： 11年

采 访 者： 朱大鹏、李继涛

采访时间： 2015-12-24

采访地点： 北京清华同衡规划设计研究院

【个人简介】

卢庆强，男，本科毕业于南京大学城市规划专业，硕士研究生毕业于清华大学，现任职于北京清华同衡规划设计研究院，副总规划师。

主要参与的项目有南宁市、海口市、丹东市、渭南市、鄂尔多斯市、双鸭山市、伊春市、贵港市、固原市、东港市、贺州市、新疆库车、平凉市等十余个城市的总体规划。内蒙古自治区、呼包鄂、乌海及周边地区、南通市沿海地区城镇和港区、泰州市等区域规划和城镇体系规划等。

采访内容

◎ **问：　您的规划学习之路是从什么时候开始的？**

卢庆强（以下简称"卢"）：从大学本科开始，我本科是在南京大学学的城市规划专业。

◎ **问：　是什么理由或者机缘让您接触规划，并将其作为自己一生的职业？**

卢： 与绝大部分考生一样，在中学时并不是十分了解大学的专业，也算有一定的偶然性，选择了城市规划。进入大学后，通过课程学习和接触一些实际项目进行了解。

◎ **问：　在您的大学时代，您对城乡规划学的认识有没有发生过改变？引起这些改变的导火索是什么？**

卢： 其实对规划的认识是在工作以后变化得比较大。在大学期间，才刚开始接触规划，认识的变化并不是特别大，因为学习的东西和实际做的东西还是比较匹配的，学习的知识还需要实践，通过实际的项目来检验。

◎ **问：在即将走出校园时，您经历了怎样的选择促使您成为一名建筑规划从业者？**

卢： 没有其他的想法吧，我们学规划的干本行的还是比较多，规划院、规划局、地产公司都算同行业，我认为可能跟社会需求有关，岗位需求量比较大。规划也是个实际应用的学科，在学习的过程中就在做，做的过程也是学习，我认为学习规划的人当中，从事本专业的比例还是比较高的。

◎ **问：您是从何时开始走向工作岗位的？工作后您对城乡规划的认识有没有发生改变，和大学时的认识还是一样的么？**

卢： 两个方面吧，一个是规划的作用，因为我做的总体规划方面的项目比较多，需要跟各个层级的人打交道，比如政府的领导，各个部门、专业的人，专家等，包括一些公众参与，是一个沟通交流平台的作用，这个印象比较突出。第二个是团队的协作，大家为了一个共同的目标，怎样发挥每个人的作用，各个专业怎样协同、怎样配合是很有意思的一件事，做规划是一个集体的项目，如同打篮球。

◎ **问：您进入规划行业并成为规划行业的中坚力量，您觉得学校学习到的知识与工作中得到的经验，哪一个更重要？除了这两方面，还有什么因素影响到您？**

卢： 我认为这两方面没必要进行严格的区分，因为这门学科在工作中依然要不断地学习很多东西，学习本身就是一种延续。规划是一个应用学科，必须要在实际的项目工作中不断积累，深化认识。在每个项目的成败中吸取经验，才能有所提升。

◎ **问：觉得您所在单位有着怎样的特点？您期望您所在的单位还可以补充哪方面的特点，能更有助于您的工作？**

卢： 清规院的特点应该还是比较明显的，与一般的地方院或其他系统内的设计院相比，其研究、创新能力和追求还是比较突出的。我们在项目中会做些论证、分析型的研究以及新的理念和手段的尝试，包括在一般的中小型项目中。与其他高校设计院相比，我们拥有更多的职业和专业人才，在职员工众多，学术气息也更浓一些。清规院，也包括其他院，我们缺乏的可能是对一个地区长期的跟踪规划和技术服务，而这方面地方院比较擅长。我们对一个城市和地区长期持续的关注不够，这方面是我们欠缺的，我们现在强调的在地服务能力的提升，通过分院或驻地服务，加强沟通和交流，来弥补这方面的不足。

◎ **问：您觉得不同的单位所具有的特点和风格差异大么？**

卢： 不同单位的差异与其背景有关，还有人的原因，我们院整体相对比较年轻，比较有活力和朝气，开拓性、创新性可能更强一些。

◎ **问：在不同的单位所具有的特点和风格有所差异，那么毕业生在面对择业时，他们应该怎样看待这些特点和风格？**

卢：毕业生应该选择好行业、企业和团队。首先，选择一个行业，即使是整个大的建设系统行业，也分为不同的方向，比如规划院和规划局风格明显就不同，做的事情也有很大的差别，包括地产、高校任教，自己大概是什么倾向，要有一个判断。第二就是企业，同样是规划院，各地方、各类型的也不一样，要明确自己看中它的哪一方面，是平台还是所在的城市等。第三个就是最直接的工作团队，比如各个所，选择什么样的同事也是需要考虑的，这也是现在的学生可能不太注意的，到毕业了，大家都海投简历，大家应该对自己意向的单位做一定的了解，单位类型、环境、人员等，做到精准投放，在有了一定的倾向性后，再选择一个氛围、文化适合自己的企业。

◎ **问：您做过的项目当中，哪种类型最多？您在该类型的项目上有怎样的心得？**

卢：总体规划比较多吧。心得呢，首先是如何看待你所做的规划的态度和成果，如何看待自身在整个规划中发挥的作用。规划的成果不是个人的作品，也不是整个规划院的。自己在其中起的作用，到最后的批复和实施，是反映了各方面意志的，包括国家的要求，政府的意愿，也包括自己解决的方案在行业内的影响。其次是如何处理规划中产生不同想法的手段和方式，规划的理论和如何编规划的理论，这两点是并行的，无论是联络式规划还是参与式规划，规划是怎么产生的很关键，如今各种制度也比较完善了，从规划的展开到最后要经过很多轮的修改、讨论，如何利用沟通的技巧是很关键的。

◎ **问：在您的眼里，眼下的规划行业处于什么地位？眼下规划行业面临的问题和机遇分别是什么呢？**

卢：我认为目前规划行业面临的最大问题就是开放度不够，相对其他行业来说封闭性太强了。虽然有很多人关心规划、关注规划，我们自身从规划术语、编制，包括现在大家愿意去“编新词”，套用各种各样高、精、深的理论，这些都反映出一种很不好的倾向。我们最突出的感受就是现在全面的改革创新，行业本身对自我的反思、自身的认知小圈轴化的痕迹还是比较明显的。

大家现在都在讨论所谓规划的“冬天”是否存在的问题，我认为是不存在的，只是规划的环境在发生变化，要解决的问题更加突出了。只要问题在，就还需要大家共同去探讨，只是矛盾更加激烈，解决问题的难度更大，我们自身的科学性、合理性要提升，开放度等提升，各方面的资源都要参与到解决问题的过程中，以获取更大的发展机遇。

◎ **问：您觉得城市规划发展的趋势和未来城市规划的重点会是什么？**

卢： 我个人的判断是，第一，政策性会加强。要达到大家的共识，政策的制定和实施就是解决方案形成的过程，可能会比我们现在关注的纸面上的条文会更有作用。第二，会体现在战略性和全局性上，城市的问题在政府层面可能会体现在各个部门中，如果放在城市整体和全局的高度，是很难做到的，包括各部门的协同。现在所谓的“多规合一”，本质就是各个部门的职权划分和管理手段的整合过程。第三，针对性和城市的个性。每一版规划对核心问题的解决，主要矛盾会更突出，尤其是在总规方面诟病比较多的是所谓“八股化”的问题，按照编制办法和规范，不可能面面俱到，规划的内容要针对最主要的核心问题，突出不同城市本身的特性和特色，这是需要做的事情。

◎ **问：在从事规划工作的过程中，您觉得最让您感到欣慰的是什么呢？**

卢： 更多的欣慰来自于团队合作的过程中，共同面对问题和解决问题，就像打仗一样，各种兵种如何去协同，在整个过程中，自身的收获和团队的收获是让我比较欣慰和有成就感的地方。

◎ **问：您一定去过很多的城市，哪座城市的规划留给您的印象最深？**

卢： 做过的城市很多，从一定范围或某个角度来说，都会有各种各样的印象。硬要选出一个的话，深圳吧，我在那待过将近一年。这座城市的成长速度和它取得的成就大家都是有目共睹的。在这个过程中，规划所起的作用还是比较突出的，对城市未来的预判比较适应它这种大规模快速的扩张，也比较匹配，还是能给人留下比较深刻的印象的。

◎ **问：对于即将走出校门进入工作岗位的同学们来说，为了减少我们的择业困惑，您认为，我们在进入工作岗位前应该做好哪些方面的准备？**

卢： 首先一点，了解要做的事和要去的企业。要多走多看，有了比较后才知道自己更适合什么或更喜欢什么。第二，进入工作的状态和在学校的状态会很不一样。通过一些实习或社会实践，可能会有些感触，也涉及一个角色转换的问题，从学生到职员。一个职员要跟领导、同事打交道，要有一定的准备。我们单位也有新员工入职的过渡期和入职引导人来指导新员工如何更好、更快地融入企业和团队。最后还是要强调一点，如今毕业生的简历普遍有一定的问题，刚上来可能就列些基本情况、学习经历、工作经历、简单的自我评述，然而写简历也要有用户思维，要从企业的角度思考，阐明自己对岗位和企业的认识，为什么要选择这个岗位、未来的规划等。

◎ **问：** **您能谈一下，在您的学习和工作当中，遇到过哪些棘手的问题？您是怎么去解决这些问题的？对即将踏入工作岗位的在校生，您对我们有怎样的警示？**

卢： 棘手的问题肯定存在，比如说为什么我们的总规编制了七八年甚至十几年了都没有批复，这里面有方方面面的原因。解决方法还是那句话——你不是一个人在战斗，这是一个团队。自身解决不了的可能别人可以解决，即使大家都解决不了，在能力范围内做好就可以了，不要过多的苦恼、抱怨，还是一个认识的问题。

作　品

南宁市规划草图工作照

受 访 者：桑秋

工　　龄：13年

采 访 者：罗理、柏云

采访时间：2015-11-27

采访地点：北京建筑大学

【个人简介】

桑秋，男，1996～2003年就读于东北师范大学城环学院，获经济地理学士、城市规划硕士学位；2003～2005年，就职于辽宁省城乡建设规划设计院区域规划所，专项负责人；2005～2008年就读于中科院地理研究所获博士学位；2014年至今，就职于北京建筑大学城乡规划系，为副教授，有着丰富的实践经验。

采访内容

◎ **问：　您从什么时候开始接触学习城市规划，在怎样的机缘和状态下您选择学习规划？**

桑秋（以下简称“桑”）：应该是2000年开始接触规划。1996年上的大学，尤其是读研究生期间，刚开始觉得很有兴趣，就开始学习规划。我本科是学习经济地理的，当时城市规划和地理比较接近，后来转成了城市规划。那时候城市规划刚兴起，属于新兴事物，比较好奇，就逐渐地向规划靠拢了。

◎ **问：　您是什么时候参加工作的？大学时学习规划和工作的区别是什么？**

桑：2003年开始工作，在辽宁省省院工作了两年。学习和工作的区别很大。学习是一个比较自由的过程，但感觉工作压力很大，不那么自由。学习的时候，可能自己都不知道学的东西是否有用，工作的时候才会了解哪些是有用的，哪些可能没什么用。我感觉学习是很快乐的，但这种快乐很简单，工作以后，尤其取得一些成绩以后，会觉得很自豪，这种自豪和简单的快乐还是不一样的。

◎ **问：在即将走出校园时，您经历了怎样的选择促使您成为一名规划从业者？目前的规划从业经历里，您对自己有怎样的认识？**

桑：2003年我刚毕业的时候城市规划行业刚开始兴起，属于一个热门的行业，我还是比较喜欢这个职业的。我当时有两个选择，老师推荐的，一个是来北京阿特金斯，一个是去辽宁省规划院，最后选择到辽宁省院。当时阿特金斯是国内数得着的公司，现在我也觉得很可惜，错过一个机会。我最终还是来了北京，感慨世道轮回。自己对从事规划行业的认识有很大的转变，从学生到一个职业规划者的转变是很大的，其中一点就是应付压力。工作时压力是很大的，这种压力很难量化，头几年工作期间是适应压力的阶段，后几年，逐渐适应这种压力之后，转变成主动挑战压力，主动给自己施加压力。这是从外力制动到内力制动的一个过程。所以现在回想，大学期间其实是一个很单调、很简单的时期，相对工作来说，难度其实是很低的，复杂性也很低。

◎ **问：从学习到工作，从学生到规划师转变的过程中，您认为个人需要做怎样的改变或准备？**

桑：刚才说的压力就是一个很大的准备。工作后，不能把自己当小孩了，踏入社会以后，从象牙塔里走出来了，虽然没有养家的责任，但需要自己养活自己，来自家里的经济方面的支持可能就没有了，一切都要靠自己，这种情况下责任增加了，压力也就增加了。但是要从事一项职业，要发展的话，仅仅养活自己是不够的，这也是最低的一个标准，专业和职业还需要有发展。这就需要学习新的东西，课本上的东西是远远不够的，需要学习一些专业性的理论和方法，还需要学习与甲方打交道的方式以及团队合作的方式。规划行业属于服务行业，团队内部合作要融洽，也要协助甲方处理很多问题，要掌握一些方式方法，这个很难，也很重要。工作需要学习一些超出专业的内容，一些社会性的东西，这一方面很锻炼人。

◎ **问：能谈谈您对城乡规划学的认识吗？**

桑：很难说有一个很深入的认识。当时我们老师有一句话，说城市规划行业，规划工作10年后，才能真正成为一个规划工作者，对规划才会有一个初步的认识。我现在工作了差不多快10年，所以也很难讲一个很深入的认识。要说认识，我现在觉得就是规划行业确实和以前不一样了，以前叫作城市规划，现在叫作城乡规划，感觉是越来越综合、越来越全面、越来越深入。与此同时甲方见的东西也是越来越多，要求也是越来越高，所以这对于我们来讲要求也变高了。所以城乡规划学是一个更新的东西，我们的理论方法也要更新、提高，目前我们的理论和知识可能还满足不了时代的需求。这些就是我对城乡规划学的认识，总的就是更新。

◎ **问：　您现在的工作单位是？什么职称？**

桑： 北京建筑大学，副教授，高级工程师。

◎ **问：　您所在的工作单位有什么特点？**

桑： 现在就是当教师了，以教学为主。目前没有时间搞科研，更别说规划工作了。课程比较多，教学压力比较大。

◎ **问：　您之前做过的哪类项目比较多？在工作上有怎样的心得？**

桑： 战略规划、总规，还有一些产业规划、园区规划，都是比较宏观的东西。这和本科的经济地理专业背景有关，自然就转向了宏观规划。但我还是建议应该多学一些中观、微观的东西，会更全面。关于心得就是，规划需要创新。仅仅那些简单的理论知识其实是不能满足各个地区的需求的，我们做规划应该根据各个地区的特色，做一些特殊的、有针对性的规划方法和理论，这个需要自己完善。平常学习的都是最基本的理论方法，但在工作中应该对这些理论方法有所创新、有变化，要紧密结合实际，创新越多、越深入，甲方越喜欢，工作也比较好推进，这个属于行业规律。所以应该追求多创新。

◎ **问：　在从事规划工作中，让您觉得最欣慰的是什么？或者有什么感慨的地方？**

桑： 感慨和欣慰的应该是自己的观点能够说服甲方，还有就是自己规划的方案能够实施，这是非常欣慰的地方。自己做的努力没有白费，属于一种规划的成就感。

◎ **问：　您一定去过很多城市，哪座城市的规划让您印象最深刻？**

桑： 从我做的或者是参观的一些规划来看，我觉得扬州的规划做得很好。扬州是园林城市，规划做得很漂亮，人文环境和人们的素质都给我留下了非常深刻的印象。所以我觉得规划对历史的传承是很重要的，非常有生命力。还有一些负面的东西，做得不太好的，我印象比较深刻的是宜春市。我去清规院做的第一个城市总规是宜春市总体规划，城市很破，棚户区很多，城市缺乏发展动力，市内不允许开采矿产资源，很多人都失业了。最后感觉我们做的规划也不能完全解决那个城市的主要问题，我们的规划只能是一个锦上添花的过程，或者说规划只是一种辅助手段。所以说规划还需要拓展，规划不应该仅仅是规划它的用地和空间，也应该结合发展动力，这才是一个完整的城市规划。

◎ **问：在我国快速发展的过程中，城市的特色在消失，关于这个问题您怎么看？应该怎么去解决它？**

桑： 城市特色很重要，一个城市的特色就和一个人一样，它的名片是怎样的，性格特征是怎样的，很重要。目前在政绩考核的背景下，城市特色不突出，我们说一个城市，讲究它的体量是多大，有哪些特色的产业，而不是有什么特色的形象。城市特色的消失我觉得是因为城市发展还没有到那个阶段，对于这一点，我们经常向政府部门的人员去阐释，但从实际效果看，接受这样的观点需要一个相当长的过程。我认为将来城市的特色，尤其是形象特色会越来越突出，因为将来是发展旅游的，城市形象会被重视起来。城市特色的消失是发生在时代背景下的。

城市特色消失这个问题现在解决不了，因为城市形象的东西，一个是政府推动，一个是城市居民以及企业自己推动，企业和居民没有这个财力和时间去改善城市形象，目前政府的主要精力不在这里，所以只能是靠时间来解决。

◎ **问：一张蓝图要得到实施，您认为最重要的是什么？规划师在这其中起到什么样的作用？或者扮演什么样的角色？**

桑： 规划能不能实施，既在于规划从业者，也在于政府领导者。从规划者的角度来说，最重要的是能够把政府领导者的想法通过规划进行改造和提升，去伪存真、去粗存精，变成一种合理的东西，在这种情况下，规划才能够更好地实施。如果没有更好地容纳甲方的东西，规划将会很难实施。太理想了，实施不了；太现实了，即使实施了也是错的。我们规划者做的东西还是应融合真理和实际生活的，所以我们更重要的是向权力讲述真理。

◎ **问：说到实施，向您说的这种宏观的规划，公众参与会不会很弱？**

桑： 无论是宏观的还是微观的，中国的公众参与都很弱，这是一个时代背景，很难靠某个人的力量推动，只能是随着时间的推移，逐步地推动。公众没有时间和精力去参与，并且参与和不参与对他的生活没有改变，规划未必能够实施，参与的动力不足。所以公众参与在目前对中国没有什么意义，但在未来是一个趋势。目前参与的应该是利益的相关人，但利益的相关人是企业和政府，他们不算公众。

◎ **问：您认为未来城乡规划发展的方向和热点是什么？**

桑： 目前规划在转型，方向很多，将来城市的发展，面积越来越大，对于每条道路、每个街区的管理会很难，对于城市的发展来说，更多的可能是总规、控规，这种宏观的思路，对城市发展用地方向、空间格局、发展带甚至一些社会的东西，提的会更多，属于战略性的东西。另一个可能就是更微观，更贴近于居民生活，包括生态、旅游等方面。今年旅游所和景观所有很多的项目，但总规和控规项目减少了很多。说明过去以土地规划、传统空间规划为主的规划已经过时了，目前做的都是和居民生活更贴近的、更柔性的东西，且将来会更多。总的来说，要么就是地区性的、更宏观、更大的，比如北京的发展，不可能按照传统总规的思路去做，那样的话，一两年的时间也无法完成，更多的将会是战略性的指导之后，每个区再去自主地制定自己的控规或详规。一个是更大、更高，一个是更细、更贴近民生。为了支撑这两个方向，会有很多的热点，需要很多的数据。以前只是土地的规划，去现场调研就可以得到很多数据，但做宏观的东西，需要的是人口、经济和社会的东西，这些东西需要大量的数据资料，所以现在有了大数据。

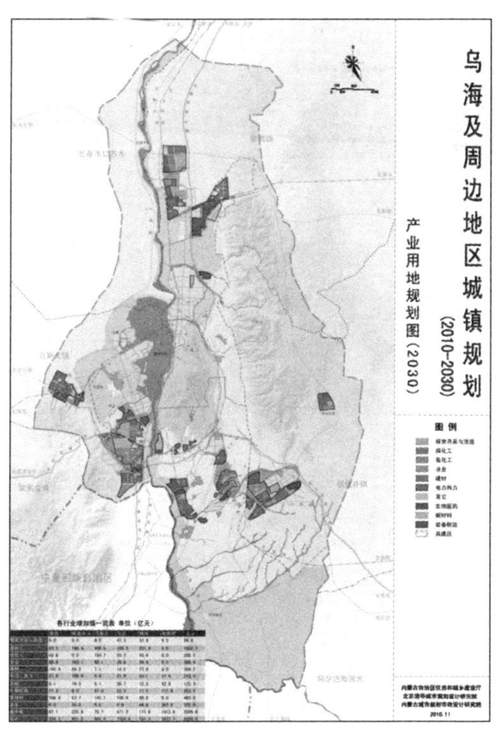

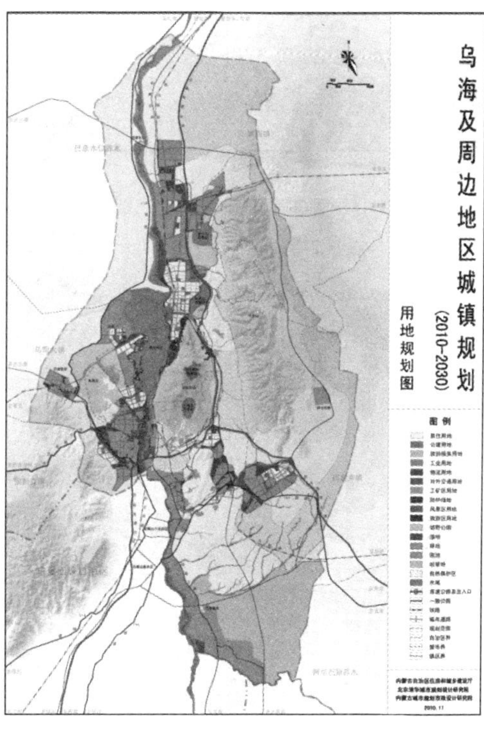

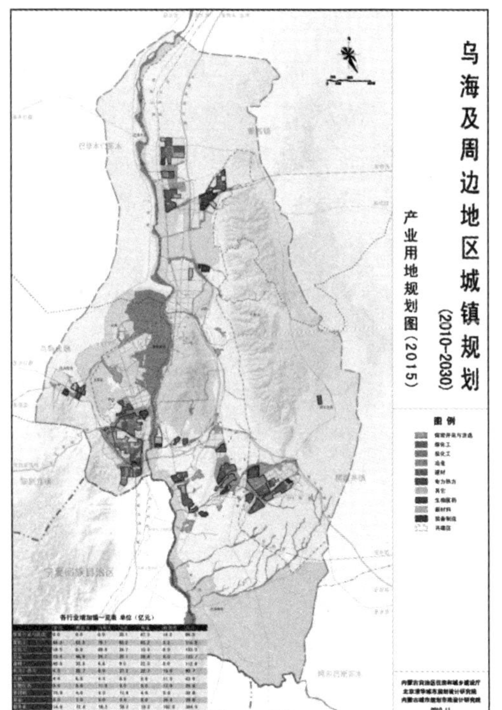
乌海及周边地区城镇规划
(2010-2030)
产业用地规划图（2015）
图例

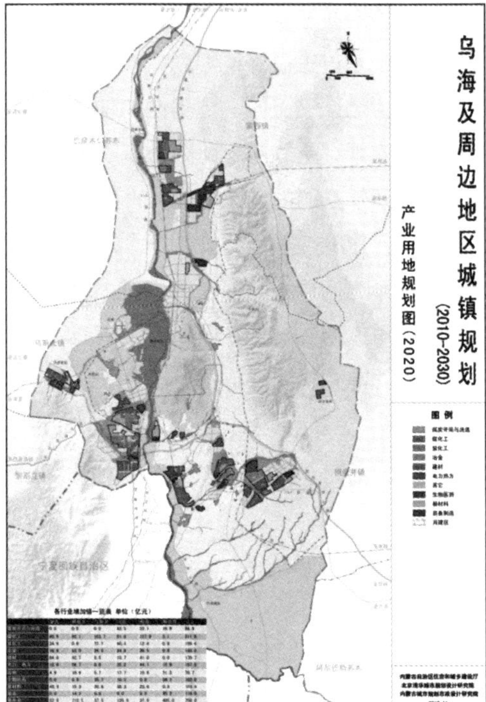
乌海及周边地区城镇规划
(2010-2030)
产业用地规划图（2020）
图例

受 访 者： 曹璐

工　　龄： 11年

采 访 者： 贾灵光、靳林强

采访时间： 2015-12-30

采访地点： 中国城市规划设计研究院

【个人简介】

曹璐，女，本科毕业于西安建筑科技大学，硕士研究生毕业于中国城市规划设计研究院，现于中国城市规划设计研究院任职，规划师。

主要参与的项目有山东省新型城镇化规划（2014～2020年）、合肥市城市发展战略（2013～2030年）、临沂市现代城镇体系规划（2014～2030年）、徐州市城市总体规划（2007～2020）（2014年修订）。

采访内容

◎ **问：　您的规划学习之路是从什么时候开始的？**

曹璐（以下简称“曹”）：从1996年上大学开始。

◎ **问：　是什么理由或者机缘让您接触规划，并将其作为自己一生的职业？**

曹： 1996年我上的建筑与规划系。当年是建筑与规划一起进校，然后到了大三，系里再分专业，就被分配到了规划专业，并一直到现在。

◎ **问：　您能谈谈您对城乡规划学的认识么？**

曹： 这个问题很大。业内有些人，包括做经济地理的人等等，他们觉得城乡规划学不是一个学科，他们认为规划只是一个职业分类。因为要界定一个学科，首先应该有一个清晰的理论体系，虽然跟其他的学科之间可能会有交叉，但是也有自己的一套体系。但是从规划的角度上来说，它的很多理论体系是来自别的学科，比如空间体系研究来自于经济地理，经济产业体系研究来源于经济学，还有生态等等，会感觉比较杂，很多时候规划学所面临的核心不是研究具体的理论体系问题，而是如何把这些理论知识加总来综合分析问题和处理问题，所以有人觉得城乡规划学不是一个学科，但是我觉得，无论怎样，城乡规划学是一个很重要的工作与研究的方向。

◎ **问：您是从何时开始走向工作岗位的？您觉得工作之后和大学时学习的区别是什么？**

曹： 我从2005年开始工作。工作后的感觉与在校期间区别还是很大的，规划这个专业很特殊，基本上在学校学到的一些知识，当时很难真正体会到其内在的含义是什么，很可能需要工作一段时间之后，在实践中慢慢地才会对这个专业有一些认识，在不断接触项目的过程中加深理解，所以说工作年份的积累还是很重要的。

◎ **问：您目前做过哪些项目？您在工作上有怎样的心得？**

曹： 参与的项目很多，近期的话，在做成都2049、临沂现代城镇体系规划、徐州总体规划，之前参与过山东新型城镇化规划、合肥战略等一些相对大一点的项目，另外还包括一些科研的内容，比如说工程院的重大咨询课题，还有科技部的“十二五”、“十三五”的课题，内容比较多。对每一个项目都会有一定的心得，都会不一样。

◎ **问：在从事规划工作的过程中，您觉得最让您感到欣慰的是什么呢？**

曹： 想要做好一个项目不仅仅是靠自己一个人的努力，首先规划是一个团队性的工作。所以，要想去做好这个项目的话，从一开始调研我们需要借助很多方面的力量，无论是甲方还是同事，或是领导，或是需要咨询的院内与院外的专家，他们都会从自己的角度给予帮助，会从很多人身上都有所收获。但是别人的帮助是辅助的，最重要的还是要对自己所研究的领域以及工作的方向多一些积累，有积累才有思考。无论是大项目还是小项目，我们一定希望每一个项目都会在自己的研究方向上有一些创新和探索，但是具体到项目中是不是真的能够如我们所想，付诸实践，这就要看项目具体的条件，项目能够拿到多少资料，能够掌握多少条件，是不是有条件去做某一个方向。每一个项目都会有自身的闪光点，关键是能不能够抓住它，然后在这一方面努力寻求一定的突破。没有百分之百完美的项目，就项目本身来说，有的项目创新的地方比较多，有的项目受到的局限性比较大，创新就不是很多，但是从中规院的要求上来说，每个项目都要有一定的亮点。

◎ **问：您一定去过看过很多的城市，哪座城市的规划留给您的印象最深？**

曹： 让我感觉舒服的城市还是挺多的，比如徐州、桂林、西昌都是挺好的城市，临沂也很不错。

◎ **问：您对城市的定义不错是指哪个方面？**

曹： 每个城市都有它的特点，比如说桂林，城市本身的自然山水与城市格局的结合比较紧密，虽然近些年桂林的中心城区也有一些高层，但是它整体控制得还是比较好的，所以到了中心城区还是能够感受到城市传统格局仍然在，城市的灵魂还在。还有一些小城市，比如阳朔、乌镇、同里都很不错。西昌这个城市紧邻着一个高原湖泊，所以气候非常温暖，城市旁边就是国家级的风景名胜区，与自然山水的关系很好。徐州也是，城区里有一个国家级的风景名胜区，也很不错。总之，每个城市都有它有意思的地方。

◎ **问：您觉得未来规划行业发展的方向和热点在哪儿？**

曹： 这几年规划正面临转型，从这几年的项目上看，前几年更多的是一些新区的项目，城市基本上处于一种扩张的阶段；但是这几年城市新区的项目明显少了，可能确实是正慢慢转向一个存量规划的阶段，包括住建部这两年提的空间修复、生态修补，包括我们看到的三规合一等等，基本上这个行业的转型还是比较明显的。像存量规划、协调性规划，包括参与式规划等等，这些新的转型方向还是挺明显的。还有城乡统筹，这些是近几年的热点。

◎ **问：就您就业经历而言，能为还未毕业的我们传授些经验吗？**

曹： 应该说还是有一些基础的技能是需要磨炼的，包括基本的理论，不能局限于城市规划原理这些书，规划原理肯定是要学而且要吃透，但是肯定是不够的。这几年许多人在规划理论方面不断探讨，国外也有很多新的理论和规划探索，比如说东京、伦敦、纽约、巴黎的最新规划都值得关注，我们在工作中也经常会去研究，这些都可以多关注一下。另外就是像《城市规划》、《城市规划学刊》这样的核心期刊应该多看一些。理论积累还是很重要的，无论是将来参加就业考试还是在实际工作中，这些知识储备都会用到。有时候工作忙起来要挤时间去看书不容易，在学校多看一些也算是给工作提前做准备了。再有，一些软件的应用也要熟练，比如Photoshop图纸画得是不是够好，CAD运用得是不是熟练，刚工作时这些技能都是敲门砖，包括色彩感、形体感如何，这都是最基本的东西。再有，现在大数据这么热，会用GIS也很重要。再比如，规划的前期分析是很重要的部分，那么用excel够熟练吗？对统计年鉴有多熟悉？是不是知道统计年鉴上一些数据所指是什么？不同数据之间的关系是什么？这些都是基本的技能，是需要早做积累的。

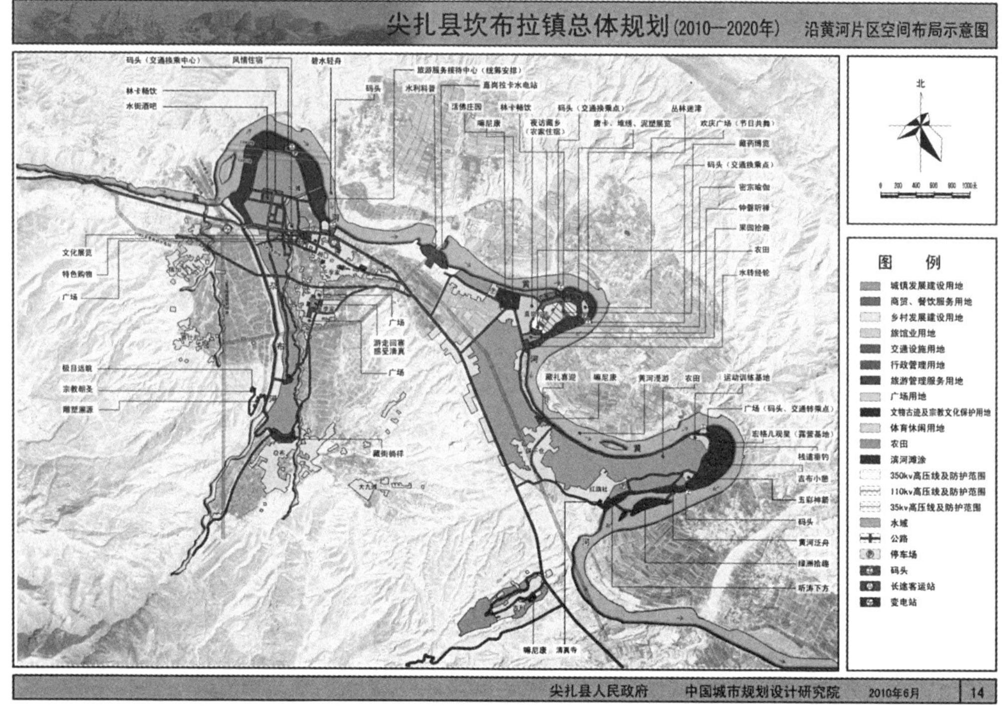
尖扎县坎布拉镇总体规划(2010—2020年) 沿黄河片区空间布局示意图
北
图 例
城镇发展建设用地
商贸、餐饮服务用地
乡村发展建设用地
旅馆业用地
交通设施用地
行政管理用地
旅游管理服务用地
广场用地
文物古迹及宗教文化保护用地
体育休闲用地
农田
滨河滩涂
350kv高压线及防护范围
110kv高压线及防护范围
35kv高压线及防护范围
水域
公路
停车场
码头
长途客运站
变电站
码头（交通换乘中心）
风情住宿
碧水轻舟
林卡畅饮
水街酒吧
旅游服务接待中心（统筹安排）
码头
水利科普
嘉岗拉卡水电站
活佛庄园
林卡畅饮
喇尼康
夜访藏乡（农家住宿）
码头（交通换乘点）
唐卡、堆绣、泥塑展览
丛林迷津
欢庆广场（节日共舞）
藏药博览
码头（交通换乘点）
密宗喻伽
钟磬听禅
果园拾趣
农田
水转经轮
文化展览
特色购物
广场
广场
游走回廊 感受清真
广场
极目远眺
宗教朝圣
雕塑溯源
藏街畅祥
藏扎喜迎
喇尼康
黄河漫游
农田
运动训练基地
广场（码头、交通转乘点）
宏格儿观星（露营基地）
栈道垂钓
吉布小憩
五彩神箭
码头
黄河泛舟
绿洲拾趣
听涛下方
喇尼康
清真寺
尖扎县人民政府　中国城市规划设计研究院　2010年6月　14

受 访 者： 潘剑彬

工　　龄： 13年

采 访 者： 贾灵光、靳林强

采访时间： 2015-12-30

采访地点： 北京建筑大学

【个人简介】

潘剑彬，男，本科毕业后工作三年，又考取北京林业大学的硕士、博士学位，然后在清华读了博士后。现任教于北京建筑大学。

采访内容

◎ **问：　您的规划学习之路是从什么时候开始的？**

潘剑彬（以下简称“潘”）：我1999年上大学，2003年开始工作。

◎ **问：　是什么理由或者机缘让您接触规划，并将其作为自己一生的职业？**

潘： 我大学第一志愿是环境工程，后来被调到规划专业，那时候是分数高的同学优先选择专业。

◎ **问：　您能谈谈您对城乡规划学的认识么？**

潘： 首先，规划跟景观和建筑还是有所区别的，建筑更加市场化，而规划更加规范性，毕竟，规划更加强调法制。其次，在从业内容方面，因为不像建筑那样市场化，规划更加服务于政府层面的宏观调控。比如规划与土地相关，土地又是地方财政的重要来源。城市现在最大的问题并不是对古迹、遗迹或者是遗址的保护或者是重现，而是如何处理不同区域，从规划到建设同质化的问题。

◎ **问：　在即将走出校园时，您经历了怎样的选择促使您成为一名建筑规划从业者？**

潘： 毕业后在大庆市规划建筑设计院工作了三年，然后考的北京林业大学的硕士，硕博连读的，然后在清华读了博士后。当时工作时决定考研也是觉得自己做方案的能力不强，想再进一步提高。

◎ **问：　您觉得工作之后和大学时学习的区别是什么？**

潘：　这个区别是很根本的，因为站的视角不一样了。上学期间，不论是硕士还是博士，面向、聚焦的东西都是论文和选定的方向，上学期间做的所有工作几乎都是围绕着那个点来进行的，即使做了与论文方向无关的项目，也会从项目中寻找和论文相关的内容，因为规划设计都是实证，都是用案例来说明问题。工作之后作为一名景观的老师，视角肯定是不一样了，现在的视角更广、更大，上学期间更专一些。

◎ **问：　您目前做过哪些项目，工作上有哪些心得？**

潘：　最近正在做长沙的一个商贸城的概念性规划以及后期的景观规划，也做了两个项目的施工图的设计。这个项目从大的层面上到细节，整个纵向的线做得是比较全的。因为现在作为一名景观的老师，更加关注项目景观层面的一些东西，比如涉及施工图，就会更加关注景观中与规范相关的东西，以及景观在完善的过程中与建筑、市政之间的关系。

◎ **问：　您一定去过看过很多的城市，哪座城市的规划留给您的印象最深？**

潘：　印象深刻的城市有很多，比如南京、西安。南京和西安中老城的城市格局基本没有太大的变化，这两个城市正处于现在的发展与老城对接的关系。对待老的东西的态度，这个“老的东西”包括两个层面，一个是曾经有过现在没了，一个是现在还存在着。比如把现在还存在的给保护好，当然是正确的方向、选择；而对老的但是已经不存的东西采取什么样的态度，是重新建一个“假古董”还是怎么样？

◎ **问：　您觉得未来规划行业发展的方向和热点在哪儿？**

潘：　首先，以后发展方向会从增量规划到存量精细化提升转变。其次，后工业时代，生态在修复，其实城市也在修复，比如现在北京为了治理雾霾进行的工业的分布、产业的布局，这本身就是城市修复的过程。再有就是对与城市规划相关的产业、经济、文化的态度。其中有些是“有形”的，比如城市改造提升、市政设施的完善等；其他就是“无形”的、非物质性的东西，如何在城市化的过程中有序地、正确地保留下来。未来来城市规划发展会与其他专业有更多的接触交流，专业之间多接触交流会迸发很好的思路，任何一个专业都不可能闭门造车。

◎ **问：　就您就业经历而言，能为还未毕业的我们做些经验之谈吗？**

潘：　多给自己创造一些实践或者实习的机会。现在学习的过程是在学习一些技能，到了以后工作，站在那个岗位上，项目就是放在“传送带”上，个人就是上面的一个“螺丝钉”，熟能生巧，熟能生巧之后就会有创造、创新的过程，一定要多看多学习。到了二年级、三年级多去大的设计院实习，多主动性地参与这个过程，包括导师的团队和外面的设计院，导师这边更侧重于研究，外面的设计院更加市场化。

受 访 者：李鸿

工　　龄：11年

采 访 者：沈敏　郭顺

采访时间：2015-12-23

采访地点：思朴（北京）国际城市规划设计有限公司

【个人简介】

李鸿，男，本科毕业于西安交通大学建筑学（少年班），后于美国加州伯克利大学考取城市设计硕士学位，思朴（北京）国际城市规划设计有限公司（2014.2至今 ）的联合创始人。

主要参与的项目有郑州滨河国际新城中央滨水商业区城市设计[艾景奖·2015年度优秀景观设计（城市公共空间）]、通辽河东新城城市设计（获得竞赛一等奖和2011年度内蒙古自治区规划设计二等奖）、东营海宁路城市设计、山西新绛新城中轴线整体城市设计、山西新绛县轻纺产业园控制性详细规划等。

采访内容

◎ **问：您是在什么时候接触规划，由于什么理由（或者机缘）让您将其作为自己一生的职业？**

李鸿（以下简称“李”）：本科专业学习建筑学，2002年在土人景观工作，一开始做一栋建筑，慢慢地去做一堆建筑，后来觉得跟以前学习的建筑有很大的差别，开始对城市规划有了兴趣。后来出国留学继续深造，在研究生时期主要学习城市设计，毕业至今一直从事城市规划工作。

◎ **问：您是从何时开始走向工作岗位的？您觉得工作之后和学生时期的区别是什么？**

李：2002年毕业后开始走向工作岗位，学生更多的是以课程为目的，更多的是知识导向，学习学校安排的课程。但职业更多是职业导向，更多的是跟别人合作，共同去完成一件事情。在普通的公司，自己有自己的角色，一开始是设计助理，之后是设计师，再往后是设计总监，最后有了自己工作上的定位。

◎ **问：毕业后很多人会纠结去哪儿工作，设计院、规划局或者其他，谈谈您对此的看法？**

李： 我觉得去哪都有可能，因人而异。针对具体的人，看你适合去设计院还是规划局。即使对同一个人来讲，也会有不同的路径。比如像我一开始在土人景观待了三年，后来去外企EDWA干了两年，之后出国留学，在美国待了一年，回国后又在AECOM待了两年，再然后又去了开发公司，最后自己创业，成立了“思朴国际”，这是我个人的经历。

每个人都不一样，有些人一毕业就出国留学，有些人一毕业就去当甲方或者业主，有人去当公务员，这个没有定论，只能说是天时地利人和，根据自己的长处和职业目标，以及所拥有的条件和资源，去做一个职业选择。

◎ **问：您目前做过哪些项目？您最满意的项目是什么？谈谈您的体会？**

李： 主要是三大业务，第一是经济方面和前期战略规划，第二是城市规划和城市设计，第三是景观设计。

从2002年到现在，我的项目主要是以城市规划和城市设计为主，基本上各种类型各种尺度都有，小到一两个地块，只有几公顷，大到几十平方公里。从新城规划、城市的中心区、TOD、滨水开发、产业新城、旅游区规划、概念规划，到总规、控规和详规，基本上都有。

我觉得没有最满意的项目，每个项目都有满意的地方，也有不满意的地方。有很多项目都印象深刻，在项目里面寻求很多的突破、创新，或者是跟优秀的团队合作，或者是碰到一个好的业主，又或是碰到很有意思的场地，这些都会成为这些项目里面值得回忆的地方。

◎ **问：您一定去过看过很多的城市，哪座城市的规划留给您的印象最深？**

李： 不能说最喜欢的，每个城市都有它自己的特点，不管是国内的还是国外的。本人印象比较深的是旧金山，因为以前在旧金山求学，很多设计理念会受到它的影响，不管是区域的发展，城市与自然的和谐，还是它的多样性以及城市的形态，我觉得都很多。

国内的城市和国外的城市有很多差别，我觉得他们形成的机制不一样，形成的政策也不一样。美国基本上都是殖民城市，它们的历史比较短，都具有方格网和土地规划形成的特点，比如旧金山，它的城区里面基本上是棋盘的格局。

◎ **问：您觉得未来规划行业发展的方向和热点在哪儿，城市、城镇或者乡村？**

李：未来行业的规划不管是在思想上还是项目都是多元的，它不会是单一的方向，我们所有人不会都去做城市或者都去做农村。但不管是研究、政策的制定以及项目分布和公司的侧重点肯定都是多元的，我觉得这是一个比较好的行业状况。比如说有的关注大尺度层面都市圈区域协调的关系，有的关注老城更新，有的关注新城建设，有的会去关注新农村的改造，不同的机构都会有不同的关注点。但是我觉得一个总的趋势是，过去十年主要关注点在发达地区，比如沿海地区、市中心或者为利益所驱动的地方，比如说新城开发。但以后可能会更多地关注于城市与自然的平衡、环境自然保护、发展有潜力的地方或者待开发的地区，比如西部、小城镇和乡村地区。

◎ **问：当前城市问题日益突出，您觉得城市未来的发展方向和重点是什么？您心目中的未来城市是怎样的？**

李：以前主要聚焦在城市本身，但是以后可能会更多聚焦在区域。对于国外逆城市化的问题，我认为城市聚集和分散一直都有，比如像美国的城市，最开始由于工业发展向城市聚集，聚集到一定程度，环境等条件越来越差，为了找到更好的条件，向周边分散。但分散之后又会发现有很多其他问题，中心活力不足、服务半径达不到，然后又往中心区聚集，我觉得“城市化”与“逆城市化”是一波一波的过程。

在国外，从空间上看，它的市中心密度在降低，但是整个都市圈密度在上升。我觉得城市化和逆城市化不能简单地去看，而应该去看在什么阶段，这种城市的聚集发生在什么地方。它一般是跟着城市的产业、投资方向、城市环境以及人的收入而变化，这是一个动态的过程。当今，国外更多提及的是新区域主义，不管是城市还是农村，它们都不是单独存在的。以前做城市规划主要是从行政边界考虑，以后会更多地考虑城市与城市的关系及区位的关系，中心城市与周边小城镇及自然的关系。我觉得不管从经济、生态、人的流动来讲，更多地应该从区域的角度去考虑。很多城市问题你看它是自己的问题，其实往往是跟其他城市关联在一起的，比如像“京津冀”，保定的定位、廊坊的发展、天津的发展并不是自己本身要怎样，而是它受制于其他城市，相互协同。北京的环境污染也不单是北京的问题，它更是一个区域的问题。

对于心目中的未来城市，都有它不同的秉性，不可一概而论。但我认为未来城市应该包含三种特质：

一、它首先是一个可持续的城市。这是现代城市的一个大趋势，是一个更多绿色的、更注重节能永续的、更宜居的城市。

二、它还应当是繁荣的、有活力的。一个城市的活力来自于居住在其中的居民，如果一个城市里的居民有自己的工作，那么他们可以创造更多的财富，促进经济的发展。如果一个城市还能实现居者有其屋，那么它就是让人有归属感的城市。

三、包容、多元应该是未来城市的核心词。未来城市应当有一种包容宽宏的态度，给予人们更多的选择，比如说我今天想骑自行车上班，那我不会因为路上太拥堵没有骑车子的地方而放弃它，这就是城市给了我多种的选择。所以未来城市应该是更能够满足人们的各种自我实现价值的需求，这就是城市的吸引力所在。

◎ **问：最近住建部提出“乡村全覆盖”来解决农村问题，对此您有什么看法，您觉得应该如何保持乡村的特色和活力，从而避免千村一面？**

李： 我觉得出发点是好的，乡村全覆盖无非是解决民生的问题，比如通道路、医疗教育保障、基础设施的解决。但在具体的实施上，如何让它更有效，我觉得可能要因村子而异。中国有几十万个村庄，不可能每个村子都设定同一个路线，每个村的历史、现状、条件优势都不同，我觉得在提这点的时候要尽量避免“口号式的运动”。“乡村全覆盖”所有的村子都去修道路，把房子粉刷一下，我觉得是劳民伤财的，不一定能做到，也不一定这样做就真的有效。我觉得应该先去调研，制定每个村的目标，需要解决的关键问题是什么。一个村庄或者一个城市的发展是所有部门共同配合协同的结果，跟土地、水利、农业、环境都有关系。我觉得乡村的发展有的是在原有基础上自己发展起来的，但这种传统村落只占少部分，大部分是行政村。既然问如何保持它的特色，就要知道它的特色到底是什么，比如说有的村子的特色是源自于它独特的山水环境，一山相依，你要保持它跟自然的关系、保持它的生活方式，有的甚至是保持它的文化遗产、当地的民风民俗。

◎ **问：作为一名规划师，谈谈您对规划师这个职业的看法，您认为它只是一份单纯的工作，还是有您的理想抱负？**

李： 我觉得它既是一份工作，也是我的理想抱负，两者并不冲突，主要看他们之间的关系如何协调。我觉得城市规划师是一个高尚的职业，它虽然工作很辛苦，但它能够带动地区的经济发展以及影响人类未来的生活环境。正因为我们是未来城市的建设者，也是服务人群的一个职业，所以我们身上肩负的责任很大，我们在做规划时应该考虑得长远些，在决策时需要谨慎。

◎ **问：规划师关系到城乡发展的未来，在从事规划工作的过程中，您觉得作为一名优秀的城市规划师应该具备怎样的道德素养和知识结构？**

李： 我觉得一名优秀的城市规划师不仅要有好的专业知识，还需要有好的职业道德素养，一个没有立场与主见的规划师不是一名优秀的规划师。

对于什么是一名优秀的规划师，我总结为三点：

一、专业知识稳固，专业能力强。没有专业知识奠定基础，不可能做出好的规划。二、要有不同于一般人的想象力。不管是城市规划还是乡村规划，它都是我们对于未来的设想，它能决定我们未来的生活环境，它需要规划人员有一定的前瞻性和预见性。就像艾克伯隆比他们以前做规划都是百年规划，他们以前的规划对现在依然有很大的影响。三、一名优秀的规划师需要有良好的思想道德素养和职业素养。这就涉及价值取向的问题。我们应该先做人，再做事，有自己的立场和主见。我们既要对委托人负责，也要对人民和规划负责，我们在做规划时应学会取舍和协调，不能盲目地去偏向于哪一方面，应该凭借自己的专业技能去协调解决这些矛盾。

作　品

受 访 者：张志杰

工　　龄：13年

采 访 者：沈敏、郭顺

采访时间：2015-12-24

采访地点：弘都城市规划建筑设计院

【个人简介】

张志杰，男，毕业后任职于河南省建设厅的规划院，规划师，后又任职于北京市城市规划设计研究院，现为弘都城市规划建筑设计院副总工。

主要参与项目有和田市老城区控制性详细规划（2015年度北京市优秀城乡规划设计奖一等奖提名）、和田市总体规划、安庆市总体规划等。科研课题有"多规合一的研究和探索"、"北京市关于新农村未来方向的研究"、"新农村编制办法"等。

采访内容

◎ **问：您是在什么时候接触规划的，由于什么理由（或者机缘）让您将其作为自己一生的职业？**

张志杰（以下简称"张"）：本科专业不是城市规划，学的是经济地理专业，从社会经济方面来研究城市。我认为城市规划是一个综合性的专业，有从建筑学出来的，也有从景观出来的，并不是所有人都是城市规划专业毕业的，我觉得做这行还可以，我还蛮喜欢的。

◎ **问：您是从何时开始走向工作岗位的？您觉得工作之后和学生时期的区别是什么？**

张：从2003年毕业后去河南省建设厅下面的规划院，后来跟女朋友一起来到了北京发展，现在在北京市城市规划设计研究院下属的北京市弘都城市规划建筑设计院。

对于学生时期做的规划方案离实施是比较远的，它只是一个规划设计，是比较理想化的。我觉得在上学的时候对空间形态的认识比较多，像做小区规划、快题，会觉得规划能改变城市很多方面，设计是美好的。但当真正参加工作后会发现规划图很有限，它会受各种方面的影响，需要考虑的内容不仅仅是空间形态的问题，还得考虑实施主体的问题、它的经济利益的问题以及文化等问题。在真正实施的时候还不得不考虑落地的问题，比如说一块地，牵扯到不同权属部门，您的方案很理想，但这几个利益主体他们会不会有意见，他们是怎么实施的。所以在很多时候我们的方案和具体实施差别很大，因为它们很多利益之间的关系很难协调。所以我认为刚毕业的学生做的方案比较理想化，做城市设计和空间表现还好，但在真正接触法定规划和具体实施问题时，他们可能考虑的就比较少了。

◎ **问：毕业后很多人会纠结去哪儿工作，设计院、规划局或者其他，谈谈您对此的看法？**

张： 我觉得去哪都挺好的，愿意去哪都可以。规划设计这个部门，只是在不同的角度来研究这个城市，城市规划和城市建筑设计离不开任何一个部门。

就设计单位、规划局和甲方来讲，他们就是承担不同责任和功能。对于规划设计者，我们可能在规划设计层面要考虑各方面的因素，通过对规划专业的认识和理解去做这个方案。但这个方案能不能实施，规划局有它审批的要求，审批要从整个法律法规去考虑。甲方更多考虑的是自身的利益，通过制度、规划寻求它的利益最大化，您不能说他是错的。甲方追求的是自身利益；规划局是站在政府的角度，要保证绿地、公共设施、交通通畅等等，追求的是社会利益；而规划设计单位是一个协调者，它协调甲方的诉求和政府的诉求，使之有一个平衡点。

◎ **问：您目前做过哪些项目？您最满意的项目是什么？谈谈您的体会？**

张： 我什么项目都做，大的做城市总体规划，像安庆的总规、和田的总规等都在做，也做“多规合一的研究和探索”这方面的科研课题，还做关于农村规划的一些探索，和丁奇先生（住建部村镇规划主任，北建大建筑学院副院长）从2005年就开始合作，像北京有好几版的编制办法都在做，现在也在做关于未来新农村的一些工作。

没有最满意的项目，只能说是相对的。我对安庆市的总规还挺满意，它涉及各方面的协调工作，对于学生来讲可能很少涉及这方面的问题。我们对于做总体规划有一定的基础，这个方面需要考虑很多东西。我们去调研的部门达60多个，每个部门都有自己的诉求，在落到图上的时候不是规划师想干什么就干什么，您要去了解每个单位他们的需求是什么。它们的诉求可能不是合理的，但需要把60多个部门的意见全部综合起来，然后去磨合，当然有的部门需要妥协，这个过程是个很磨人的过程。在这个过程当中，要分清哪些是可以协调的东西，要学会坚持自己的底线。像有些涉及公共利益或者基础设施的东西是不能让步的，比如像安庆的石化防护距离不能留给居住用地，它是有一定污染的。

◎ **问：您一定去过看过很多的城市，哪座城市的规划留给您的印象最深？**

张： 国内的城市都没什么印象，我对东京和京都的看法比较好。

北京和东京都很大，但是从城市规划和治理水平来说比东京差太远。东京是一个人口规模几千万的城市，它的轨道交通做得非常好。他们对城市的管理、环境的整治、人性化的设计都是值得我们借鉴的。还有一个城市是京都，日本的老首都，它是一个历史文化名城。我们也在做北京的一些旧城保护，但人家的旧城保护的确实很好，包括一些停车设施、修整的一些东西，它们对于历史文化的传承和保护是值得我们学习的。而北京最开始是限制发展不保护，后来只重视文物的保护，不重视整体的保护。咱们的历史文化保护是片面的，而他们的保护是很超前的。国内的城市真正值得看或者学习的越来越少，各个层次的城市病都很严重。

◎ **问：您觉得未来规划行业发展的方向和热点在哪儿，城市、城镇或者乡村？**

张： 我觉得未来规划行业发展热点和方向主要是三个方面。

第一，多规合一。因为原来各部门都是各干各的，但在空间上面都不交圈，在落实上都对不上。习总说一张蓝图干到底，我们这张蓝图一定要往“多规合一”方向发展，这个也是我们需要转型的。我们对于经济、人口和环境的知识并不充分，我们需要更多的探索，从规划方向不断往人口、经济方面考虑。对于发改委来说更多地往空间去看，国土更多地往我们规划这方面去看。我觉得这个是未来一个重要的研究方向，这个方面对于我们也是一个大的挑战。

第二，乡村规划。这方面大家认识都比较薄弱，十年前做的新农村规划，城市化的痕迹还很严重，原来的乡村规划放到现在，根本实施不下去。乡村它特殊的机制，跟城市很不一样，我们需要放空心态重新去认识乡村，需要把专业知识放在一边，不要把自己放在专业化的角度，或者是技术的权威上去做乡村规划。在农村生活的人对这方面了解得较多，对于做设计，不是在乡村待几天就能去规划人家的生活，这方面需要我们去了解和探索的非常多。它绝对不仅是空间形态的东西，它还有社会的、文化的、经济的包括生活的、生态的东西。其实从这些角度来看，乡村比城市更加需要“多规合一”。

第三，城市设计。我们只重视城市规划，很多人觉得城市设计可有可无。但真正好的城市是精细化的设计和管理，我们经常去到国外的城市，觉得人家的设计很人性化、精细化，而我们的很多设计都做不到。我们缺乏从人的角度去考虑更深层次的东西，我觉得未来城市应该是精细化的城市。

◎ **问：当前城市问题日益突出，您觉得城市未来的发展方向和重点是什么？您心目中的未来城市是怎样的？**

张： 我觉得对于我们来讲，很难回答一个针对性的东西。我觉得习总书记对于北京的目标说得很好，就是“和谐宜居”，这是我们最终的目标。我们的目标不是要建立一个世界性的城市，不是要建设一个中心。对于我们居住的人来讲，主要是“和谐宜居”，我们不需要雾霾，我们不需要交通堵塞，我们需要好的环境，我们需要有停车的地方，老年人能够过马路。

我们的城市能够让生活在这里的人有“幸福感”，能够让人们觉得适宜在这生存，我觉得这是我们城市最终的目标，也是我对未来城市的看法。

◎ **问：最近住建部提出“乡村全覆盖”来解决农村问题，对此您有什么看法，您觉得应该如何保持乡村的特色和活力，从而避免千村一面？**

张： 我不知道这个问题是出于什么目的，我个人的说法跟官方的说法有些差别。我觉得不是不要全覆盖，但不是近几年就能够达到全覆盖，我认为它是一个阶段性的过程。像北京在2011年基本上已经达到乡村全覆盖，但是当我们重新探索以前的规划，发现有很多不合理的地方。我们做的规划很多是实施不了的东西，很多实施了的东西也是建设性的破坏。我们在反思，不好的村庄规划反而会造成更多负面的影响。

我觉得我们对乡村认识得不全面或者存在偏差，对于我们进行乡村规划全覆盖，这是个非常严重的问题。如果方向错误，那么干得越多，走错的路就越远。我觉得要进行乡村规划应该对乡村有足够的认识，需要入户，充分考虑他们的诉求，而不是你觉得他们需要什么就规划什么。乡村规划画一幅画很容易，但真正做一个符合乡村规划实际有用的规划很难，像韩国、日本以及中国台湾，他们做一个乡村规划需要2年甚至更多的时间，这个过程是慢慢达成共识的过程，简单地去村里待几天，这是远远不够的。有的时候与村民打交道不需要专业的知识，可能用到很多社会学的知识，包括规划实施的过程，得了解乡村的文化、地方的特色是什么，我使用什么样的材料去做、使用什么样的绿色植被去体现村庄的特色。其实很多规划师做的规划远没有一个生活在村里有文化、有认识水平的人做的规划更符合实际。

所以我觉得我们的规划师要把自己的心态放低甚至放空，在做乡村规划的时候，应该尊重自然、尊重文化、尊重当地环境，我们应该怀着一种敬畏的心态去做，而不是作为专业的权威人士去指导人家怎么做。在这方面我觉得我们现在的认识很不够，包括提到的保持乡村活力和特色这个问题，我觉得乡村规划是多种社会力量合力所推进的，不是单方力量可以推进的，应该实现自下而上地规划。

◎ **问：** **您是如何界定城市规划、城市设计和乡村规划的联系和差别，它们之间应该如何协调才能更好地达到规划建设的目标？**

张： 城市设计实际上是贯穿到规划的整个过程当中，城市也好，乡村也好，都有设计的内容在里面。城市设计更多地关注空间形态方面的东西，像所谓的美学，或者从人的尺度去考虑各方面的问题。在城市设计的过程中很少考虑各方面利益的问题，更多考虑的是空间的问题。

城市设计可以往工程设计、建筑设计方向去靠，但城市规划更多地往社会科学去靠，我们在城市规划中承担更多的是利益协调的平台。城市规划干什么都不行，搞产业不如搞产业规划的强，搞建筑不如搞建筑设计的强，您所做的工作其实是一个综合的、协调的工作，对各方面的利益进行协调，如何在我们这做到矛盾最小化，利益最大化。

乡村规划可能在城市规划的基础上有更多延伸的东西，城市规划不用考虑我的产业搞什么，这个由发改委决定，我们要做的是怎么样为它的产业类型配套合适的用地、空间。在做乡村规划时，规划师对各方面的知识不仅是了解，更应该擅长，包括产业发展、社会问题等各方面。

◎ **问：** **作为一名规划师，谈谈您对规划师这个职业的看法，您认为它只是一份单纯的工作，还是有您的理想抱负？**

张： 大家总说，规划是龙头，但是规划是最没有权力的。我们充当的角色是社会协调者或者利益博弈的平衡，我们的作用就是统筹协调。我们感觉规划的权力很大，但实际什么都不是我们说了算。我觉得规划就是一个社会工作者，所谓的专业技术都是在为社会的公平、社会的均衡发展做贡献，在这个过程中，规划师的价值观很重要——是为开发商考虑，为政府考虑，还是为大众利益考虑。

◎ **问：** **规划师关系到城乡发展的未来，在从事规划工作的过程中，您觉得作为一名优秀的城市规划师应该具备怎样的道德素养和知识结构？**

张： 道德素养其实跟我说的价值观很相似，我觉得道德素养是由价值观决定的。我觉得现在的知识结构还远远不够，在学校学的知识太片面，所学的都是建筑空间这方面的东西，但真正要做一个城市的规划时，它需要各方面的知识。什么东西都用得到，像社会、经济、人口、交通、生态、市政都需要了解。可以不擅长，不专业，但需要了解他们之间的关系，甚至包括现在的大数据、信息技术等等都需要我们去了解。比如说现在的“多规合一”，都是在GIS的平台去做，传统的CAD已经满足不了这种需求。

受 访 者：曹传新

工　　龄：14年

采 访 者：夏川、彭昊

采访时间：2015-12-9

采访地点：中国城市规划设计研究院

【个人简介】

曹传新，男，本科就读于东北师范大学地理系经济地理学与城乡规划专业（现已更名为资源环境与城市规划管理专业），后考取东北师范大学城市与环境科学学院理学博士。北京大学人文地理学博士后。主要从事于区域经济与城市规划方面的科研与规划工作。其中，独立主持博士后基金课题1项，独立主持和参与城市规划设计40余项，参与中国工程院等重大课题4项，编写专著2部，发表学术论文40余篇。

采访内容

◎ **问：　您的规划学习之路是从什么时候开始的？**

曹传新（以下简称"曹"）：是从大学本科阶段开始的。我1992年进入东北师范大学地理系学习，专业是经济地理学与城乡规划，现已更名为资源环境与城市规划管理专业。

◎ **问：　是什么理由或者机缘让您接触城市规划，并将其作为自己一生的职业？**

曹：　在校学习期间对城市规划产生了兴趣。我们学校与北京大学、南京大学的教学模式较为相似，都侧重于宏观层面的规划，对详细规划层面的规划接触就比较少。我所接触的第一个规划项目是在校期间所做的吉林市城镇体系规划，我参与这个规划的时候，就深刻感受到城市规划这个专业是有很多优点的。尤其是城市规划工作对于团队合作的需要，以前做宏观层面的规划大概是十个人一组，现在可能一组是五六个人，我觉得大家一起合作完成一个项目，给我带来的感觉很不错，也能将自己所学的专业知识运用到工作中。

◎ **问：　地理类院校的毕业生与土建类院校的毕业生有什么区别？**

曹：　地理类院校的毕业生对于社会经济产业的分析和城市未来发展的定位是有优势的，

比如说，在城镇体系规划方面，探讨城镇化道路、产业体系的构建、交通的区域性、大的交通走廊的建设、城镇之间的关系等等，就是地理类院校毕业生所擅长的。但地理类院校的毕业生的一大劣势就是没有受过艺术方面的教育，如平面的构成、色彩的构成等。而土建类院校的毕业生则更擅长于小尺度空间、场地的分析，这些分析当然也包含了社会经济方面的分析，只是更多地从策划的角度来分析，从地理区位的角度分析的就较少。比如做居住小区的规划，要考虑使用者的心理、公共设施的需求、考虑人们对于绿化空间组织的感受。土建类院校毕业生在做宏观方面的规划就不那么有优势了。综上所述，两者各有所长。

◎ **问：在即将走出校园时，您经历了怎样的选择促使您成为一名城市规划工作者？**

曹： 在本科毕业后，我选择了从事教师的行业，因为那时候事业单位减编，很难进去。之后，我选择了继续深造，然后就一直从事城市规划的相关工作了。毕业后去了长春市规划设计院。也就是说，成为一名城市规划工作者，既有主动选择的因素，也有客观环境因素。

◎ **问：能谈谈您对城市规划的认识吗？**

曹： 城市规划是技术层面上的工作，需要相应的技术性的理论来支撑。它涉及面很广，综合性强，除了政治领域以外，其他各个方面都有涉及。但是城市规划的方法论滞后，未形成体系，目前形成一定体系的有理性规划思路、公众参与、过程论等，仅此而已。城市规划的科学性还有待发展，表现在城市规划一直在不断进行更改，与城市发展、市场企业的需求、百姓的诉求在某些地方存在矛盾，对规划的理论认识不足，往往只是经验的总结和概括。我认为城市规划要有自己的价值取向，在一级学科的建设过程中，还需不断完善。

◎ **问：您觉得工作之后和大学时期学习的区别是什么？**

曹： 大学时学的是功底、基础，工作中学习的是处理事情的思维和能力。这两者的关系是：大学所学的理论知识是工作中处理各项事物的基础。所以，这也是现有各大设计院招聘看重应聘者第一学历的原因。

◎ **问：您是何时进入现在的工作单位？现在的工作单位有什么特点？**

曹： 2004年我进入中规院，到目前为止已经工作十几年了。之前2000～2003年任职于长春市规划院。中规院工作时探讨问题的习惯、团队合作的精神、创新的欲望都是其优势，工作氛围也很好，有助于实现规划师的个人价值。

◎ **问：您在工作中有什么心得？最令您欣慰的是什么？**

曹： 在40岁之前，我接触了很多不同类型的规划，觉得在规划工作过程中，还是很有意思的，但是相同的规划做多了也会厌烦，尤其是总规，因为总规的规划周期往往会很长。在技术层面还是没有太大问题，因为有很多的实践经验。当您是团队中一员的时候，要理解项目负责人，把自身的工作做好；当自己是项目负责人时，别人也会配合你来完成工作。

◎ **问：您一定去过很多城市，有令您印象特别深刻的吗？**

曹： 长春市的规划是在伪满洲国时期由日本人着手制定的，它的规划结构比较合理。深圳市是现代城市中规划做得比较好的，公共服务设施、绿地系统都做得比较好，是完全按照规划来实施的城市。

◎ **问：您认为目前规划的方向和热点是什么？**

曹： 方向：纯物质性规划。一线城市中存量的更新、街景的改造、公园的改造建设等。热点：农村居民点建设、小城镇建设、存量规划、区域规划的改革（重点解决落后地区开发和城乡发展不均衡的问题）。在城镇群规划中，重点研究如何提高区域核心竞争力问题，如设施共享、公共空间共享等。提高城镇群的发展定位，使其作为参与国家竞争的载体。在城市规划中，存量更新和改造是重点，目标更多是提高生活品质、城市服务水平以及城市机动化水平等。我们应该把城市作为一个幸福家园，而不是一个经济增长的机器来规划。

受 访 者： 徐松岳

工　　龄： 14年

采 访 者： 秦蜜、王鑫

采访时间： 2015-12-6

采访地点： 电话采访

【个人简介】

徐松岳，男，建筑学学士，天津大学在读工程硕士（采访时）。任南京市规划设计研究院副总规划师，国家注册城市规划师/高级规划师。

主要参与项目有南京市河西新城区总体规划（2002～2020）（建设部三等奖）、南京市浦口区中心地区控制性详细规划（省优三等奖）、盐城市城南片区分区规划（2003～2020）（市优二等奖）。负责的项目有南京市浦口区中心地区概念规划（国际招标单项奖）、涿州市松林店镇（工业区）总体规划（2005～2020）（省优二等奖，部优三等奖）等。

采访内容

◎ **问：　您是建筑学出身，而后转为规划师，是什么影响了您当年专业与职业生涯的选择？**

徐松岳（以下简称“徐”）：因为个人对建筑总图比较喜欢，当时的背景下，一些造型新并且能够表现民族特色的建筑，比如SOHO、仿生建筑等，很难被采纳；同时在和其他同学的交流中，也存在这样的问题——建筑本身要做一些大型的创造或者特异的变换很难，进而对建筑外围的东西研究比较深。规划更具广度，关注点切换到周边的环境、民生和社会等等。

◎ **问：　您觉得城市规划和建筑学的本质区别在哪里？**

徐： 关注点不一样。建筑关注的是建筑自身的一些发展，更加追求标新立异；规划更多是方方面面的平衡或者协同，尤其是从社会学和市场的角度考虑问题。当然现在的部分建筑师也在考虑与周边的协同。

◎ **问：您认为城市规划和建筑学的连接点在哪里？**

徐： 我认为“功能泡泡图”，即功能分区是关键的连接点。建筑的任务是表现自己，但是明确自己在城市中的定位和功能也很重要，包括大型的城市综合体，它有自己的功能分区，融入了规划的思想；规划是对城市不同功能的布置。两者的结合点，就是对某一个地段的功能的判断。规划的详规阶段，已经深入到建筑的层面；在指标的制定上，规划也对建筑进行了一定程度的引导。规划是综合的学科，建设大型综合体也要考虑多功能的融合，两者具有相通的地方。

◎ **问：您觉得设计中最重要的因素是什么？人/自然/政策……？应该怎么围绕这些因素展开研究？**

徐： 人和地。规划服务于人，而地提供了人生活和工作的基础。以人为本是重点。您提到的因素都要考虑，规划往往是政府的工具，人的规划在某种程度上是被弱化的。

◎ **问：您多年的工作经验使您觉得，在城市规划的教学上，我们还有什么需要补充？**

徐： 规划本身应该有延伸性，包括历史学、地理学、社会学和经济的学科（包括全社会的经济模型），特别是城市成长过程中涉及的方方面面的东西都应该引入。出色的设计，往往设计者的文学修养、对经济的敏感性以及对城市文脉发展的把握都是很强的。一个设计师本身的成长，也可以从游山玩水的过程中了解历史，开阔眼界。

◎ **问：您刚工作时，理想的城市规划的模式是怎样的？经过多年的工作的沉积，您的观念发生变化了吗？如果变化了，那是怎样的呢？**

徐： 分阶段来说，刚工作的时候，属于参与项目，觉得方案图出彩就是成功；工作5～6年之后，当我负责某个项目时，把所有的问题都解决了，并且核心问题得到了解决就是成功；现在带领团队，觉得规划的成功就是协调各方面的关系，通过规划解决城市病、社会矛盾，并且能够保证永续的发展模式就是成功。局部地段的规划，它的公平就体现在方案的合理、公平且不损害他人的利益；大层面的规划，则需要更多地去关注民生、空间，多规合一本质就是对公平的追求，融合多方的利益。这个过程就像练武术一样，从开始的基本功练起，再到后来对兵器的使用，最后是术，如同兵法和韬略，而非兵器本身，最高境界就是无剑胜有剑！规划也是如此。

◎ **问：您现在工作的方向或者特点是什么？您在工作上有怎样的心得，可以和我们分享一下吗？**

徐： 会坚持做城市规划。特点表现在两方面，一是对公平的追求，二是从行业自身的角度来说，规划的大背景是比较稳定的，它是和人民的利益息息相关的。在工作上的心得，首先态度决定一切，做事要踏实认真，并且要动脑子；其次在做本职工作的时候，学会关注别人，向他人学习；从规划的专业角度去考虑，应该了解规划中涉及各方面的思想，包括市场、政府、民众等等。

◎ **问：您一定去看过很多城市，哪座城市的规划最让您为之动容？**

徐：除了南京，最喜欢北京，它的历史文化以及北方人的性格都是我欣赏的。其他的城市，包括西安，拥有历史的沉淀；成都，公众的休闲生活和城市结合得很紧密，我都很喜欢。相对来说我欣赏比较大气的、有历史气息的城市。

◎ **问：您觉得北京有没有什么让您感到遗憾?北京现在要把政治副中心放在通州，您觉得这会对这座城市未来的发展在哪些方面有怎样的影响?**

徐：横向说，对自身的文化打造属于薄弱环节，北京本地的资源是很丰富的，所以可能在追求新型的发展上不强。纵向说，将北京的现在和过去比较，北京在全方位服务方面需要强化，创新性和包容性可能相对较弱，北京目前创新带来最直接的影响力是很小的，对比江苏、无锡，可见一斑。凡事必然是有利有弊，对北京而言，将政治副中心搬去通州，有利之处可能是保护了首都职能，不利之处可能就是城市职能受到制约。

◎ **问：南京是六朝古都，了解您之前也做过它的相关规划，您能谈一谈关于南京的城市规划吗?您对这座城市的印象是什么?**

徐：首先南京被国家重视，这是一座讲经济、讲历史和讲生态的城市，它的地位和综合性，造就了它发展的良好局面。结合南方人的性格，南京市的规划是比较细腻和周到的。

◎ **问：您觉得规划行业未来的发展方向在哪里？对我们这些在校大学生的职业生涯的规划有什么影响?**

徐：可以借鉴欧美城市，规划未来的发展方向是向两端发展，即往上决策和往下实施。政府决策方面，国家“十三五”规划正在取代上层规划，包括战略性的规划等，就像美国没有总体规划，但是有行动计划和行动纲领，并且纳入法律系统；在具体细化上，比如控规和修规，会越来越深入考虑到实际落地，更加专业化。总规的重要性将会越来越弱，它局限在了时限性、控制性等方面。从整个行业的发展角度来说，规划会分为两极，一个是做策划，一个是做具体的规划，而对于市场来说，它会一直发展下去。作为大学生，应该拥有一个强项、培育一个强项，实现两条腿走路。

作　品

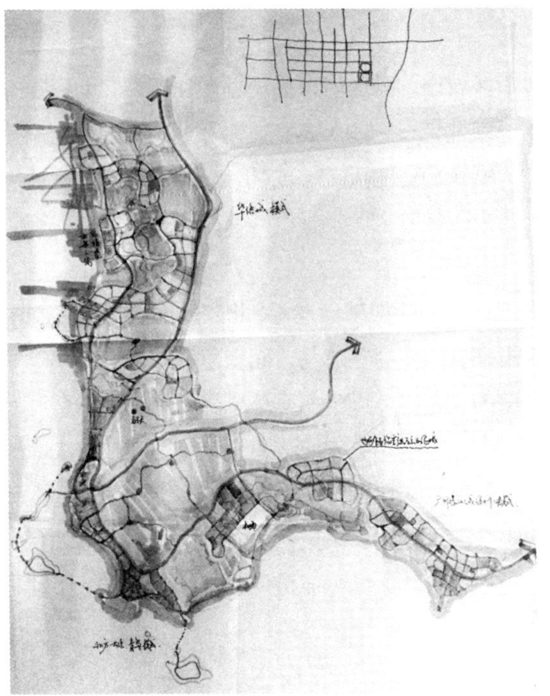

受 访 者： 胡之平

工　　龄： 10年

采 访 者： 李静岩、王惠婷、宋鑫宇

采访时间： 2015-01-02

采访地点： 洲联集团五合国际

【个人简介】

胡之平，女，英国纽卡斯尔大学（Newcastle University）景观设计硕士、英国谢菲尔德大学（University of Sheffield）城市与区域设计硕士，中国城市规划协会会员、中国城市规划学会风景环境规划设计学术委员会成员；2005～2007年在英国伟信公司从事规划工作，2007至今在洲联国际从事规划工作。

采访内容

◎ **问：您的规划学习之路是从什么时候开始的？**

胡之平（以下简称“胡”）：研究生开始。

◎ **问：是什么理由或者机缘让您接触规划，并将其作为自己一生的职业？**

胡： 本科读的是园林专业，但是在英国读研究生期间开始接触规划，当时很感兴趣，就转修了城市规划专业。

◎ **问：能谈谈您对城乡规划学的认识吗？**

胡： 研究生面试导师问过我关于居住、环境、交通的问题，我印象很深。我认为城乡规划是通过对城乡的规划来合理安排社会生态资源，考虑生命安全与城乡建设，解决居民的生活、生产、工作、休闲娱乐等相关问题的学科。国家有关城市发展和城市规划的方针、政策和法规对城乡规划的影响较大，所以每位规划师必须时时关注国家的政策变化，以把握城市动态发展的方向。城乡规划最重要的是要会做规划设计，当然最好也会做建筑设计。最重要的是设计能力，而提高设计能力必须从两方面着手，其一是手头表达能力，其二是理论水平。提高手头表达能力就要求多看多画，这是基本功。理论水平的提高可以多看相关的书籍、期刊，关注专业的动态发展。

◎ **问：在即将走出校园时，您经历了怎样的选择促使您成为一名建筑规划从业者？**

胡： 毛遂自荐的，认为自己可以做规划，就直接按照这个路子找了工作。

◎ **问：您是从何时开始走向工作岗位的？您觉得工作之后和大学时学习的区别是什么？**

胡： 研究生毕业后工作，大概2005年，大学学习的是基础知识，研究生学习的是研究方法；而工作是实战，要结合基础知识和学科理论，通过研究做出符合规划法、符合市场、符合甲方要求的合理的规划。

◎ **问：您是何时进入现在工作单位，成为一名规划师的？**

胡： 2007年。

◎ **问：您觉得您所在单位有着怎样的特点？**

胡： 企业文化浓烈，民主开发的公司。

◎ **问：您目前做过哪些项目？您在工作上有怎样的心得？**

胡： 新农村建设，旅游度假区，公园设计等。规划师总会面对不懂规划的政府领导和开发商，不能尽善尽美地做好每个项目，所以我觉得与人沟通的技巧很关键，这关系着是否清楚表达了设计意图，关系着对方是否能够准确地接收到项目的信息，关系着一个项目是否能够顺利推进。

◎ **问：在从事规划工作的过程中，您觉得最让您感到欣慰的是什么呢？**

胡： 做项目可以去到很多有特色的地方，了解更多城市的人文。

◎ **问：您一定去过看过很多的城市，哪座城市的规划留给您的印象最深？**

胡： 巴黎。巴黎历史悠久，文化底蕴深厚；城市规模宏大，轴线清晰；轴线上的建筑群，空间有序，高潮迭起。

◎ **问：您觉得未来规划行业发展的方向和热点在哪儿？**

胡： 乡村规划，目前国内的城乡差距太大，乡村的基础设施落后，在未来国家会更关注乡村的发展，缩小城乡差距。

作　品

秦皇岛市北戴河区西五村修建性详细规划

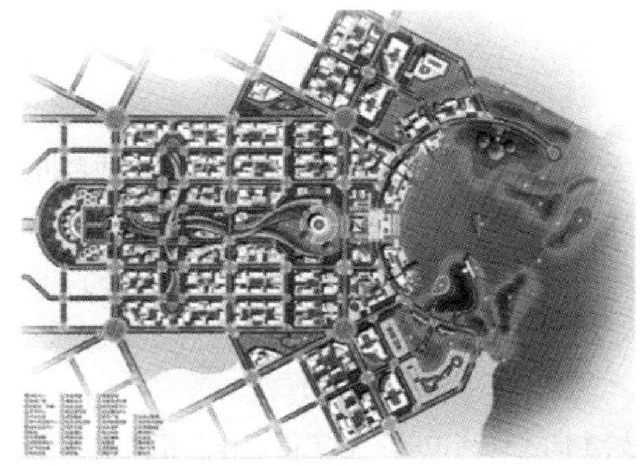

新疆克拉玛依西部新城城市设计

（以上图片来源：洲联集团官网http://www.www5a.com/）

受 访 者：周景峰

工　　龄：10年

采 访 者：邓美然

采访时间：2015-02-01

采访地点：北京建工建筑设计研究院

【个人简介】：

周景峰，男，本科毕业于河北建筑科技学院（现河北工程大学），后获得北京建筑工程学院（现北京建筑大学）建筑历史与理论硕士学位，2005~2009年任北京清华同衡规划设计研究院主创规划师，2009年至今任北京建工建筑设计研究院副主任规划师。

采访内容

◎ **问：　您的规划学习之路是从什么时候开始的？是什么理由或者机缘让您接触规划？**

周景峰（以下简称“周”）：大学本科期间开始。当时规划这个行业刚刚兴起不久，在许多院校里规划还是被划到建筑学专业下的，而且我父亲当时从事建筑类相关的工作，多少对规划、建筑学这方面还是有一定的了解，也给我提了一些这方面的意见和建议。

◎ **问：　您是从何时开始走向工作岗位的？您觉得工作后和大学学习时的区别是什么？**

周：　我正式参加工作是研究生毕业之后，在2005年。我在大学四年级左右的时候，在学校接触过一次比较实际的项目，是个公园规划，刚好我工作以后的工作重点也是这一方面。就我这个工作经历而言，我觉得学生期间自己的设计还是个理想化的建构过程，也就是说是对一个理想化模型提出大胆的假设，更多的是出于自己的兴趣爱好，也可以理解为是认真“玩儿设计”的过程。然而工作以后所做的项目就融入了许多社会变量和约束性条件。然后在众多的约束性条件下去寻求一种比较合理的解决问题的方法和途径。大体概括就是从一个大胆假设到了一种小心求证的过程，从兴趣到释疑的转变，重点逐渐转向寻找问题、解决问题等方面。

◎ **问：　作为一名优秀的城市规划从业人员，在学习和参加规划工作的这段时间里，您对自己有怎样的认识呢？能谈谈吗？**

周：　在整个学习和工作的时间里，我觉得大体可以分为两个阶段。第一个阶段，就是在接触规划行业初期，就我本人而言还是比较注重个人价值的实现。为了形成比较成形、美观的方案，我会运用一些理想化的想法去推进自己的设计，尽情释放自己的想法，从而实现自己的个人价值；到了第二个阶段，基本工作了3～4年的时间，在心理上有一个小的转换，之后更关注的就是作为一名规划师的社会责任的实现。实际上还是想通过自己的一些规划工作，能够把自己的成果变成社会实践过程的一部分，并且能够起到积极、有益的作用。用某一位地产商的话来讲就是“追求理想，顺带赚钱”。

◎ **问：每个人的一生都有几个重要的转折点，您认为哪些决定改变了您的人生轨迹？为什么那样决定？**

周：第一个是大学入学以后，可以和良师益友一同探索规划这门学科。第二个就是工作以后，遇到一个相对较宽广的工作机会，并逐渐形成自己的职业价值观。

◎ **问：我国城市规划行业的现状如何?您对我国的这些现状有什么看法吗？以及规划师在城市规划过程中扮演的角色是什么？**

周：先说规划师在城市规划过程中扮演的角色，大体上可以有三个方向，一个是管理工作，第二个是政策咨询工作，再一个就是一些专业机构的服务工作，类似一些地产商、开发单位等，这个主要是取决于利益诉求的主体是谁。规划师在城市规划过程中扮演的这些角色就决定了我国规划行业的现状。我对目前这个现状大体理解为“两弱一强”，简单说，弱就是管理规范性的意识偏弱，规划的法制意识偏弱，执法不严；强就是说行政主导的意识强，领导的决策权力比较大。

◎ **问：现在的工作单位和职称是？参加工作多长时间？**

周：北京建工建筑设计研究院，中级职称，十年。

◎ **问：觉得您所在单位有着怎样的特点？**

周：有一定的专业性，由几个专业团队组成，比如文化遗产保护、医疗建筑、施工设计等；有一定的发展空间，依托于它的专业性，有比较好的发展前景。

◎ **问：目前做过哪些项目？您在工作上有怎样的心得？**

周：之前做过一些策划与总体规划类项目，比如青海省坎布拉旅游目的地总体规划、北京市平谷北部山区国际旅游区总体规划、四川省马尔康县卓克基镇总体规划、广东增城何仙姑风景旅游区总体规划、内蒙古克什克腾世界地质公园总体策划等。还做过一些文化遗产保护专项规划，比如宁夏银川市拜寺口双塔文物保护规划、内蒙古赤峰市红山遗址群文物保护规划。另外对详细规划与建筑设计类的项目也接触过一些，做过北京大栅栏历史文化街区保护、整治、更新设计；承德避暑山庄碧峰门外文化旅游区规划及建筑设计；安徽蚌埠涂山、白乳泉风景名胜区天河、黑虎山景区控制性详细规划；内蒙古克什克腾旗阿斯哈图景区详细规划及景观设计；山东马陵山清泉寺森林公园重要节点修建性详细规划；北京石景山区模式口历史文化保护区规划；河北省邯郸市高新技术产业园区城市设计；河北省邯郸市河北建筑科技学院大学生公寓规划设计等等。

从事规划行业这些年，确实有一些体会，从之前对老师、项目负责人的依赖到自己负责项目的转变，我明白了一个项目在接手后不再是像学习阶段那样要求盲目地面面俱到，而是要找到核心问题，寻求更现实的方法去为设计创造条件，强化社会多样性的认知。

◎ **问：从事规划工作的过程中，您觉得最让您感到欣慰的是什么呢？**

周： 国家对行业的重视提高了，一个很直接的表现就是国家的专项经费每年都在增加，这表示国家对行业的支持还是很强的。

◎ **问：在您走过看过的很多城市中，请问哪座城市的规划留给您的印象最深？**

周： 青岛，山海之间的一座城市，很现代，也有很强的历史底蕴，自然风光和城市特色比较鲜明。老城区的街道和空间尺度很宜人，而且街角巷道的空间做得比较细致。近几十年来，各大城市都在发生着翻天覆地的变化，都在比变化，而青岛是在比不变，在这个城市我看到了坚持。

作　品

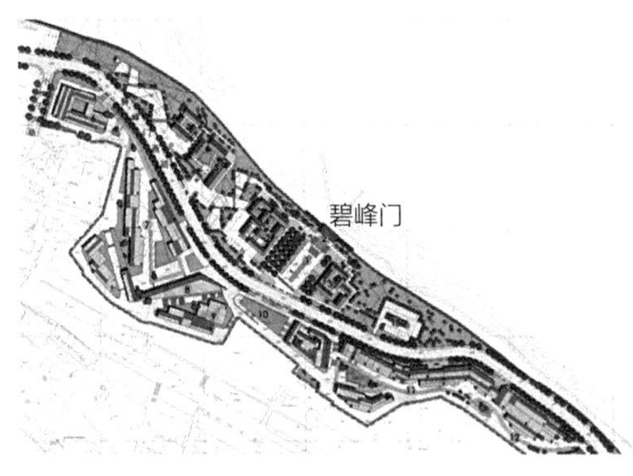

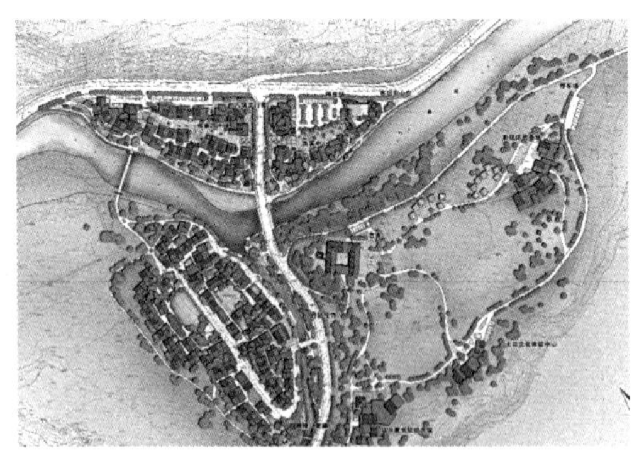

受 访 者： 薛玉峰

工　　龄： 12年

采 访 者： 刘娟

采访时间： 2014-12-06

采访地点： 中国建筑设计研究院

【个人简介】

薛玉峰，男，2003年6月毕业于北京建筑大学建筑学专业，同年分配到中国建筑设计研究院工作。现任城镇规划设计研究院详规所副所长。

采访内容

◎ **问： 您的规划学习之路是从什么时候开始的？**

薛玉峰（以下简称“薛”）：2003年工作之后开始接触规划的，我大学学的是建筑。

◎ **问： 是什么理由或者机缘让您接触规划，并将其作为自己一生的职业？**

薛： 是当时院里的安排，我最初是考建筑进来的，当时刚刚成立城市规划部门，最后被分过来一直到现在都是在规划部门工作。

◎ **问： 能谈谈您对城乡规划学的认识吗？**

薛： 我之前大学学的建筑到后来接触规划，觉得这两个专业思维方式和视野是完全不一样的。我也跟很多人交流过，我觉得建筑是从小到大的设计过程，规划是站得更高看得更远，是更加宏观的东西。我是学建筑出身，国内的规划教育出发点还是建筑学比较多一点，对规划的综合教育远远不够，国家对城市规划的交流也非常欠缺，诸如老八校之类的很多建筑院校，规划是依附在建筑下面的，对规划很多是偏空间的认识。空间是规划很核心的内容，但并不代表它是唯一的，实际上规划是一个涉及社会、生态、文化各个方面综合的专业，现在做个详规或者城市设计，都是先画路网、结构，然后再把不同的功能塞进去，但其实里面牵扯的东西很多，整个社会、经济的发展，社会关系以及人的需求都是需要考虑的，其实规划学到最后应该是比较偏社会学的内容，综合性比较强。现在规划界比较强的学者有些是经济地理学出身的，比如中规院的杨保军，所以规划专业应放宽视野。

◎ **问： 在即将走出校园时，您经历了怎样的选择促使您成为一名建筑规划从业者？**

薛： 当时毕业，建筑规划专业毕业的学生基本就这几条出路吧，第一是设计院，第二是规划局或者政府部门，第三是房地产，第四是继续深造或者出国。当时觉得建筑行业的就业形势不错，就直接选择了就业。

◎ **问： 您是从何时开始走向工作岗位的？您觉得工作之后和大学时学习的区别是什么？**

薛： 我是2003年进入中建院工作的，我觉得工作后和大学的区别比较大，包括我现在带刚毕业的学生也能感觉到，在学校的学习只是领进门，学习专业的理论基础，这对以后工作很重要，但很多动手能力都是在工作中学到的，一些工作的方式和流程以及需要注意的东西都是学校学不到的。对规划专业的学生来说，在上学的时候往往只在乎图画得漂不漂亮、方案有没有创意，但在工作中要考虑一些实际问题以及甲方的意见。图在项目中是很重要的方面，但是这个是很多非专业人士看不懂的，所以还要考虑怎么去表达从而说服甲方，这就牵扯到文字功底和口语的表达。

◎ **问： 您觉得您所在单位有着怎样的特点？**

薛： 前身是的中央直属设计公司，改革开放后是第一批进入国际建筑市场并较早获得对外经营权的设计企业之一，现在城镇院是在建筑院底下的规划部门，大部分是以建筑为背景的规划人员，所以做的很多项目都是小城镇规划类的城市设计。

◎ **问： 您目前做过哪些项目？您在工作上有怎样的心得？**

薛： 各种类型都接触过，做得最多的还是详细规划设计。比较重要的，前几年在内蒙古做过一些城市设计，在鄂尔多斯几个重要的县都做过。工作上的心得，我觉得规划的文字功底特别重要，另外就是规划是一门综合的学科，规划要解决的问题太多了，空间上好不好看只是一个点而已，规划更多地要考虑社会、经济、产业和交通的问题，要站在国家战略层面上考虑有哪些制约因素。

◎ **问： 在从事规划工作的过程中，您觉得最让您感到欣慰的是什么呢？**

薛： 在工作中让我感到欣慰的是在工作中取得的进步，能看到自己做的项目在实际中建起来是挺有成就感的一件事情。但规划的项目和建筑的项目有很大不同，建筑的项目完成后可能就实实在在地建起来了，规划的期限却很长而且变数也很大。我这么多年做这么多项目，在城市方面实施的很少。当时在内蒙古做的一些城市设计赶上特殊时期，真正建了起来，还有其他的小区也能真正建起来，像一些概念设计、城市设计、总规做得很多。规划在领导换了之后，很容易就变掉了，规划的周期变长导致了变数增大，这体现了现行体制的弊端。

◎ **问：** **您一定去过看过很多的城市，哪座城市的规划留给您的印象最深？**

薛： 我去过的城市并不多，对于现在的城市，我觉得很多城市的新区千城一面，没有太大的区别。之前杨保军在我们院办过一次讲座，挂了三张照片，一个是省会级城市，一个是地级市，一个是县城，让我们判断这三张照片各是哪个城市。结果是基本分不出来，尺度都一样。中国现在的规划建设发展很快，然而大多城市没有特色，而且尺度不适合，让人在里面无所适从，反倒是一些旧城区或者国外的小镇很人性化，现在大尺度的城市比较别扭，这也有地域的影响在里面。北方的城市尺度就比较大，城市路网的密度相对较小，在城市中走比较累，南方的城市小街小巷的感觉就比较强。我个人比较喜欢小尺度的城市，因为我学过建筑，对尺度有一定的把握。刚毕业的学生可能没有城市尺度的概念，一笔下去几公里就出去了，最后可能画得指甲盖大小的广场比天安门广场还要大。

◎ **问：** **您觉得未来规划行业发展的方向和热点在哪儿？**

薛： 对于最近的规划行业，大家都有一种危机感。这是国家经济大形势造成的，城市规划处于市场饱和阶段，就像十几年前的建筑行业，1990年代房地产刚刚兴起的时候，建筑行业特别火。到了2000年左右，也跟当时的金融危机有关吧，行业面临着饱和，规划现在也面临这样的形势，从增量规划到存量规划的转变，这是一个大的发展方向。生态城市的建设是规划行业的另一发展方向。

作　品

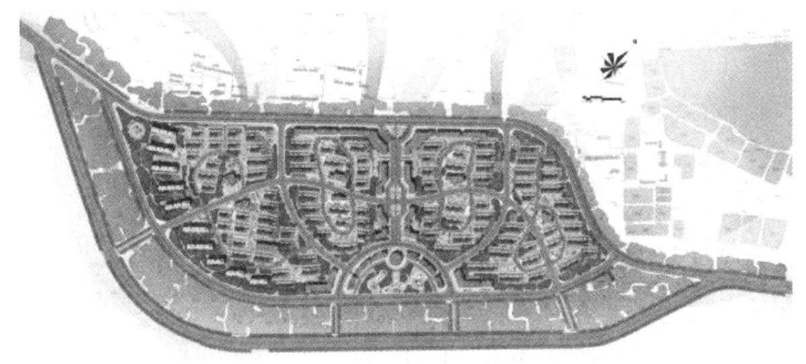

内蒙古某新村设计平面图

内蒙古某新村设计鸟瞰图

内蒙古多伦县多伦诺尔古镇详细规划草图

内蒙古多伦县多伦诺尔古镇详细规划鸟瞰图

受 访 者： 史亮

工　　龄： 11年

采 访 者： 王一统

采访时间： 2015-01-02

采访地点： 北京城市规划设计研究院

【个人简介】：

史亮，2001年于北京建筑工程学院获得建筑学学士学位，2004年于北京建筑工程学院获得建筑学硕士学位。现任北京城市规划设计研究院城市设计所项目负责人。

采访内容

◎ **问：　您的规划学习之路是从什么时候开始的？**

史亮（以下简称“史”）：我是1997年考入北京建筑工程学院建筑学专业的，2001年继续在北建工读研，2004年从北建工毕业。当时高考填报志愿的时候，我虽然对建筑这个专业没有太多了解，但是我觉得应该是一个很有意思、很值得学习的专业。我周围有很多朋友，他们有些是父母从事这方面的工作，受他们的影响，我的这些朋友也选择了这个专业。而我则是在进入大学之前对建筑和规划没有了解，可以说是命运把我交到了建筑学这个专业上。

◎ **问：　是什么理由或者机缘让您接触规划，并将其作为自己一生的职业？**

史： 在北建工读研究生期间，我接触到了城市规划的项目，对城市规划产生了浓厚的兴趣，也立志想在这方面有所成就，所以毕业的时候我来了北京城市规划设计研究院，参与了城市规划的工作。

◎ **问：　能谈谈您对城乡规划学的认识吗？**

史： 这个题目很大，但是我可以谈得很主观，发表一些我自己的感悟。我们国家的城市规划学大都是理工科的学生在学，但其实城市规划学更多涉及的是社会的和人文的内容。所以，城市规划学虽然属于理工科，需要我们用理性的思维来分析，但同时，我们更需要社会交往和社会交流的能力。我觉得城市规划更多的是用协调各方的方法来解决城市问题。所以，我们不能通过“1+1=2”这样简单的理性思维来解决问题，我们需要通过比如公众参与等办法吸引更多的人参与到规划中来，让更多的智慧参与到城市的建设中来，而不是说专业的规划师才能干这个。因为城市规划本身解决的就是人民生活的方方面面，人人有权力参与规划，人人也可以参与规划。只不过，规划师可以倾听来自不同人的声音，让它们发挥应有的作用。最后，我们能达成一个设计合理的、有一定组织规律的规划引导方案。所以说，城乡规划学中的城市设计其实是规划的子部分，城市设计的工作理念和方法在规划中体现得并不像我们想象的那样重要。设计的工作体现更多的是一种创新思维，当然它也是理性分析的结果，这个分析也会渗透着各方协调的意志，而不是设计师在自己主观思想影响下得出的一个答案。

◎ **问：在即将走出校园时，您经历了怎样的选择促使您成为一名建筑规划从业者？**

史：学建筑和规划的基本很难转行，而且这几年我们行业发展不错，所以，毕业的时候我就没有考虑转行。

◎ **问：您是从何时开始走向工作岗位的？您觉得工作之后和大学时学习的区别是什么？**

史：读书阶段，我们都是在扩充知识，提升自身的技能，而进入工作岗位后，更应该学习如何与他人一起合作完成一项任务。合作能力一方面是配合意识，一些同学来到我们单位实习，参与到的环节就是很琐碎的工作，不是很核心的方案和设计工作，甚至是不起眼的工作，但是这个时候我们不要认为自己的价值没有得到体现，因为一个团队里总是要有分工，这个项目才能进行下去。尤其是学生阶段，不能过分地追求自我，而丧失了和同事，甚至是和甲方、政府、群众的沟通机会，这样的设计师一定不会是一个好的规划师，即使有很强的设计能力。设计能力对于规划师来说，比起沟通能力和协调能力显得微不足道，规划师一定要和外界有着充分的沟通。我们现在同事之间也经常沟通，有一点可以达成共识，就是规划学不是一门科学，而是一门社会学，在规划的工作中，没有对错之分，只有适合与不适合、更适合与更不适合之分。再有一点就是思考的能力，能独立地站在不同的立场和角度上对某一问题有一定深度的思考，这个是支撑人不断进步的源泉。

◎ **问：在从事规划工作的过程中，您觉得最让您感到欣慰的是什么呢？**

史：我感到规划工作最吸引我的就是和人打交道的过程，同一个工作阶段，可能要和不同的人接触，每次接触都会让自己对这个项目有新的理解，能不断地刺激自己的思想。在这个过程中，要不断地运用自己的思想与他人的思想进行碰撞，这个过程很有意思。

◎ **问：** **您一定去过看过很多的城市，哪座城市的规划留给您的印象最深？**

史： 我很喜欢厦门，一方面它的城市尺度并不是很大，规模不是很大；另一方面它的环境、气候很宜人，城市街道很干净。相比较而言，像北京、上海这样的大城市，如果在我们的城市管理水平还不是很发达的情况下，往往不如小城市宜居。东京的城市规模比北京还大，但是东京的城市管理水平要高得多，所以东京就看起来没有北京的毛病多，所以说城市管理水平也很重要。实际上，像厦门这样规模的城市生活已经很丰富了，没必要在人口和用地规模上盲目求大。

◎ **问：** **您觉得未来规划行业发展的方向和热点在哪儿？**

史： 我认为大数据是规划行业以后发展的一个热点，城市规划的先期工作就是要整合城市各方面的信息，但是，原来我们只能拿到政府的统计年鉴等一些官方资料，可是城市规划要涉及的方面远不止政府提供的资料而已。现在，智能手机、大众点评网等数据收集平台都是大数据的来源，从这些丰富的数据资源中我们可以得出不一样的研究问题的思路和方法。现在国内的各部门在工作的时候存在一定程度的数据壁垒，阻碍了不同部门的合作交流，将来我们会变得更开放，更懂得分享。只有这样，我们做出的方案才能更合理，更有操作性，更容易实施。

受 访 者： 单彦名

工　　龄： 10年

采 访 者： 王永祥

采访时间： 2015-01-01

采访地点： 中国建筑设计研究院

【个人简介】

单彦名，女，2002年7月毕业于哈尔滨建筑大学城市规划专业，获得工学学士学位；2005年7月毕业于哈尔滨工业大学城市规划专业，获得工学硕士学位，同年进入中国建筑设计研究院城镇规划院工作，2008年通过国家注册规划师执业资格考试，2010年担任总规所所长助理，2011年起担任城镇规划院历史名镇所副所长。

采访内容

◎ **问：单所长您的规划学习之路是从什么时候开始的？**

单彦名（以下简称“单”）：我本科毕业于哈尔滨建筑大学城市规划专业，研究生毕业于哈尔滨工业大学城市规划专业。在我眼中，哈建大和哈工大的区别在于，哈工大在航空和科技领域比较有优势，而且国际学术交流也很多，影响力也大，而哈建大在建筑类专业领域发展得更好。两所学校合并之后，对于建筑类学科的发展有更好的帮助。我研究生师从哈工大赵天宇教授，期间参与了很多项目，这其中就包括与中规院合作的项目以及科技部“十二五”重大课题等等，在这个过程中专业知识得到了很大的提升。

◎ **问：您毕业之后是怎么进入现在就职的公司的？**

单： 我是毕业之后先在其他单位实习，但是希望能在北京发展，所以才来中国建筑设计研究院城镇规划院工作。多年以来，作为项目负责人、专业负责人，先后完成了大量的村镇建设领域的规划设计工作。项目方向包括了城镇总体规划、保护规划、控制性详细规划和修建性详细规划等各种类型，获得过国家、省部级等多项奖励。

◎ **问：您现在就职单位所在部门有哪些特色？**

单：中建院是由建设部四家直属单位组成的，其中村镇所从2002年分到国资委之后是建设部第一个部门，之后的分支也都和村镇所有很多关联。我所在的城镇规划院历史名镇所，小城镇规划做得比较多，特色很鲜明。

◎ **问：您目前做过哪些项目，能不能着重介绍一下？**

单：最近在做一些保护规划项目，这类项目也是现在社会比较关注的问题之一。在项目进行中通过与当地百姓沟通会发现一些问题，当地基础设施配置不足，人们生活水平得不到提高。是保护好还是不保护好，这是个值得思考的问题，需要我们权衡利弊，统筹安排。在科研课题领域，涉及城镇研究、历史文化名镇名村以及传统村落研究等工作内容，包括《全国传统村落认定标准研究及调查方案制定》、《村庄整治技术规范》、《以分区、分级模式为引导探索城乡统筹新路径》（小城镇建设）等。项目与科研课题也是同步交叉进行的，包括之前对所做的云南昆明市域的传统村落进行普查，在其中136个村镇中，入选了19个传统村落，并在规划项目中予以落实。

◎ **问：在您走访的城市中哪些留给您的印象比较深？**

单：有两个城市印象很深刻，国内的是绍兴，绍兴的生活氛围很浓，很安静，城市建筑风格以及城市中的仿古建筑不像北方，做得很细致，新中式的建筑很重视细节，建筑风格也很统一，适合养老。国外的城市推举意大利的城市佛罗伦萨，佛罗伦萨是极为著名的世界艺术之都、欧洲文化中心、欧洲文艺复兴运动的发祥地，这个城市很美，保护得也很好，欧洲大部分城市保护得都很好，城市肌理也保留得很完善。游览中我比较喜欢圣母百花大教堂，这是意大利著名的天主教堂，徐志摩把它译作“翡冷翠”，结构设计得好，细节上比如窗户的设计很精巧，可以俯瞰城市的风貌，橘红色的屋顶是独特的城市形象特征。

◎ **问：您认为现在规划行业的热点问题是什么？**

单：我觉得现在规划领域的热点问题还是城镇化和城乡统筹问题。虽然城镇化问题已经讲了很多年了，但是重点还是要落到民生问题上，不可小觑。新型城镇化的提出与旧型城镇化也要有所区别，要明白“新”字体现在哪里，是以人为本的城镇化，而不是“楼房化”。

作 品

方案一城市设计平面图（A地块）：“老树新枝，怀仁风格”

受 访 者：韩工

工　　龄：10年

采 访 者：杨慧祎

采访时间：2015-01-06

采访地点：中国建筑设计研究院

【个人简介】

2005年毕业于兰州大学，现在工作于中国建筑设计研究院

采访内容

◎ **问：首先想问一下韩工规划学习之路是从什么时候开始的呢？**

韩工（以下简称“韩”）：从2001年上大学开始。

◎ **问：那是什么理由或者机缘让您选择了规划专业呢？**

韩：本来我的本科专业是偏理科的，是人文地理方向，主修区域经济与区域规划。但是后来了解到这个方向就业比较困难，所以就转到城市规划方向了。

◎ **问：那您认为什么是城市规划呢？能谈谈您对城市规划的认识吗？**

韩：城市规划，可能是两方面吧。一方面，城市规划有点狭隘地说就是城市管理，偏重于政府去管理城市，或者是运营城市。另一方面，广义上说可能是城市设计，更多的是空间，从尺度上区分可能是地块，可能是城市，也可能是区域空间，或者更宽泛地讲，城市规划的对象可能不只是城市，也包括乡村、风景区、历史街区。总的来说可以不去考虑“城市规划”，只需考虑它是规划和设计两个方面就行了。因为现在除了法定规划有明确的规划对象和规划深度以外，其他的规划对象是多变的，它的内容也会根据开发商或政府的需求而变化。

◎ **问：也就是说，您眼中的城市规划可以理解为由管理和设计两个方面来组成的对吗？**

韩：对。一方面无论是土地的运营管理，或者是商业活动的经营营销，我们要了解；另一方面对空间如何摆布，空间美学、景观设计等也都是我们要涉及的。

◎ **问：那您是什么时间走向工作岗位的？**

韩： 2005年本科毕业。

◎ **问：那您认为您毕业后的工作和在学校的学习之间有很大差距吗？**

韩： 差别是有的。一方面可能是学校专业特点带来的差别。因为兰州大学传统上偏重区域规划方面，虽然课程中总规、详规都会有，但是学的东西却还是很杂很多。工作之后呢，忽然发现主修的东西好像没什么用了，而许多选修课变得很重要。比如景观生态方面的内容，比如GIS方面的内容，比如数据库方面的内容，突然觉得这些在规划中可能应用得更多。这可能是因为规划涉及的对象和内容太广泛和多变，虽然像总体规划会涉及各个领域的内容，但一些比较专业的规划会更主要地偏重于某一方面，我们只要在某一方面能够突破一点就已经很难得了。因为想要把自己的所需都应用在一个规划里那是不太可能的，或者说精力也不够。所以只能通过不同的项目、不同甲方的需求将在学校选修的、老师曾经推荐的，或者是自己知道但是却一直没有时间研究过的知识重新学习起来，运用到各个项目中，运用到城市规划中。以前在学校，学习了城市规划原理，跟着老师做了几个这样那样的设计，以为就学会了城市规划，其实不是。而是在城市生活中或者其他学科中的很多东西可以运用于城市规划，这是由于城市这个对象是复杂的，所以需要掌握的东西也是要实时更新的。

◎ **问：那么您是什么时候开始到规划中心工作的呢？**

韩： 2013年11月。

◎ **问：那之前是在什么单位呢？**

韩： 之前最早是在地方市院。2008年开始到北京，2013年来到规划中心。

◎ **问：那现在的工作单位有什么特点呢？**

韩： 像地方市院当初还没有改制，它属于规划局下属的单位，还不是市场运营的，它的项目很多都是为政府服务的。像省域市域内的许多项目都是规划局直接委派，项目主要是法定规划，更多的是控规和详规，也有一部分总体规划，主要是县级、镇级层面的总体规划修编。2008年之后的工作单位是一个集团，它有自己的开发主体，那么规划涉及的内容就不一样了，法定规划反而少了，更多的是土地运营、开发区工业园之类的规划，企业的需求会被更多地考虑。像规划中心也是一样，政府委托的项目较少，更多是直接面对开发商的项目。那么工作中就不仅要考虑合乎规范，还要考虑开发商的需求。规划中心的特点可能与中心的定位有关，规划中心在设立之初是建筑院下设的一个所，目的主要是为了把建筑的客户资源利用起来，为了扩大建筑市场的需求。

◎ **问：您经过这么多年的工作之后一定有很多感触，可以与我们分享一下您的工作心得吗?**

韩：工作心得概括为一句话就是，规划其实没有一个现成的标准或者方法，你需要做的就是工作中去认真对待每一个规划，认真审视每一个规划中业主的需求。城市规划编制办法只能提供原则性的要求，而时代的主题却一直在变化，或许这两年是保障房建设，那两年是城市风貌引导，过两年又回到之前的主题，但不变的就是认真对待每一个项目。

◎ **问：工作中有没有让您感到欣慰或者自豪的事情?**

韩：规划师在工作中可能很难有感到欣慰或者骄傲的事情。因为规划师是一个团队，可能有泰斗，但他背后也是有一个团队的支撑，因为一个人的力量是有限的，他欣慰也是欣慰他带领的团队。规划师说自豪可能很难，无非也就是做的城市设计落了地，但作为规划师拥有更多的还是困惑。工作时间越长很多事越觉得无奈，许多利益主体在规划中违背了公共利益的原则，我们尽力去争取，如果能保护到一些，那么作为规划师的责任就尽到了。

◎ **问：您所到过的城市哪些让您印象深刻?**

韩：我常以批判的眼光认识城市，我会关注这些城市有哪些不足，跟理想的城市有哪些差异或者矛盾。如果要我挑出面貌和环境比较好的城市，我会选择银川和北京。北京不是说城市风貌好，而是说它的公共基础设施是比较完备的。说银川好也不是说城市风貌好，它的城市风貌破坏很严重，银川本来是一个坐拥很多世纪公园的城市，被称为“塞上江南”，拥有很多自己的底蕴在里面，但现在城市发展很迅速，好在它还是围绕湿地做了一些东西，虽然是把自然湿地改造成了湿地公园，但至少还是保留了生态功能，这已经相当不错了。

◎ **问：最后您可以为我们谈谈您认为城市规划未来的行业热点或者行业发展方向吗?**

韩：因为我本科是地理方向出身，从我的角度来看，城市规划在规划和设计两方面都在发展，城市规划的方法和思路在发生变化。从我的角度说城市就是一个庞大的巨系统，系统里面包括社会经济，也包括空间的因素，无论是GIS还是现在热门的大数据，各个学科都在研究城市，城市规划也在丰富、在借鉴。而大多数的规划师还在抱着空间不放，不能将眼光放在城市的经济活动或者技术活动中。比较可喜的一点是，许多其他领域的技术人员不断地进入到城市领域，会发现城市规划出现了许多新的门类或者项目，比如之前被提出的绿地系统、公共交通系统，现在的智慧城市，这些都是在丰富城市规划。也就是说城市规划的内容越来越丰富了，不是停滞不前的，说明城市规划学科越来越完善了，城市规划行业也在不断进步。

第四篇 | Article

15年以上工作经验的规划师

受 访 者： 欧阳高奇

工　　龄： 18年

采 访 者： 王惠婷

采访时间： 2015-02-01

采访地点： 洲联集团五合国际

【个人简介】

欧阳高奇，男，高级工程师、注册城市规划师、北京林业大学博士；1998～2002年在湖南农业大学园艺园林学院当教师，2005～2011年在中国城市建设研究院从事风景园林规划设计工作，2011至今在洲联集团五合国际从事景观规划设计工作。

采访内容

◎ **问：　您的规划学习之路是从什么时候开始的？**

欧阳高奇（以下简称“欧阳”）：1994年。

◎ **问：　是什么理由或者机缘让您接触规划，并将其作为自己一生的职业？**

欧阳： 起初是出于对专业的敬意和喜爱。

◎ **问：　能谈谈您对城乡规划学的认识吗？**

欧阳： 规划是具有科学性和前瞻性的学科，随着我国城镇化的进一步提高和城市生存环境的恶化，规划专业不应该只注重城市空间形态等表面形式的问题，而更应该关注解决地下基础设施等隐形的问题，同时需要从社会和经济角度统筹，缩小城乡差距、贫富分化等问题，注重生态和环境的可持续发展。

◎ **问：　在即将走出校园时，您经历了怎样的选择促使您成为一名建筑规划从业者？**

欧阳： 在择业的时候专业对口，单位合适。

◎ **问：　您是从何时开始走向工作岗位的？您觉得工作之后和大学时学习的区别是什么？**

欧阳： 1998年开始工作。大学时主要是理论的学习及对未来职业的美好憧憬；工作后更多的是解决实际问题以及不断地被现实磨灭理想，但更加务实。

◎ **问：** **您是何时进入现在工作单位，成为一名规划师的？**

欧阳： 2011年。

◎ **问：** **您觉得您所在单位有着怎样的特点？**

欧阳： 公司品牌不错，所承接的规划项目大多为开发商的，政府项目较少，故较少做法定规划和大规模的规划项目。

◎ **问：** **您目前做过哪些项目？您在工作上有怎样的心得？**

欧阳： 山西大同万人坑红色旅游规划设计、北京密云县西田各庄镇总体规划、北京密云县北庄镇总体规划、开封汴西新区城市中心区城市概念设计、海南澄迈盈滨半岛旅游度假区规划、呼伦贝尔市河东新区核心区城市设计、山东威海双岛湾科技城城市设计、郑东新区白沙组团新都市农业区概念规划等。作为专业人员的话语权不够，甲方或领导意识过强、随意性较大。

◎ **问：** **在从事规划工作的过程中，您觉得最让您感到欣慰的是什么呢？**

欧阳： 最欣慰的应该是甲方对成果的肯定及规划能够落实。

◎ **问：** **您一定去过看过很多的城市，哪座城市的规划留给您的印象最深？**

欧阳： 青岛。青岛是整个沿黄流域里最具吸引力的城市，也是整个沿黄流域最主要的出海口，青岛港是中国大陆五大外贸港口之一，终年不淤不冻，是少有的天然良港。优越的地理位置和资源条件使得青岛成为的核心区域和龙头城市。青岛是个有山有海的城市，整个城市随地势起伏，尺度宜人，山东省近300处优秀历史建筑中，青岛占131处。

◎ **问：** **您觉得未来规划行业发展的方向和热点在哪儿？**

欧阳： 一是两头热，一个是超大城市及城市群的研究和发展，另一个就是对乡村的关注。二是城市内部更加注重地下基础设施及地面交通和城市环境。

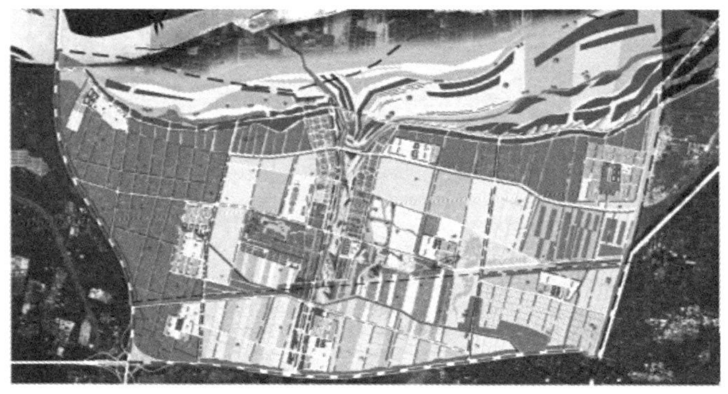

郑东新区白沙组团北部都市农业区总体规划

（以上图片来源：洲联集团官网http://www.www5a.com/）

受 访 者：孙成仁

工　　龄：28年

采 访 者：何泰然

采访时间：2015-01-07

采访地点：湖北大厦——新都市城市规划设计研究院

【个人简介】

孙成仁，男，1983年考入武汉建材学院（现武汉理工大学）学习城市规划，1985年随该专业转入武汉城建学院（现华中科技大学城建学院），1987年毕业，获城市规划学士学位。于1994～1999年工作期间读取了哈尔滨建筑大学建筑学硕士（1996年）与博士学位（1999年），师从郭恩章教授；于2000～2002年在清华大学从事博士后研究，合作导师吴良镛教授；2002年成立新都市规划设计研究院，现任新都市规划设计研究院院长、国际城市与区域规划师学会会员、美国新城市主义学会会员。

孙成仁博士主持的设计作品多次在重大国际竞赛中获奖。曾主持完成了哈尔滨空间发展战略规划、天津武清新城总体城市设计、成都双流牧马山新城城市设计、昆明主城区绿地系统概念规划等。目前正担任北京新机场临空经济区国家战略空间布局规划的课题负责人。

采访内容

◎ **问：　您的规划学习之路是从什么时候开始的？**

孙成仁（以下简称“孙”）：我1983年大学入学，1987年毕业，当时是武汉建材学院；学了两年之后，这个学校的城市规划、给水排水等专业划归到武汉城建学院，我是在武汉城建学院毕业。在我毕业若干年后，城市规划专业又划归到到华科（华中科技大学）的城建学院。

◎ **问：　是什么理由或者机缘让您接触规划，并将其作为自己一生的职业？**

孙：　当时也没有特别的原因，我从小就喜欢比较形象的东西，喜欢绘画，对纯科学的东西不感兴趣。直到高考选专业的时候才知道有城市规划这回事儿，对这个学科学习的绘画等形象的东西比较有用处，然后认为自己可能会感兴趣，正好有一个同学家里是做城市建设相关工作的，跟我说了一些情况，算是比较偶然的机会选择了城市规划。

◎ **问：在即将走出校园时，您经历了怎样的选择促使您成为一名建筑规划从业者？**

孙： 选择的专业我个人还是比较感兴趣。对设计的东西比较敏感，主要还是喜欢。我们跟你们现在的情况不太一样，毕业的学生有限，都是单位来要人，看情况分配。我就分配到哈尔滨的城市研究所，当时很少有这种叫作城市研究所的，也是教授带年轻人做一些课题和一部分规划。两年以后我又去了省规划院，没有继续在研究所工作了。

◎ **问：您是从何时开始走向工作岗位的？您博士后出站选择了创业，大家都知道创业是很不容易的，能跟大家谈谈您选择创业的原因吗？**

孙： 我1987年毕业就开始工作，两年后去了省规划院。之后又有很多其他岗位的经历，也进修读了硕士、博士，2000～2002年在清华大学跟随吴良镛先生读的博士后。我在研究所、大学、设计院、国企、地方的规划管理部门都有过相关经历，在清华也做了一些研究。后来我就觉得自己应该做一点事儿，能有一些特点，有些研究的性质，而不是单单地去做生产性的部门，所以并不希望做太大。后来我在2007年参加了美国建筑师年会，了解到DPZ新城市主义，我对他们的体系和方法很感兴趣。他们20年时间，一直是二十几个人，但是思想一直很新锐，很多新兴的规划方法和规划理念都是他们提出来的。我对他们很有好感，就在会后继续有联系，后来创建自己的公司，我们就一直有合作。

◎ **问：您做过很多不同层面、不同类型的项目，您能给我们这些后辈讲一下您在工作上的心得吗？您觉得咱们专业最让您感到欣慰的是什么呢？**

孙： 只有认真地研究城市，才能做好规划。不只是形体，而更在于能够真正地从这个城市本身寻求答案，同时从国内外的经验教训中寻求答案，从实践层面上寻求答案。但是美好的理念怎样才能变成一些实际的行动，怎样变成一种政策性的行动，落实到政策的框架里边去且同时是有弹性的，这些都需要我们加以考虑。如何对城市发展做出定位，我觉得更多的是对宏观战略和微观层面的整体把握。这涉及方方面面，从区域角度不同城市的利益，各个方面不同群体的利益，城市在国际竞争中如何获得应有的价值，而不能只是基于自身的考虑。

我们参与了北京新机场空港经济区的战略性的规划，包括河北的空港经济区的战略性规划也是我们完成的。在这个过程中，实际上这个战略还是制定得太晚了，如果在2008年之前，我们对自由经济区的策略就能够推进的话，可能我们北京的第二机场就已经是亚洲的第二物流中心了。因为没有尽早地开始推进这样的规划，使北京错失了成为这样的中心的机会，而这个机会被银川获得了。如果我们自己有相关潜在性的规划研究和战略政策的话，就不会错失这样的机会。这和我们的体制还是有关系的，城市规划是一个基于远见的学问，好像什么人都能做规划，但不是画的图漂不漂亮，更重要的是要有远见。

规划师这个工作比较费心费神，需要思考，而且需要多方面较为综合的能力。需要有宏观的、把握整体的能力，需要有分析、表达能力，还需要有画图的能力；很综合，在某一方面比较突出很重要。如果您要都去做的话，比较累。费脑子、会写、会说、会画，做得好的话很不容易。从整体上看的话，光看到苦累就让人怕了，有时候会消极。

对于规划师来说，如果自己的规划能被采用那会很高兴，但我觉得这不是最主要的，我觉得这个创造的过程本身才是令人欣慰的，如果你在这个创造过程中本身并不感到快乐，就不要做这个，因为只有这样过程中的快乐才是真正的快乐。没有这些快乐，就等于没有快乐。规划就是一种生活。

城市规划其实经常是控制性的，很多东西不会完全按规划师的想法去实现，当真正实现的时候就面目全非了，但很可能有些地方留下了你思想的痕迹，那这就够了，不能保证十年二十年后完全按你的想法实现，如果有些大的方面、原则和建议被实现，这就是很大的欣慰了。

◎ **问：能谈谈您对城乡规划学的认识吗?**

孙： 城乡规划学这个学科本身非常重要，但是我们对它的认识，还有待于进一步的提高。城乡发展的规律性、体系性，其发展的思想背景、社会学经济学背景等因素对城乡规划本身的影响还是很大的，而且也受制于这些思想。总体而言，城乡规划学就是一个研究城市未来发展的学科，研究怎样确定城市和乡村空间的安排，怎样合理安排社会结构、空间结构，一般意义上是这么讲的。

但是问题就出现了：“对未来的发展进行确定”，怎么确定啊？这个时候就出现了很多不同的思维：苏联就是计划经济体制，我们的规划思想最早是来自于这一体制，到现在的五年计划还在编，实际上是受苏联的计划经济的影响。另外一个就是受建筑学的影响比较多，受形体、物质性规划的影响比较深。虽然城乡规划对社会、经济都需要考虑，但实际上我们还是更注重物质，也就是建设性的规划。总体规划从某种意义上说还是一个建设性规划，尽管有一个经济社会的背景。另外，我们国家的控规（控制性详细规划）又来自于美国的区划法，是高度市场经济的操作模式。这就使我们的规划学科成分非常复杂，既有高度市场化的成分，又有计划经济的成分；既有微观的土地利用控制的模式，另外还强调物质性的建设规划。在这种情况下，对这个学科本身的认识，其实是基于不同的社会背景来谈的。中国的规划问题非常复杂，我们只能“摸着石头过河”，中国当下的城市规划是各种矛盾的因素成就了它本身体系的特色。

我们想通过一个规划来确定一个城市几十年的发展蓝图，如果是计划性规划的色彩加上物质性规划的模式，常常使规划本身变得很不实际，很难为未来确定一个良好的政策框架。计划的视角就会遮蔽，至少是削弱对未来弹性的、更高的经济、社会、环境等目标的实现。如何平衡这些因素、如何去创造一个理想的生活环境，关键不在于形体，而在经济、社会、环境目标如何实现。我们太关注空间形体，以为有了现代化的表面就实现了现代化，而这是一种误解。

城市规划更多的是一种政策性的东西，我们怎么样将未来的目标和实现这些目标的途径，置于一种有效的政策框架下；我们的城市规划，如何成为一种有效的、科学的政策活动；这才是我们城乡规划学最重要的实质。在苏联的影响下、在西方规划思想的作用下，我们对经济目标孤立的追求，其实割裂了社会文化的关联。如何在这方方面面的影响下还能再度实现对社会、文化的平衡，这是中国未来城乡规划的一个努力的目标。

◎ **问：您一定去过看过很多的城市，哪座城市的规划留给您的印象最深？**

孙： 很难讲哪个城市是最好的，有很多城市给我留下深刻的印象，不同城市有不同的特点。不同人有不同的喜好。

比如波特兰，这个城市不大、人也不多，但有方便的步行体系、公共交通体系；而且到处都有休闲的机会，到处都是公园、郊野公园、森林公园。这种以步行为主的城市，让人感到亲切。相比而言，以汽车为主的城市就很让人讨厌，比如底特律。

亚洲的城市，中国香港和新加坡就给人不同的感觉，中国香港人口是新加坡的两倍，同样土地的面积容纳两倍的人口，但同样让你感到很舒服。因为新加坡的公共交通、地铁十分发达，地铁站分布在不同的中心，每一个中心就是一个节点，聚集人口、商业。围绕地铁站，设置购物中心，把城市的不同功能分散在沿着轨道系统的不同的中心。当然，有比较大的中心，也有比较边缘的中心。

我觉得不同的城市尺度会有不同的城市特征，像慕尼黑，他是欧洲的城市，欧洲的城市既有文化，又不是单纯依赖小汽车的，能够容纳新的增长，所以这样的城市非常好。在慕尼黑这个城市里到处都是步行街，有历史可以去回味，它举办过奥运会，有充满特色的足球、音乐俱乐部。它没有像我们这样，选择大拆大建，它是一个进化的体系，每个年代都留下了痕迹，所以这个城市也很好。

像中国香港这种亚洲的拥挤文化做得也很好，这么多的人口能这么有序地流动，还可以实现有效的定居。波特兰是种类型，而纽约也是一种类型，纽约都是高楼大厦，但这种城市也可以很舒服：小尺度的街道，100米、200米的路网，主要不是依赖于汽车，而是依赖地铁等公共交通。像硅谷啊，有大学、高科技公司、各种创新的氛围，对想创业的年轻人，很适合。可以让有创新能力的年轻人不断地涌向这里，这样的城市也很好。

如果想休闲一点就选波特兰，想创新就去硅谷，各有特点。但我们每一种城市都没有做出来，我们缺乏刚说到的这些城市的特点，所以我认为这些城市都值得我们学习，我们应该从以上这些城市中学习。

◎ **问：** **您觉得未来规划行业发展的方向和热点在哪儿？**

孙： 我觉得，城市规划这个行业需要不断地去解决问题，比如当下人口、环境模式的变化、经济贸易模式的变化、技术变化，城市规划需要对这些变化做出回应；又比如对科技、网络、大数据可能带来一些新的研究方向，可能对经济的变化、全球贸易的变化、后全球化的时代带来贸易的新方向等等这些变化做出回应，就形成了所谓的方向和热点。但这些归根到底，中国怎么样在就业、资源紧缺的条件下，去获得良好的居住环境，来实现这种可持续的空间政策。虽然技术变化本身带来很多的研究方向的变化，但万变不离其宗，最终的目的还是在于调节中国的就业、生活空间的压力。在这些大的背景下，通过实现空间和政策的协调来实现良好的人居环境、实现真正的可持续发展，我觉得这才是规划的根本，这才是热点。

作　品

南宁相思湖新区概念规划

海南兰洋温泉小镇规划设计

天津武清新城运河风貌带城市设计

大连红星滨海渡假社区规划设计

受 访 者： 赵云伟

工　　龄： 27年

采 访 者： 李静岩

采访时间： 2014-12-12

采访地点： 洲联集团五合国际

【个人简介】

赵云伟，男，先后取得清华大学建筑学学士、城市规划硕士学位，英国伦敦大学（LSE）城市学硕士，清华大学城市规划与设计博士学位。中国城市规划协会副秘书长，高级城市规划师，同时兼任北京工业大学客座教授、北京建筑大学研究生导师、《规划师》杂志编委等学术职务，洲联集团CEO。其主要研究方向包括全球城市比较、城市设计、风景区规划和景观设计。

采访内容

◎ **问：** **您的规划学习之路是从什么时候开始的？**

赵云伟（以下简称“赵”）：1991年开始攻读清华大学规划设计硕士学位，毕业后一直从事规划设计和管理工作。

◎ **问：** **是什么理由或者机缘让您接触规划，并将其作为自己一生的职业？**

赵： 本科是建筑学，原来的梦想是当建筑师。大学毕业后在某工业设计院当建筑师，诸多不顺。于是尝试着攻读规划专业，看自己是否热爱。

◎ **问：** **能谈谈您对城乡规划学的认识吗？**

赵： 城乡规划学是一门复杂学科，涉及与城乡居民生活相关的各个领域。从事城乡规划工作的人在上学时都会学习诸多课程，例如城市道路与交通、城市社会学、城市地理学、城市经济学等等。这些课程涉及诸多领域，有助于我们加深对城市的了解，是城市规划学科作为集成学科的体现，同时也增加了学科学习的复杂性和多样性，并不容易掌握。做规划其实是一种有意识的系统分析与决策过程，它必须要有一个目标和为了实现目标所采取的措施。中国现阶段城市规划的基本任务是保护创造和修复人居环境，保障和创造城市居民安全、健康、舒适的空间环境和公正的社会环境，达到城乡经济、文化和社会协调、稳定地永续、和谐发展。

◎ **问：在即将走出校园时，经历怎样的选择使您成为一名建筑规划从业者？**

赵： 毕业时并不是自由择业的年代，要服从分配，可选择性极低。

◎ **问：您是从何时开始走向工作岗位的？您觉得工作之后和大学时学习的区别是什么？**

赵： 1989年参加工作。工作中所做的都是实际的项目，更加务实，也因此更知道学什么，在自我充实的过程中更有针对性。

◎ **问：您是何时进入现在工作单位，成为一名规划师的？**

赵： 2007年进入五合国际，主持重大规划项目。

◎ **问：您觉得您所在单位有着怎样的特点？**

赵： 最显著的特点就是国际化、市场化和学院化。五合国际是一个跨国集团，在德国、香港、北京、上海都设有分支机构，核心团队有国际背景。它整合了规划、建筑、景观、室内和平面设计五类专业，提供市场研究及项目策划增值服务，在规划、酒店、商业、豪宅及高科技生态节能设计等方面引领市场。另外，公司开设了学术课程帮助员工充实自我，会定期举办学术讲座和组织员工出国考察。

◎ **问：您目前做过哪些项目？您在工作上有怎样的心得？**

赵： 规划项目以概念规划和城市设计为主，规划重点在于可操作性。心得是，城市规划是一门实践学科，它的学科性质决定了规划师要在干中学。

◎ **问：在从事规划工作的过程中，您觉得最让您感到欣慰的是什么呢？**

赵： 最大的欣慰是越来越了解城乡建设和管理的本质。

◎ **问：您一定去过看过很多城市，哪座城市的规划留给您的印象最深？**

赵： 纽约。它是一个经济发达的城市，具有大格局、大空间、高效率的特点。纽约的规划理念具有前瞻性，它以如何让城市有秩序、有条理地综合发展为指导思想，所以纽约的规划会考虑到几十年后的社会状况。另外它的规划考虑到了城市的可持续发展，中央公园是一个很具有代表性的地方，那里的空气很好，有很多独特的风景。

◎ **问：您觉得未来规划行业发展的方向和热点在哪儿？**

赵： 目前人们已经认识到以牺牲环境为代价的发展是不可取的，城市建设发展的重心有所转变，越来越重视与民生密切相关的问题。城市规划行业的发展方向应以提高居民生活质量和环境质量为目标。

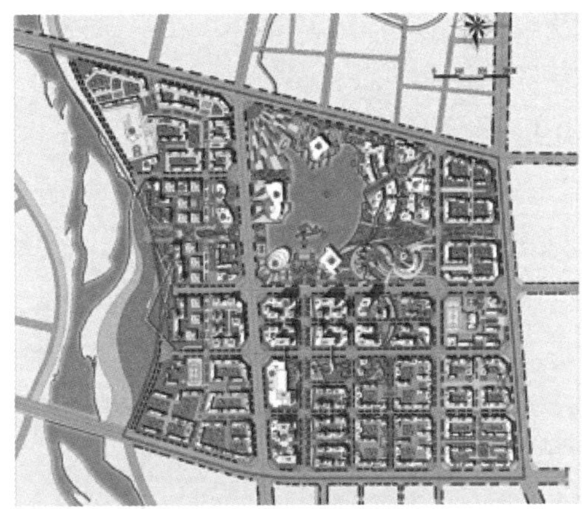

内蒙古呼伦贝尔市中心文化区概念规划

（以上图片来源：洲联集团官网http://www.www5a.com/）

受 访 者： 陈天

工　　龄： 25年

采 访 者： 朱大鹏、李继涛

采访时间： 2015-12-20

采访地点： 天津大学

【个人简介】

陈天，男，本科就读于建筑专业，研究生转为城市规划专业。国家一级注册建筑师；中国城市规划协会三、四届理事；天津城市规划学会理事；天津城市规划学会规划设计委员会副主任委员；天津大学城市规划设计研究院副总规划师；天津大学建筑学院城市规划系教授，博士生导师；城市空间与城市设计研究所所长。

主要参与的项目有：天津塘沽响螺湾商务区城市设计导则（天津市规划局，天津市2008年优秀规划设计二等奖）、河北昌黎主城区总体城市设计（建设部，建设部优秀城乡规划设计三等奖）、贵阳市中心区中央商务区概念规划（贵阳市规划局，二等奖）、青岛市黄岛区"嘉陵江东路以东、薛家岛北居住区"规划设计竞赛（青岛市黄岛区规划局，第一名）等。

采访内容

◎ **问：　您的规划学习之路是从什么时候开始的？**

陈天（以下简称"陈"）：1989年吧，转到研究生之后，读了城市规划专业。

◎ **问：　是什么理由或者机缘让您接触规划，并将其作为自己一生的职业？**

陈：　像我们这代人，1980年代的毕业生，本科都是学的建筑学，后来研究生读的是城市规划专业，才开始做规划的工作。

◎ **问：能谈谈您对城乡规划学的认识吗？**

陈： 城市规划原来是建筑学下面的二级学科，最早的城市规划主要研究的问题还是和建筑学比较密切，建筑群体和空间的组织，还没有完全涉及经济、社会和文化层面。随着学科的发展，现在的城乡规划学是一个庞大的体系，我们的认识也是循序渐进的。当时从建筑学分离出来，城市规划有些偏城市设计，比如我们带三年级的居住小区设计课，到后来学科比较完善后，才把交通、基础设施、经济等方面加进来，成为一级学科，就变得比较完整了。

◎ **问：在即将走出校园时，您经历了怎样的选择促使您成为一名建筑规划从业者？**

陈： 我的学习到工作的过程就是建筑和规划穿插的过程，我现在也是注册建筑师，我们是很愿意做建筑的。大学毕业后，在工作中逐渐接触了一些做城市规划研究的老师，受他们的影响和熏陶，逐渐向规划靠拢，那时还没有都在规划领域，就想把两方面兼顾，边做建筑边做规划。到后来逐渐向规划转型，建筑做的就少一点。我现在研究方向是偏城市设计，建筑的东西也没有都放弃，还是有一些，以城市规划为主。

◎ **问：您是从何时开始走向工作岗位的？您觉得工作之后和大学时学习的区别是什么？**

陈： 在研究生阶段参加一些竞赛和实际工程项目，为今后工作打下良好的基础。没有感到很大的区别。1991年留校任教。

◎ **问：您觉得您所在的单位有怎样的特点？**

陈： 天津大学是一所历史悠久的大学，培养的学生基本功比较扎实。

◎ **问：您目前做过哪些项目？您在工作上有怎样的心得？**

陈： 天津塘沽响螺湾商务区城市设计、河北昌黎主城区总体城市设计、贵阳市中心区中央商务区概念规划等，城市设计方面做得比较多。

◎ **问：在从事规划的过程中，您觉得最让您欣慰的是什么呢？**

陈： 我们这一代人，刚好经历了中国发展最快的20年，在我们能做些事的年纪。从1980年代末开始，中国经济快速增长，伴随着城市建设领域的突飞猛进，赶上这样一个阶段，我们还是比较庆幸的。而现在来说，经济发展到达新常态了，对规划和建筑有比较大的影响，我们这代人都有比较深的感触，我们后面要做的事情还有很多，可能更讲究科学，过去追求量的方法有很多问题，在规划中我们要寻求更好的方法。

◎ **问：您一定去看过很多的城市，哪座城市的规划留给您的印象最深？**

陈：从传统的经典城市讲，那还是欧美的巴黎、伦敦，中国的城市如香港是做得比较完备的大城市。北京、上海可能比较拥挤，也有很多问题，但从城市规划的角度讲，还是有很大意义的，因为它们有诸如人口、交通的压力。中小城市相对更宜居，但规划的难度要小很多。从这些超大城市来讲，我认为还是上海综合的问题解决得相对好一点，内地的城市，成都的发展也还不错。可以比较一下，上海的体量和北京相似，比天津大，但上海是没有限号的，证明其交通问题解决得相对好一点，基础设施和交通的规划在超大城市是非常必要的。在国外城市设计做得好的，比如美国的洛杉矶、费城、波士顿、芝加哥，这些城市可能最早经历过城市美化运动，如伯纳姆做的芝加哥大规划，现代城市规划史上第一个有现代意义的规划，城市规划和城市设计的结合，把城市的结构搭好架子特别重要。华盛顿的城市总规，比较有特色。欧洲很多的城市规划做得都不错，比如维也纳、哥本哈根。新加坡的规划，一个城市国家，过去提出的是“城市中处处有花园”，现在在做的是“城市在花园中”，城市文化和生态做得很好。

◎ **问：您觉得未来规划行业发展的方向和热点在哪儿？**

陈：如今我们国家有一个新型城镇化的大主题，三个主题——绿色城市、人文城市、智慧城市，这三个主题是我们中国的城市需要做的，城市建设随着科技的发展，成为智慧城市；人文方面，过去失去的很多，如在历史保护、传统文化保护方面；绿色城市，低碳、减排，都是今后长期要坚持的工作。

作　　品

天津塘沽响螺湾商务区城市设计

受 访 者：陈晓彤

工　　龄：27年

采 访 者：贾灵光、靳林强

采访时间：2015-12-30

采访地点：北京建筑大学

【个人简介】

陈晓彤，女，先后获得武汉城市建设学院城市规划专业学士学位、专业硕士学位，之后获得东南大学建筑系建筑历史与理论博士学位。

1989~1992年，云南省昆明市城市规划设计研究院，助理工程师；1992~2000年，武汉城市建设学院，城市规划与建筑系，讲师；2000~2012年，华中科技大学，建筑与城市规划学院，副教授；2012年至今，北京建筑大学，建筑与城市规划学院，副教授。

主要参与的项目有环金银湖地区绿地景观规划、绵阳市游仙区柏林镇总体规划、安徽省旌德县白地镇镇区总体规划等。

采访内容

◎ **问：　您的规划学习之路是从什么时候开始的?**

陈晓彤（以下简称“陈”）：1985年开始在大学学习城市规划。

◎ **问：　是什么理由或者机缘让您接触规划，并将其作为自己一生的职业?**

陈： 当时第一志愿是工民建，第二志愿是城市规划。自己当时比较喜欢弄点设计之类的，一看城市规划做模型，也挺有意思的。后来加上别人建议，女生不要学工民建，后来就学了城市规划。

◎ **问：　您能谈谈对城乡规划学的认识么?**

陈： 这个题目好大，那就说说自己30年来对城市规划教学和实践的感受吧。首先，刚从学校毕业出来时，城市规划对社会生活的影响并不大，就是一张宏观的蓝图，并没有实施多少，修建性详细规划还好，实施的还比较多；到现在，规划是越来越受重视。其次，城乡规划学一开始是一种物质规划，空间设计是规划的主旋律，但是现在，规划作为对物质空间规划工具的角落越来越小了。从这几次的规划年会主题就可以看出来，规划的政策性、公共管理性越来越重要，比如从事公共管理和政策研究的学者登上了城市规划学会的年会讲堂做重要演讲。对此我深深地感到一股紧迫感。作为一名规划师，到底要了解多少东西？以前说规划是一个“万金油”的职业，学了城市规划之后，建筑设计、市政工程也要能做，但是现在这些似乎并不是更重要的事情了，现在更重要的是政策、管理、规划实施等方面的研究。因此，规划师的身份也更加复杂了，从而带来一个问题就是我究竟能干什么，这也是当前我最大的困惑。现在各个方面都在城市规划发展中发挥一定的作用，比如规划师要有经济分析的能力，也要对政策加以研究，还要考虑公众参与、社会公平等等，规划师需要拓展自己各方面的能力，感觉自己有些应付不过来了。不过我还是认为我们工科院校培养的学生的强项是空间设计。所以我比较认同清规院尹稚的观点，做好自己本职的空间规划的设计。自己一直以来受的是这种训练，实践中、教学中一直做的是这块的工作，然后其他的作为学科的外延来拓展个人的认识。

◎ **问：在即将走出校园时，您经历了怎样的选择促使您成为一名建筑规划从业者？**

陈： 我们当时大学出来分配，从哪来回哪去，然后就进了昆明市规划设计研究院从事城市规划实践。

◎ **问：您是何时开始走向工作岗位？您觉得工作之后和大学时学习的区别是什么？**

陈： 我是1989年开始参加工作。大学时老师无怨无悔地教你，到了工作单位就得自己多看多学。还有就是工作之后自己要动脑筋。大学时，老师会告诉你：你的方案存在什么问题、你的图纸构图有什么问题、你的字写得不好，到工作单位没有人会告诉你这些，你必须自己体会和把控。在学校的时候老师常说的一句话：画图要动脑筋，我当时没有太多体会，走上工作岗位后才深刻体会到老师说这句话的深意。

◎ **问：您目前做过哪些项目，工作上有哪些心得？**

陈： 项目的话总体规划、分区规划、修建性详规、控规等都做过。工作心得，首先是基本功要扎实，包括基本理论要扎实，干活要扎实。起码做设计的基本功要扎实。其次，规划的实践各方利益驱动的因素太大了，规划师自己底线原则的东西很难坚持，这也是我现在做项目不太积极的原因。比如，我有好的想法和规划设计，但是不符合领导的想法、意图，然后现在资本推动、甲方推动，在利益面前很多规划师本应坚持和维护的公共利益和底线就不得不被突破，很无奈。所以觉得与其这样，不如不涉及其中，也就没有了无奈、纠结。

◎ **问：在从事规划工作的过程中，您觉得最让您感到欣慰的是什么？**

陈： 最让我欣慰的是带学生做设计竞赛，或者项目是作为研究性的，然后在这个里面会有理想主义的成分，反映出规划师还是有些追求的。带学生做竞赛可以实现一些对城市规划的思考和理想，可以站在研究性层面寻求对问题解决的另一种理想途径。

◎ **问：您一定看过很多的城市，哪座城市的规划能够让您印象深刻？**

陈： 国内的城市，先说城市建设不好的，我的家乡昆明就是个例子。在读中学的时候，我觉得昆明是一个非常美好的城市，尺度很小，全是步行尺度，最多自行车就够了，非常舒服。但是后来城市的扩张、旧城改造，统统拆掉，整个尺度都不对了，整个城市的记忆都没有了。然后城市建设好的是南京和杭州。每次去都感觉越来越好，城市的规划和管理者都是高水平的。把城市大的生态资源和自然资源融入城市的规划建设中，比如南京玄武湖，以前是围起来的，从火车站出来看到的是围墙，看不到湖，后来再回去从火车站一出来，整个玄武湖就映入眼帘，把围墙拆掉了，周边都改造了，那时就感觉南京好大气，它大尺度的自然山水融入城市建设中，所以觉得城市的胸怀就是不一样。还有就是南京老城改造变化不大，绿化也有保留。而且南京把明城墙周边能拆除的都拆除作为开放的公共绿地，尽可能多地挖掘公共资源供市民分享，而不像很多城市更新改造时进行新的地产开发，公共开放空间是无法用金钱来衡量的。再比如杭州，杭州把西湖的周边一圈一圈地拆出来，公共空间不断地扩大，不断地限制交通对内部的侵扰，然后把公共的开放空间不断地向外渗透。国外的城市比如美国的生态城市伯克利。伯克利对垃圾的分类特别严格，刚去那儿房东就会告诉你垃圾不能乱扔，要进行分类，如果乱扔惩罚会很严厉。所以说什么是生态城市，生态城市并不是一个概念、指标，其实是完全渗透在城市的实际操作管理以及每个人的生活中的。另外伯克利是一个很多元的城市，在那儿无家可归的人很多，他是一个很民主化的地方，所以城市给人感觉很有活力、很多元，每个人在那儿都能找到他认同的东西。

◎ **问：您觉得未来规划行业发展的方向和热点在哪儿？**

陈： 发展的方向和热点太多了，看近两年年会的主题，都是发展的方向和热点。但是我觉得太纷乱了，我个人觉得不要太陷于其中，可以去了解，但我还是会关注于城市规划本身、物质空间等。

◎ **问：就您就业经历而言，能为还未毕业的我们做些经验之谈么？**

陈： 无论规划行业是在"春天"还是"严冬"，都要不断地提升自己的专业素养。比如在"寒冬期"，那我就蛰伏下来读书考博士或是到研究性的机构去深造。如果行业情况好也不要流于项目的漩涡中，还是要多看书多学习，这样才能提升自己的实力，不断提升自己的素养。扎扎实实地一段时间集中读一些书，自己消化消化。

作　　品

受 访 者：马叔晓

工　　龄：17年

采 访 者：秦蜜、王鑫

采访时间：2015-12-23

采访地点：中国城市规划设计研究院

【个人简介】

马叔晓，男，1993年开始本科规划专业学习，毕业后曾在清华学习一年，并多次出国游学。现任中国城市规划设计研究院高级工程师。

主持、参与多项总规、控规、城市设计以及20多个省会级城市的高铁站规划。

采访内容

◎ **问：　您学习规划是从什么时候开始的？**

马叔晓（以下简称“马”）：我是1993年开始本科学习的。

◎ **问：　是什么理由或者机缘让您接触城市规划，并将其作为自己一生的职业？**

马：　在我们那个年代有个说法，就是上完大学从哪来的还得回哪去。我当时考上大学就想在外面闯荡打拼，不想回老家了，虽然当时对专业不太了解，也没有人给我推荐城市规划专业，但是因为当时看到这个名字就很吸引我，觉得有城市这两个字肯定就可以留在城市里了，当时的想法很单纯，就选择了这个专业，也算是机缘巧合吧。而且到现在我也没有后悔自己当初的选择，这个行业让我学到了很多东西，而且开阔了眼界，可以到全国各地做各种各样的规划，见识到不同的风土人情。

我从毕业就一直从事城市规划这个行业，这期间我也有很多同学转行，进入到房地产行业，就不会像从事设计那么辛苦，而且收入也要好一点。但我是因为比较喜欢这个专业，对我来说赚钱可能没有那么重要，我更喜欢做方案，而且做完一个规划特别有成就感，所以一直坚持在这个行业做设计工作。

◎ **问：　在即将走出校园时，您经历了怎样的选择促使您成为一名建筑规划从业者？**

马：　原因很简单，因为学了这个专业，所以就选择从事这个工作，我们当时的就业情况还是可以的。

◎ **问：您是从何时开始走向工作岗位的？您觉得工作之后和大学时学习的区别是什么？**

马： 我从1998年开始工作。当时国内国企大改革，大量员工下岗，很多大的设计院都不招人。我是在哈尔滨建筑工程学院（现已并入哈尔滨工业大学）毕业的，之后去清华读过一年书，去国外考察过几次，后期主要还是以开阔眼界为目的。我认为国外的理念、城市的规划还是不错的，各有特色，不像国内很多城市都千城一面，没有特点。

◎ **问：现在北京打算把行政中心迁往通州，当初梁思成先生曾提出过对老北京城的保护规划，但是没有被采纳，他曾说不采纳他当初的意见，50年后我们一定会后悔，现在有人说规划大不过政治，您是怎么看的？**

马： 其实规划确实大不过政治，规划是在政治的引导下进行的。很多情况下我们设计者都是被动的，我们想要捍卫的一些东西，在很多情况下是很难实现的。在中规院有一个好处就是，你觉得这个事情触碰到了你的底线你可以不去做，你可以选择，但是在有的单位，可能为了利益或者是其他的原因，他还是会去接这样的项目，还是会去做。

◎ **问：您觉得您所在单位有着怎样的特点？**

马： 中规院在个人的理念上有一定的自由度和原则性。院里会支持我们个人的一些原则和底线，对个人理念的实现有一定的帮助。如果有人做了违反规划原则的事，院里也有一些措施去限制。我们会尽可能去多做一些好的规划。

◎ **问：您目前做过哪些项目？您在工作上有怎样的心得？**

马： 1998～2002年之间，我刚进单位的时候，主要接触控规、城市设计方面的项目，以控规为主；2002～2006年，基本做总规，大中小城市做了4个，例如徐州、宜宾等；2007～2012年，我参与设计高铁站的项目就比较多了，参与了20多个省会级城市的高铁站规划，给我印象最深的就是我做的第一个项目——广州南站；2012年之后就基本一直在做轨道沿线地铁站的设计，一直到现在。

工作之后，就会发现每个项目都有自己的特点，要学会适应。我国未来的规划会偏向专业化发展，广度规划越来越少，现在落到地上、专业的规划会越来越多，越来越细致。

◎ **问：在从事规划工作的过程中，您觉得最让您感到欣慰的是什么呢？**

马： 最让我欣慰的是可以接触到各种各样的规划，全国各地都能接触到，开阔自己的眼界。

◎ **问： 您一定去过看过很多的城市，哪座城市的规划留给您的印象最深？**

马： 国外有两个城市给我留下的印象比较深。意大利的那不勒斯，整个城市的色彩给我印象特别深，意大利佛罗伦萨的整体城市空间我很喜欢。国内城市珠海的环境还是不错的，没有一线城市的嘈杂，生活的节奏也很舒服，厦门也不错，大连的城市空间、环境也挺好，我的故乡烟台也不错。

◎ **问： 您觉得未来规划行业发展的方向和热点在哪儿？**

马： 解决问题、落地的规划会越来越多，一定要能解决实际的问题，要能落得下去。以前规划落不下去关键点在于，管理有问题，衔接有问题。以后更新、城市整治会越来越多，轨道沿线地区的规划在未来10～15年发展会比较好。比如建1公里的轨道成本非常高，大概需要10个亿，对于任何一个政府都是一笔很大的支出，所以现在国家提倡PPP模式，或者是土地融资的模式，这所带来的城市规划方法与传统的方法是不一样的。那么就需要我们专业人士的知识面既有广度又有深度，各方面都要了解，这类的规划，全国都在摸索，你如何站到制高点去看这个规划，这个问题非常值得思考。乡镇规划也是一个重点，但是大概就做了五六年，以后慢慢也会有新一轮的规划在全国展开。

受 访 者：董艳芳

工　　龄：27年

采 访 者：刘娟

采访时间：2015-02-01

采访地点：中国建筑设计研究院

【个人简介】

董艳芳，女，1993年7月毕业于天津大学建筑学专业，1993年7月～1995年9月在河北理工学院任教，1995年9月～1998年4月在天津大学建筑学院规划系城市设计专业攻读硕士研究生。1998年四月份分配到中国建筑设计研究院工作。现任城镇规划设计研究院副院长。

采访内容

◎ **问：　您的规划学习之路是从什么时候开始的？**

董艳芳（以下简称“董”）：我的本科是建筑学专业，我的规划学习之路是从研究生开始的，1995～1998年。

◎ **问：　是什么理由或者机缘让您接触规划，并将其作为自己一生的职业？**

董：　大学建筑学的学习中，老师告诉我们有建筑学基础去学习规划专业，比只学习规划更好。城市规划研究的范围比建筑学更加宏观，大三也学习了居住区规划和城市规划原理的课程，对规划产生了兴趣，于是在考研的时候选择读了城市规划专业。

◎ **问：　能为我们谈一谈您对城乡规划学的认识吗？**

董：　这个问题很宏观，城乡规划学的范围很广泛，涉及社会、经济、文化、产业、生态、政治、国家战略各个层面，是一个非常综合的学科。对于从业者来说，对城乡规划学的认知只能是一个部分，不可能面面俱到。对于城乡规划体系的认知，应该是对不同的领域都有所认知。

◎ **问：　在即将走出校园时，您经历了怎样的选择促使您成为一名建筑规划从业者？**

董：　在设计院的平台上，利用学校学习的知识，进行全方位的实践，要把规划的理论与实践相结合，是我毕业之后的思考，于是做出了进入设计院这样的选择。

◎ **问：** **您是从何时开始走向工作岗位的？您觉得工作之后和大学时学习的区别是什么？**

董： 1993～1995年从事建筑相关工作，1998年至今从事规划工作。从解决问题的角度来说，光靠学校的知识是不能全面解决实际问题的。最大的区别是，实践不仅仅是局限于理论层面的。

◎ **问：** **您是何时进入现在工作单位，成为一名规划师的？**

董： 1998年4月份。

◎ **问：** **您觉得您所在单位有着怎样的特点？**

董： 以城镇规划为特色，不是大城市，是区域的，是中等城市或者是小城市。同时，背靠建筑设计院的规划院，在和空间形态相结合的规划上，有得天独厚的优势。在规划的落地和延伸上有优势。

◎ **问：** **您目前做过哪些项目？您在工作上有怎样的心得？**

董： 我这些年主要从事小城镇的城市设计，居住社区和居住区的规划设计，新农村的规划和设计，历史文化保护与发展的小城镇设计，生态新城的设计。心得我觉得一是工作上要有敬业的态度，敬业态度是最重要的，有敬业态度，就会把自己会的东西放进去，对不会的东西进行研究，要想把工作做好，要下很大的努力去研究，要孜孜不倦地追求工作成果的完善、完美。二是规划要不断地学习，规划和建筑学不一样，他跟随国家的政策、国家的发展战略，每一年都有变化，要结合新的变化、新的要求，或者社会上出现的新问题，工作的内容和侧重点都会变化。有新的要求，所以要不停地学习，及时地了解国家的政策。一定要多读专业书籍。

◎ **问：** **在从事规划工作的过程中，您觉得最让您感到欣慰的是什么呢？**

董： 欣慰的地方一是自己做过的项目得到当地领导的认可，项目可以操作，可以落地，可以实施，建成的效果很好，这是最欣慰的。二是做项目，从最初的学生到一个规划院的规划师，再到一个公司的项目咨询顾问的角色，对指导当地建设起到很重要的作用，这个是我们感到很欣慰的地方。三是城市规划思考问题是站在市长、县长的角度，即以最高管理者的角度考虑问题，去认知和思考事物的高度非常高，接触到的甲方都是优秀的人才，对自己的要求只有更高，才能和他们打交道，素质、能力、思考问题的深度在逐年增高，是人生的收获，是人生的心得。

◎ **问：您一定去过看过很多的城市，哪座城市的规划留给您的印象最深？**

董：给我留下印象比较深刻的是一些历史文化名城和历史文化名镇，老祖宗在规划他们的时候，结合山水格局、文化融入和城市发展的关系，落实到城市层面，他们研究了城市的风格和风貌，包括城市的色彩、建筑材料等等，比如北京、杭州、南京、丽江等等。对于现代城市来讲，天津近几年做得不错，在城市的发展过程中，它保留了城市的肌理，传承了部分欧式的建筑风貌。国外比如巴黎等等，老城和新城的结合，老城很有生命力，新城建设得很新。美国的纽约、洛杉矶，中国香港和洛杉矶这两个城市的特点是人口密度大，有非常密的城市路网和高水平的城市管理，这些都是非常好的。同时包括日本的东京，都是十分好的。

◎ **问：您觉得未来规划行业发展的方向和热点在哪儿？**

董：这个问题很难回答，我们的规划经过了这么多年的发展，建了大量的新城，使城市超前发展，增量规划渐渐减少，向存量规划发展。

方向包括产城融合方面。过去我们的产城融合做得不好，新城的建设产业是不足的，吸纳不起来。在城乡统筹方面，城市发展比较好，乡村基础设施、公共服务设施不够，配套不足。所以统筹发展是未来的一个方向。文化的发展方面，文化也是未来发展的一个方向。生态城市是一个重点方向，小城镇规划这块，现有规划的有机更新，大城市的规划越来越少了，规划侧重于策划方面。

作　　品

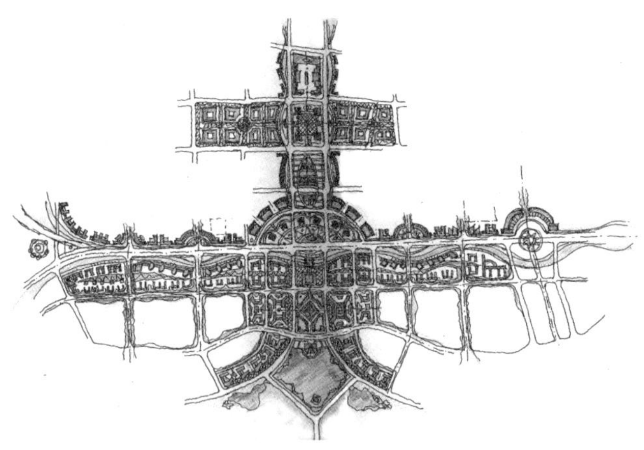

内蒙古鄂托克旗乌兰镇旧城及新区城市设计草图

内蒙古鄂托克旗乌兰镇旧城及新区城市设计草图

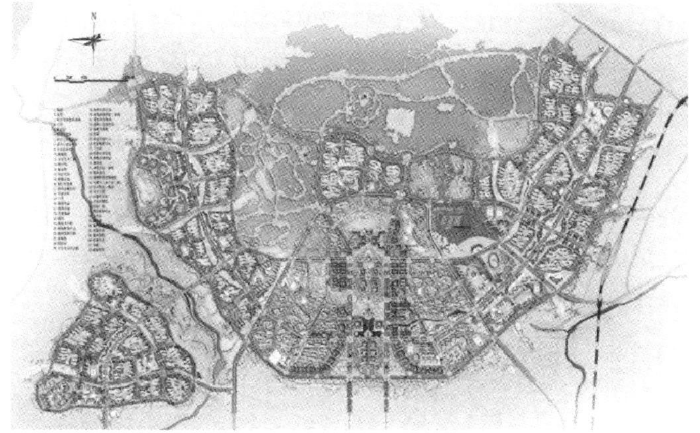

内蒙古准旗大路新区城市设计平面图

受 访 者： 沈迟

工　　龄： 32年

采 访 者： 陈钰麒

采访时间： 2015-01-02

采访地点： 国家发展改革委城市和小城镇改革发展中心

【个人简介】

沈迟，男，1984年毕业于南京大学城市规划专业，同年分配到中国城市规划设计研究院工作。历任中规院工程规划设计所主任工程师、副所长，院副总规划师。现为国家发改委城市与小城镇改革发展中心总规划师、规划院院长，教授级高级城市规划师。

采访内容

◎ **问：沈院长您好，请问您的规划学习之路是从什么时候开始的？**

沈迟（以下简称"沈"）：从我上大学开始，我考取大学就接触城市规划了。

◎ **问：是什么理由或者机缘让您接触规划，并将其作为自己一生的职业？**

沈： 那时候考大学，报专业也很盲目，只知道数理化，大学毕业之后还有个分配的问题，分配工作我就不想再到农村去了。学城市规划不会到农村，所以我就选了这个专业（笑）。

◎ **问：能谈谈您对城乡规划学的认识吗？**

沈： 这个问题太大了。城乡规划学如果说认识呢，我觉得跟其他学科不一样的地方就是它的综合性要求特别强，其他的学科都是要分析、分析、再分析，而城市规划呢是要综合，是要把各种因素综合在一起，这个综合问题的能力比起分析问题的能力一点不差，甚至有的时候更重要。当然，要是不会分析问题，那也是不行的。

◎ **问：在即将走出校园时，经历怎样的选择使您成为一名建筑规划从业者？**

沈： 我是江苏人，我们不是选择，是分配。我们都想留在上海到南京的两点一线当中，可是当时我们班只有一个到南京工作的名额，我们就让给了在南京的一个女生，然后我就被分配到北京来了。

◎ **问：您是从何时开始走向工作岗位的？您觉得工作之后和大学时学习的区别是什么？**

沈： 1984年毕业之后就工作了。工作之后发现大学学到的知识不够用。当时城市规划教学还不是很成熟，有很多东西几十年一直有用，但现在大学里反而不教了，有很多东西我们觉得没有用的，但是还是必须要学。比如说数学、物理，我们大学的时候数学、物理学得很深，对我们来讲基本上没什么用。比较重要的课现在不教了，比如说工业布局。好比电厂选址应该考虑哪些因素，钢铁厂选址应该考虑哪些因素，石油化工的选址场地布局有什么要求啊？现状都不教这些了，我觉得这是我们教育的缺失。

◎ **问：您是何时进入现在工作单位，成为一名规划师的？**

沈： 我进到现在这个单位是2013年。

◎ **问：您之前是在中规院工作的，那您觉得中规院和发改委城市和小城镇改革发展中心比起来工作上有什么区别吗？**

沈： 这是不一样的单位。中规院从规模、历史、现代主要做的事情和我们发改委城市和小城镇发展中心这边是不可同日而语的，不一样，都有一些部门的影子。中规院更多的是属于住建部，搞建设，虽然都是搞城市规划，但是中规院对工程技术的要求强调得更多一些；我们现在这个单位呢在政策研究、体制机制方面强调得更多一些。

◎ **问：您目前做过哪些项目？您在工作上有怎样的心得？**

沈： 大的项目像“天津市城市总体规划设计”，是我主持的最大型的项目了，其他的也有些省会的总体规划，省一级的城镇体系规划，也有一些地方的旧城改造，比如新疆伊宁南市区旧城改造就是我比较满意的一个项目，这个项目公众参与做得非常好，做完以后效果也非常好。另外一些地级市的规划就更多了，福建的莆田、湖北的十堰和襄阳、湖南的常德、河南的平顶山、四川的绵阳等等。

认真做事，认真做人。心得也就是这么简单。我就跟一些新参加工作的年轻同志讲：做事情啊不要分内分外，有机会给你多做事情是你的福分。记得刚开始工作的几年，我每天还会记工作日记，今天都做了哪些事情，别人都在干什么等等。突然有一天领导觉得你干了好几年了，有个项目没有人能带队当项目负责人，你能不能干？我知道这个项目该怎么干，我把日记一查，就知道了这个项目大概要分哪几个阶段，每个阶段要花多少精力。所以机会是留给有准备的人的。

比如说绵阳市的总体规划。当初我们研究它的城市发展的时候和他们原来的思路有很大的变化，我们希望城市向它的西北方向的台地发展，和原来他们在平坝上发展是不一样的，他们就一直不能接受。我们就给他们论证为什么要往台地方向发展，从交通、从节约耕地、从土地利用的效率、从城市景观啊等等各方面，跟市政府有四五轮的汇报，最后他们接受了。现在的绵阳，西北方向已经起来了，这个心里面是非常欣慰的，这是通过我们的努力，在那个阶段就把城市的格局有了大的改变，并且定下来了。

有的呢是公众参与得好，比如说像伊宁南市区的规划。伊宁南市区的改造我们从调研阶段到方案的各个阶段全部是公开的，全部是让老百姓来提意见的。那个南市区是新建维吾尔族聚集区，过去连本地的人都不往里面走，全是小街小巷。原来的规划都是按照道路交通规范多少米一个主干道，多少米一个次干道，横平竖直要进去。但我们去看了以后觉得不能这么干，原来城市发展的肌理，它的文化习俗、优秀的传统不适应做这种横平竖直的道路。它小街小巷你就让它小街小巷，但是里面的设施要改造，它的邻里关系要照顾到。不是说做个旧城改造就是把基础设施做一做，路面铺一铺，埋点草种点花就完了。通过发动群众更多地参与我们这个规划，让他们提意见，让他们知道我们要爱祖国、爱家乡、爱社区，这个社区要改造，大家都要出力。让他们知道他们的想法，我们都吸纳到规划里面来了，他们非常激动、非常高兴。最后规划进行得非常顺利。现在南市区那边非常漂亮，已经变成旅游景点了。

◎ **问：在从事规划工作的过程中，您觉得最让您感到欣慰的是什么呢？**

沈： 最欣慰的那就是我的规划被地方接受，变为现实了。当然这个过程中会很曲折、会很难，但是最终地方上采纳了你自认为是很科学的建议，然后实施，给当地老百姓带来了好处，那就是让我最欣慰的。

◎ **问：您一定去过看过很多的城市，哪座城市的规划留给您的印象最深？**

沈： 每个城市都很深（笑）。我做过的规划，我都记得。作为一个规划师到一个城市去，你所掌握的信息比这个城市一般的老百姓都要多，要整体琢磨这个事，然后又很长时间地工作，那肯定就记住了。

◎ **问：您觉得未来规划行业发展的方向和热点在哪儿？**

沈： 一个是更多的学科的融合，规划不仅仅是工程问题，也不能肤浅地说规划就是政策。空间和政策是两码事，是要结合的。另外要相关学科，像经济学、法学牵涉到产权问题，对我们来讲都是挺陌生的东西；以及对环境的问题啊等等这些知识的学习；包括现在高铁也来了，新的交通方式对城市的影响；新的方法手段，像大数据，怎么获取，怎么用？我现在每天都要看很多新的文章，要不断地学习，像德国在搞工业4.0，我们国家要不要搞，在什么地方搞，应该怎么搞？就是要不断地学，不学怎么行呢？

受 访 者： 陶滔

工　　龄： 32年

采 访 者： 李静岩、王惠婷、宋鑫宇

采访时间： 2015-01-02

采访地点： 洲联集团五合国际

【个人简介】

陶滔，男，高级城市规划师、注册城市规划师、清华大学硕士、加拿大麦吉尔大学（McGill University）访问学者、中国城市规划学会居住区规划学术委员会副主任委员、亚洲人居协会理事。1983～1994年在天津市规划局担任助理城市规划师，1994～1995年在北京房地产研究会担任社会学委员会委员，1995～1999年在北京市城市规划学会担任住宅与居住区委员会委员，1999～2000年在中国城市规划设计研究院从事规划设计工作，2000～2002年在加拿大麦吉尔（McGill University）大学做访问学者，2002年至今在洲联集团五合国际从事规划设计工作。

采访内容

◎ **问： 您的规划学习之路是从什么时候开始的?**

陶滔（以下简称“陶”）：1979年9月，进入重庆建筑工程学院城市规划专业学习。

◎ **问： 是什么理由或者机缘让您接触规划，并将其作为自己一生的职业?**

陶： 上大学选专业，看到有“城市”两个字就OK啦。

◎ **问： 能谈谈您对城乡规划学的认识吗?**

陶： 城乡规划学是预测性学科，当前中国的城乡规划学是设计学和管理学范畴。所谓管理学范畴是指城乡规划所包含的法定程序、法定依据、行政管理和实施操作等层面。而设计学范畴是指在特定的内容和方法下完成各个层面的规划。

◎ **问：在即将走出校园时，您经历了怎样的选择促使您成为一名建筑规划从业者？**

陶： 当年大学毕业都由国家分配工作，主要是分配到各城市的规划局。当时能表达选择意向的是什么样的城市，与专业无关。

◎ **问：您是从何时开始走向工作岗位的？您觉得工作之后和大学时学习的区别是什么？**

陶： 1979大学毕业由国家分配到天津市规划局工作。城市规划的工作和学习的主要区别是管理意识。

◎ **问：您是何时进入现在工作单位，成为一名规划师的？**

陶： 2002年进入现在的工作单位。

◎ **问：您觉得您所在单位有着怎样的特点？**

陶： 商务工作远远多于专业工作。

◎ **问：您目前做过哪些项目？您在工作上有怎样的心得？**

答： 新区规划、新城规划比较多。国家经济发展速度快，这类项目就多。

◎ **问：在从事规划工作的过程中，您觉得最让您感到欣慰的是什么呢？**

陶： 这个国家和这个时代，是规划师的黄金年代。

◎ **问：您一定去过看过很多的城市，哪座城市的规划留给您的印象最深？**

陶： 北京和上海。

◎ **问：您觉得未来规划行业发展的方向和热点在哪儿？**

陶： 公众参与。公众参与最初起源于美国和加拿大，为了稳定市民的“不满”情绪，保持社会的安定而出现的一种安抚对策。后来慢慢上升到寻求一种公共政策来实现社会的稳定以进行持续发展。公众参与是一定社会经济发展的产物。我国城乡规划的公众参与的深度和范围需要一个逐渐扩大的过程。

作　品

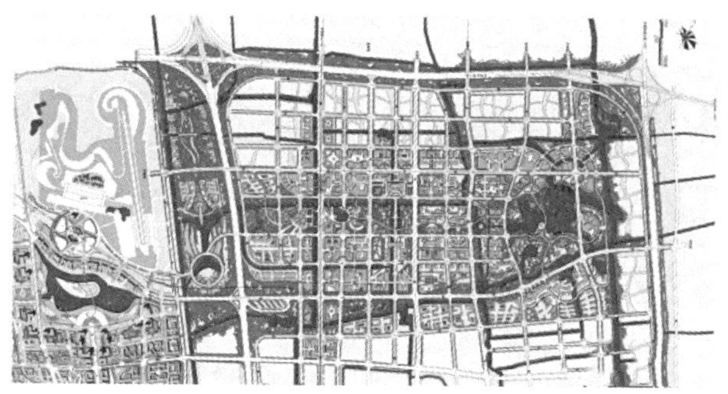

上海嘉定新城中心区城市规划

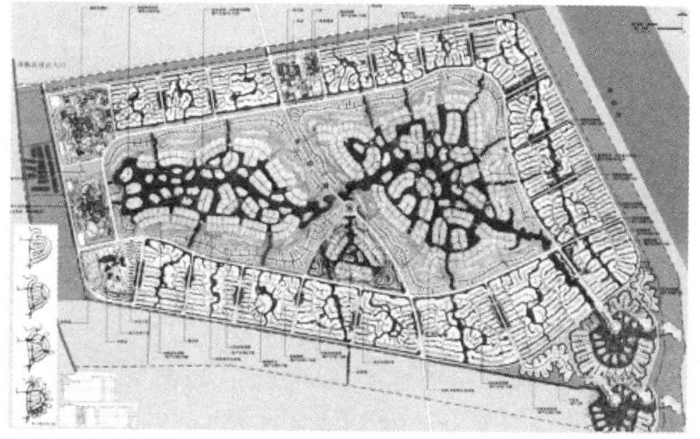

京津新城总体规划

（以上图片来源：洲联集团官网http://www.www5a.com/）

受 访 者：业祖润

工　　龄：55年

采 访 者：刘娟

采访时间：2015-01-12

采访地点：北京建工建筑设计研究院

【个人简介】

业祖润，女，1938年出生，教授，国家一级注册建筑师。

科研项目包括：国家自然科学基金资助项目《传统聚落空间环境结构研究》、国家"十五"计划攻关课题《住宅及其环境》等。

参与设计项目包括：《历史街区保护与更新研究》、《前门地区保护与更新设计》、《鲜鱼口街区设计》、《前门大街城市设计》、《北京民居研究》、《河南省社旗历史名镇商业街区设计》等。

采访内容

◎ **问：　是什么理由或者机缘让您接触建筑，并将其作为自己一生的职业？**

业祖润（以下简称"业"）：小的时候，我父亲从国外会带一些建筑方面的书籍，我那时候会翻着看。1955年参加国家文艺会演的时候来过北京，那时参观了北京的建筑，很想学习建筑，理想就是成为教授、工程师。

◎ **问：　在即将走出校园时，您经历了怎样的选择促使您成为一名建筑系教师？**

业：　我1956年高中毕业，考上了重庆建筑大学，开始了建筑学之路，1960年留在本校当教师，决定了就业方向。我一生中教师生涯55年，1976年前在重庆大学当老师，1976年之后到天津大学（以下简称"天大"）当老师，到了1986年来到北京建筑工程学院（以下简称为"北建工"，现为北京建筑大学）任教师。工作的调动对教学生涯有很大的启迪，也有很多好处。每个学校有自己的长处，重庆大学教学严谨，理论结合实践，天大非常重视理论的学习和研究。到了天大，我觉得一名老师要有实践的支撑，没有实践的支撑，就教不好学生，天大的老师都有自己工程项目。所以到了北建工之后，我就跟学校要求先到设计院工作一段时间再教学，我曾经在部院做过工程，直到现在我都有自己的项目，实践联系教学，这是建筑学老师必备的。

◎ **问：您是从何时开始走向工作岗位的？能谈谈您在北京建筑大学的教学经历吗？**

业： 我1986年来北建工学校工作，和何重义老师一起带毕业设计，做的旅游规划和两个古村落的保护。我原来的主攻方向不是古村落，而是住宅和公共建筑，来到北建工，方向改变了，跟着何老师主要研究风景区规划、风景区建筑和古村落保护。这让我的知识面、研究方向变宽了，这样才能教好学生。北建工当时聘请的建筑系老师来自四面八方，例如清华大学、重庆大学、哈尔滨工业大学、西安建筑科技大学等学校，而且著名教授多，我当时主要教授二三年级的课程。1997年，我了解到川底下要开发旅游，保护很紧迫，当时我们学校20多个老师联名，一起参与到川底下的规划。那时候我们很艰苦，老师和学生一点一点地测绘、测量，春夏秋冬从不间断。那时候我申请了国家自然科学基金，这是我们学院第一次申请到国家自然科学基金项目，这次村落规划让文物局局长十分惊讶、十分满意，后来又陆续接到了一系列的项目。

我参与到规划的时间比较早，1990年就参加了河北省邢台市空山白云洞的风景区规划，是国家级风景区，100多平方公里，我和学生自己走进山里调研，很辛苦。之后又做了风景区建筑，如酒店、别墅等等，这样的教学让学生很受益。通州区大运河景区规划，52平方公里，学生热情很高，研究了运河文化、中国文化。这个规划反响非常好，老前辈、老先生十分高兴，市里的领导也十分满意。让外界知道了北建工也可以做好规划，但是很可惜，这个项目后来没有实现。但是建院人很有胆量，之后就开了风景区规划的课。2003年前门历史街区保护，有四家单位参与国际招标，最后我们中标，先后有50多个学生参与到这个项目中，让学生们受益匪浅，后来还专门出了专辑记录，但是最后因为一些原因，前门改造没有完全按照我们的方案进行，比较遗憾。之后又做了一些赊店的保护规划等等。

◎ **问：您对我们有什么寄望？**

业： 首先学校定位一定要高，要有国际水平和视野。1990年代我们学校是公认的建筑界“老九”，在世界建筑大会我们的川底下规划在大会上讨论，建院老师们在大会上出力很多，我们学校的声望很高，大家对我们的评价也很高。学校办学，要培养知名教授，发挥老教授、老教师的影响力。

对学生的期望：从事规划建筑，要爱她，要加深基础理论学习和实践，有奉献精神，要学会做人，做事要有原则。建院人爱建大，在哪里工作就爱哪里，要学习中国文化，学习哲学，特别是中国哲学，打好基础，拓宽视野，对新事物有敏锐的观察力。研究生要树立自己的人生观，重视自身能力的提高，包括读书的能力、实践的能力、学习的能力、工作的能力、观察的能力。多学习老师的做事方法，这个会终身受益。

作　　品

受 访 者： 姜中光

工　　龄： 54年

采 访 者： 李静岩、王惠婷、宋鑫宇

采访时间： 2015-12-25

采访地点： 北京建筑大学

【个人简介】

姜中光，男，1937年出生，教授、国家一级注册建筑师，1962年毕业于清华大学建筑系。现任北京建筑大学城市研究所总规划师，北京市城市规划学会常务理事，北京土木建筑学会北京建筑师学会理事。

采访内容

◎ **问：　您的建筑学习之路是从什么时候开始的？**

姜中光（以下简称“姜”）：最初选择专业时我并不明白什么是建筑学，学习建筑学很偶然。年轻人比较浪漫，喜欢艺术，所以原本想学地质学，这样就有机会走遍祖国的大好河山，探索祖国的矿藏。后来了解到建筑学既包括艺术又包括工程技术，二者相结合，在发挥自己爱好的同时也可以做技术研究，所以考了建筑学专业，开始对这个专业有所了解。

◎ **问：　是什么理由或者机缘让您接近建筑，并将其作为自己一生的职业？**

姜： 当时学习建筑的人并不多，我刚进入清华大学学习的时候，建筑与土木是合并的，之后在梁思成先生的教学过程中才逐渐分开。建筑学涉及艺术领域，会带有主观性，因此对建筑的理解是逐步积累起来的。建筑学，特别是建筑艺术，很难评价。自古希腊开始，人们就在讨论什么是美，直至今日这仍然是一个有争议的、仍然在探求的问题。所以只要涉及建筑艺术的问题，就会出现不同的看法、风格、作品、流派。简单来说，建筑就是一种容器、一种环境，但是它也可以很复杂。归根究底，建筑是为人的生活而服务的。

◎ **问：能谈谈您对建筑学的认识吗？**

姜：上大学的时候，我们有很多实习，例如认识实习、工种实习、工长实习等等。以往不仅要进行专业学习，还有政治学习，压力很大；现在的学习环境和当时相比轻松了很多。通过实习，我对建筑学又有了进一步的认识。简单来说，建筑就是盖房子；但是从学术方面来说，建筑又是复杂的，有艺术和美观问题。那么到底什么样的建筑是美的？美是否就代表了具有艺术性？众口难调，难以判断。有些建筑本身是很好看的，但是它的设计没有严格遵守设计要求，建筑超过限制高度、忽略建筑形体与周边环境的关系等等。另外一点要说明的是，凡是跟城市规划、建设有关的设计人员都应该注意，我们这些专业共同的根是建筑学，应该有建筑学的基本知识。

◎ **问：在即将走出校园时，您经历了怎样的选择促使您成为一名建筑系教师？**

姜：过去是计划经济，国家正处于困难时期，基本战线压缩，找工作有很大困难。我是1962年毕业，毕业后填报志愿，有点儿身不由己。最初被分配到建设部下属的建筑科学研究院，它的理论历史所的所长是梁先生。全国做科研的只有这一个地方，当时所里做过一个轰动建筑界的关于浙江民居研究的课题，我觉得这个课题非常好，所以经过竞争和选拔后进入了理论历史所。后因北建工（北京建筑工程学院，现北京建筑大学）成立建筑学专业，需要师资力量，由此我转到了教育战线工作。

◎ **问：您觉得北京建筑大学的教学有着怎样的特点？现在的教学方式和以往相比有什么不同？**

姜：以前老师是通过讲课与辅导的方式言传身教，指导学生学习。现在科技进步了，可以通过演示PPT给学生们讲课。尽管这种讲课方式很精彩，但是学生们不记笔记了。现在有了电脑、相机等高科技产品后，有人说不再需要传统的手绘了，甚至把建筑设计简化成为某些图形的变化和单纯的形式的探讨，这是建筑专业所面临的一个问题。在我做老师的时候，建筑学专业是很强调基础手绘的。在教本科五年级的学生时，会让学生们做为期一周、三天、两天、一天的快题，训练学生快速构思、创意的能力和表达的技法。手绘是眼、手、脑并用的一种表达方式，而建筑设计恰恰是需要眼、手、脑并用的专业。在学习的过程中，通过看到大千世界，事物客观地进入大脑进行思考，并用手表达出来；在工作过程中，设计师看到外界的事物，经过思考后确定怎么处理，也需要用手表现出来，这就是建筑学的一大特点。我们很多设计师经常用电脑画图而缺乏这样的训练，一旦需要手绘画图的时候，他的效果图图纸无法与平面图、立面图和剖面图对应；在和甲方讨论时也不能快速表达自己的想法。所以建筑学专业必须眼、手、脑并用，训练好手绘能力。尽管有电脑这样的工具存在，但是它们只是延长了我们的手、眼，却代替不了我们的大脑。所以在研究生学习期间要坚持练习手绘，要学会用手绘表达出设计中的精彩之处。我们学校的一个学生在建设部的快题考试中考了第一名，得到建设部负责人的称赞。通过手绘可以看出一个学生在设计过程中会不会抓重点，能不能清楚地表达自己的思路，这是我们专业必备的一种技巧。

◎ **问：您在北京建筑大学教过哪些课？您在授课上有怎样的心得？**

姜：建筑设计基础课和外国建筑史，其他的就是组织教学工作。

◎ **问：在北京建筑大学教了一辈子书，哪个瞬间让您最欣慰，记忆犹新？**

姜：在改革开放时期，我国的设计师不具备国际上的注册建筑师资质，到香港谈设计方案不能签字。由此，我国开始实行注册建筑师制，相应地设置了建筑学的教育评估制。北建工的建筑学专业从那时开始改成五年制，在评估中得到全票通过，成为首批通过评估的学校。当时学生们的作业以手绘为主，基本功扎实，作业在评估时得到了评审专家的高度赞扬。

北建工的建筑学专业非常重视教学。首先调整师资队伍，从各大院校邀请优秀教师来我校任教。同时还注重图书资料的储备，除了图书馆的书籍，还专门设有建筑类资料室。另外还建设了物理学、光学、声学等实验室，也是全国最早引进计算机教学的学校，在1980年代就已经开始用计算机绘图。总体来说，教学质量还是很好的，也培养了很多优秀人才，有些当年的毕业生目前已经是设计院的领导了。

当时我想在学校里搞科研，但经费不足，所以要先搞创收。学校成立了两套班子，一部分教师重点搞教学，另一部分教师重点搞研究。建筑学专业不能是纯理论的，更多的要结合实际项目，用理论指导实践。当时学校在深圳有一个实践点，创收积累的资金用于补贴教学评估所需要的费用。当时在实践点组织了规划、旅游区、度假村、建筑设计等项目，打算将其建设成教育基地，为学生提供实践场地。通过这些项目锻炼了教师队伍，很多老师，特别是年轻教师利用这些项目充实了自己，有利于教学。

◎ **问：您觉得北建人有怎样的精神？**

姜：学校办学有一定的历史，形成了一种风气，就是由老师和学生共同学习、积累、创造，无论是老师还是学生都有一定的收获或成就。现在有些人工作不踏实，经常跳槽，这样尽管可以接触不同的单位、人和项目，但是它的弊端是不利于积累工作经验和提高工作能力。设计单位对我校毕业生的评价是“北建大的毕业生好用”，干活认真、踏实、肯干，这其实是很高的评价。

◎ **问：您做过很多文保单位保护的项目，在做这类项目的过程中有什么特别需要注意的地方？遇到过什么困难？**

姜： 我现在做的研究主要是建筑遗产的保护与利用，国家在经济建设初期以发展为主，在发展的过程中会忽略一个问题，就是城市、乡村、建筑在快速发展过程中，应该如何处理历史上留下的东西，也就是我们民族的根。过去的思想是“不破不立”，这对建筑遗产的破坏极大。像北京发展到现在，老北京的东西基本见不到了，城墙也消失了。我国的遗产虽然曾经很丰富，但是如果放任不管，这些遗产就会逐渐消失。现在国家对这方面有所重视了，在建设过程中会想办法避免对历史古迹的破坏，在对其进行保护的同时也会思考应该如何利用历史遗产。尽管发展经济是需要的，但是不能以破坏历史遗产为代价。

文化遗产包含物质文化遗产和非物质文化遗产，而物质文化遗产中又分为可移动和不可移动的文物。我们研究的建筑就属于物质文化遗产中不可移动的文物。建筑遗产的保护与利用是一个“既老又新”的研究内容，“老”体现在它是保护历史上遗留下来的建筑，“新”体现在我国现在这一研究领域刚刚兴起。

◎ **问：您主要研究的方向是建筑遗产的保护与利用，那么您觉得今后在这个方向上我们还需要做哪些更深入的研究？**

姜： 现在国家要求所有的全国重点文物保护单位都要做保护规划，我们学校本科新设立了建筑遗产保护专业，硕士研究生也有这一专业，去年还拿下了建筑遗产保护的博士点，现在新批下了建筑遗产保护博士后的流动站。建筑遗产保护已经成为我们学校的特色，而且获得了全国建筑教育界这一领域内的第一个奖。从专业来讲，无论从建筑还是规划角度来说，这是一个重要的领域。它所包含的创新点在于如何再利用历史遗产，做好建设遗产保护规划至少可以为子孙后代留下历史，留下老祖宗的东西。我很欢迎学生做历史保护方面的项目，可以拓宽眼界。

◎ **问：您对学校、学院今后的发展有着怎样的期许与展望？**

姜： 我们现在的条件很好，学校已经从“学院”改成了“大学”，学校的一步步发展走得不错，领导也对我们建筑学院的办学给予了肯定。目前建筑遗产保护这一领域的人才匮乏，学校目前也在办短期的在职培训班。我希望学校不仅能处理“新建筑”的建设问题，也能为建筑遗产保护培养一些专业人才。

◎ **问：您觉得研究生阶段的学习应该注意哪些问题？**

姜： 研究生期间的学习一方面是补充知识，拓宽知识面；另一方面是让学生选择一个专一的方向进行研究。研究生阶段时间有限，在有限的时间里要做一些研究，但是要注意不能死读书而缺乏实践能力的训练。有些同学本科毕业后没有读研而是直接工作了，但是几年后他的能力要比读研的同学强很多。建筑专业既简单又复杂，同时也是很实用的专业，它既包含理论又包含实践，既包含艺术又包含工程技术。有一点需要注意，尽管喜欢读书是好事，但是在读研期间如果只是单纯地做学术研究而脱离了实践，就无法得到全面地发展。

建筑专业更多的情况下还是要应用技术解决实际问题，有些人认为技术很简单，通过参与工程项目就可以掌握，主要的难点在于艺术。掌握技术需要一个过程，有些学校的教学偏向技术性，有些学校的教学偏重于艺术或是具有视觉冲击力的方案设计。在设计中只有技术是远远不够的，但是只掌握艺术也很难完成实际工程，所以知识一定要全面才可以完成建筑设计项目。建筑专业需要学习的内容很多，是需要积累的。不过不可能面面俱到，大家可以根据自己的爱好选择研究方向。另外，学习建筑要先学会生活，有生活的体验才能把设计做好。

◎ **问：作为老先生和我们的老师，您最想对我们这些学生说些什么？能为我们今后的建筑之路提供一些建议吗？**

姜： 有些学生在大五为了考研，放弃了学校的课程学习，这是不可取的。大五的课程对学生很重要，如果能充分利用这段时间，学生的专业能力可以得到很大提高。有些学校的师资力量较弱，忽视了这段时间的教学，放任学生自己做毕业设计或者考研，这对学生来讲是很大的损失。建筑学专业设置成五年制是有道理的，学习的知识面越宽、知识量越大越好。

建筑就是生活，在生活中要多观察，身边处处都有对空间尺度的体验，可以学习景观如何搭配，甚至去医院看病时也可以学习医院的科室配置和流线规划。生活中任何地方都是学习的场所，不能对生活中的事物太“麻木”。对生活中已有的设计进行主观评价，这对于日后的设计是很好的积累。有了丰富的生活阅历，头脑中有知识的积累，在设计时才能有感性的认识，对事物有直接的反应。设计的东西不一定要宏伟，但是要随时有想法，多思考，不能为了学习而学习，要做有心人。

以前给研究生讲建筑概论课时，第一讲先给学生提些建议，在研究生阶段要做到“三自”，即要有自知之明、要自主学习、要自觉学习。首先，学生要做到有自知之明。研究生扩招后，虽然有些学生考上了，但是能力仍然有欠缺。同学要正确认识自己的优势和劣势，特别要认清自己的弱项和不足，之后才能扬长补短，这样才能有所提高。其次，要学会自主学习。研究生阶段没有老师的督促，所以一定要学会自主学习，主动请教导师。学生要明确研究生期间各个阶段应该完成哪些任务，对自己的学习有所规划；也要安排好自己的生活，有正确的作息时间，锻炼身体。最后，要做到自觉学习。考研是学生自己选择的，所以在学习过程中更要自觉。学生们在研一主要上基础课，应该根据老师提出的要求自觉学习。而且人在年轻时是学习的黄金时期，应该尽可能多地读书、背些东西，对日后是有帮助的。学生在研一期间安排自己的学习计划的同时也应该考虑自己的研究方向，为研二选择论文题目做好准备。

受 访 者： 张思浩

工　　龄： 55年

采 访 者： 陈钰麒

采访时间： 2015-12-21

采访地点： 北京建筑大学

【个人简介】

张思浩，男，教授、高级建筑师、一级注册建筑师。本科毕业于清华大学建筑系建筑专业；硕士毕业于南京工学院（现东南大学）建筑系公共建筑设计专业。

采访内容

◎ **问：　您的建筑学习之路是从什么时候开始的？**

张思浩（以下简称“张”）：我是1959年考入的清华大学建筑系，读了六年，当时还是六年制的。清华、同济、天大的建筑系当时都是六年制的。

◎ **问：　是什么理由或者机缘让您接触建筑，并将其作为自己一生的职业？**

张：　这个说来话长啦。因为一个是小时候喜欢画画，小时候在南京，父亲是南京中央大学的老师，我小时候就生活在大学校园（就是现在的东南大学）附近，所以我就经常去中央大学校园里玩。那时候徐飞鸿还在中央大学美术系当主任，也就是在那个时候我对美术专业有了一些了解。后来高考时为什么没有选美术专业呢，因为那时候也就是1950年代，国家还比较重视工业、科学技术，而我呢，又喜欢美术，又要选工科，所以最后就挑了建筑学专业。

◎ **问：　在那些艰苦的岁月里，您是怎样激励自己发愤图强的？**

张：　我们进大学以后，刚开始还挺好，那时国家的经济还没有完全表现出非常困难的样子，等我们到第二年的暑假，实习完回到学校，也就是1960年，全国经济困难的情况就开始了。开始粮食定量，每个人一顿饭只有三个小馒头，吃不饱饭，学生开始生病了，健康状况比较差，连回宿舍上楼梯都很困难。学校也开始考虑减轻教学负担，年轻学生不能够多活动、太用功，有一段时间都没怎么上课，成天在大饭厅里放电影。因为生活的困难，学校对学习的要求就不高了。我自己呢，就在那段时间到图书馆借了大量的文艺书，一学期看了三四十本。那时候对专业还没有入门呢，就看了好多课外的书。

我记得刚进学校的时候“大跃进”还没有结束，我们的口号是“教育与劳动相结合”，所以呢我们一方面参加很多劳动，一方面专业学习也与生产相结合。一开始课程设计是设计养猪场，为了设计养猪场，我们还到养猪场去劳动，这就是当时突出政治的一种表现。所以我觉得那两年，也就是一二年级，建筑学专业的学习没有什么进步。到了三年级开始的时候（1962年），国家的经济形势开始好转了，学校的教学也开始回归正轨了。

那时候我们的教学延续的是巴黎美术学院的体系，把它叫作古典主义或者艺术建筑学，在表现图上花很大的工夫，建筑造型讲的就是立面，建筑构图原理、建筑美学的规律讲的都是古典主义的原理，所以我自己觉得六年学完以后到底应该怎么做建筑设计，都不是很清楚的。拿到一个项目以后应该怎么入手，当时我们总结下来一个普遍的方法就是：先去查资料，就靠资料来做设计，根本谈不上自己有什么原创。

现在对于最基本的绘画训练，我觉得应该把传统美术课中的素描、水彩变成草图练习，多进行草图的绘画练习，草图最能快速反应设计思想，一个好的设计草图比任何言语都要宝贵，快速的草图表达是建筑师最应该注重的。

◎ **问：在即将走出校园时，您经历了怎样的选择促使您成为一名建筑系的教师？**

张： 我一开始不是建筑教师。1965年毕业后我考到南京工学院（现东南大学）的研究生，但是按照国家的规定，第一年必须参加劳教或者参加社会主义教育运动。直到1966年“文革”开始，首先就决定取消研究生制度，让我们跟1966年毕业的学生一起分配，结果我就被分配到北京建工部，又被下放到四川成都建工部一局，去当普通工人，一干就是五年。因为当时设计人才稀缺，所以我后来在工地上又开始做设计，那时候我做了两万多平方米的民用建筑设计。后来我在1973年调到我爱人的设计院——机械部三院（重庆），在那一干又是十年。之后在1985年调到了天津机械部五院，在那又干了八年。然后很巧的是正好那时候我有个朋友跟我说北建工需要教师和设计人员，这样我才到北建工当老师的。也就是1992年底开始的，我在北建工任教研室主任，一直干到2004年退休。

◎ **问：您觉得北建大教学有着怎样的特点？**

张： 一是建系的时候师资力量比较强，其中一批是从清华建筑系过来的老师。刚开始建系的时候有一批老先生学术上是很厉害的，我来的时候他们差不多都退了，等我来了以后很快就是一批年轻一些的老师，有我们自己本校培养的，有从哈工大、西建大过来的老师，也有一些海归的年轻教师，教师队伍开始逐渐发展壮大起来。二是我们学校建筑专业在这几年发展势头还是比较好的，这让我感觉很欣慰。

◎ **问：您在北建大教过哪些课程？您在授课上有哪些心得？**

张： 我教过建筑设计，主要是以大型公共建筑和毕业设计为主，还有建筑师业务基础。谈到教学心得：我们国家的建筑设计从整体上来看，重形式、轻功能、轻技术的倾向很严重，我认为这是不妥当的。从全世界建筑学的发展情况来看，从现代主义以后特别是后现代主义出来以后，整个建筑思想是多元化的，很混乱。再加上我们国家改革开放这些年的高速发展，对建筑的价值判断分歧很大。我觉得还是老一套——适用、经济、美观就可以了，具体什么叫美观，什么叫不美观，慢慢地自有公论。

◎ **问：在北建大教了一辈子书，哪个瞬间让您最欣慰的？**

张： 学生刻苦学习，取得好的成绩，看着学生漫漫的成长，这个就是让我很欣慰的事。我印象最深的一个是立铁（清华建筑系系主任的儿子），我曾经教过他，这小孩很不错，建筑设计基本功很好，很踏实。还有一个叫李欣的女生，参加全国建筑课程设计竞赛，并获得二等奖。

◎ **问：您一辈子从事建筑学研究，想必您一定有独特的研究方法和研究方式，能给我们讲讲吗？**

张： 我到学校以后从事教学工作，其中也包括了研究生教学内容，我觉得做建筑设计的课题还是必须要结合建筑设计的实践来进行，脱离实际画空中楼阁又有什么意义呢？所以我觉得建筑设计的研究，如果不是专门搞建筑理论的话，那就应该跟工程设计紧密结合起来，这样才能尽早把握住建筑设计的精髓。谈到建筑设计的研究，这方面需要谈的东西就太多了，像现在大型的公共建筑发展很快，建筑规模越来越大，门类也越来越多，这些都值得我们下一番大力气去研究、去认识、去创新。

◎ **问：您的研究方向就是大型公共建筑，那您觉得我们现在在这个方向上还需要做哪些深入的研究？**

张： 我觉得有两个方面，一方面就是一些新出现的建筑类型，像多功能的综合建筑，他们以多样复杂的使用功能担当了城市的中心角色，规模越高、越大，对城市的影响也就越深远、越宽广，要研究的问题也就越多。另一方面，可持续发展的绿色建筑，这是一个新兴的建筑类型，很多发达国家都在搞，可持续发展的绿色建筑代表了当前建筑和科技的水平，是人类对未来生活和绿色生活的探讨。这方面美国和德国等发达国家做得都很好，我们国家发展起步晚，其中还有很多问题要去研究。

◎ **问：您对学校今后的发展有什么期望呢？**

张： 我觉得这些年发展速度太快了，整个国家的高等教育速度发展太快，往往就容易忽略实质水平的提高。从整个中国的教育体系来说，我觉得问题还是挺多的。得好好把教学和科研的水平抓起来，不要只是注重扩大规模以及强调科研成果的数量，只要我们教育基础做好做强，我相信咱们国家教育和科研水平自然会上去的。

◎ **问：您对我们学生有什么想说的吗？**

张： 清华教育思想有一些可以借鉴的地方，尤其是大学教育。清华的四大国学导师之一陈寅恪，他就主张在大学里应该有“独立之思想、自由之精神”，我觉得这是对的。我国导弹之父钱学森临终前就问：“为什么我们就培养不出来获得诺贝尔奖的大师呢？”虽然我们各个领域也有大师，但是我觉得很难得到国际上认可，我们在国际上并没有多少竞争力。我觉得这个应该值得我们好好思考一番。

◎ **问：您对年轻的教师有什么期许吗？**

张： 好好做学问，不必考虑做官。曾经有个老师在我快退休的时候问过我，说是系里想让我当系主任，我是干还是不干呢？我给他的回答是：你如果还想做学问呢，就别干这个。要是当了官，就没有心思去做学问了。过去是“读书做官”，现在其实还是“读书做官”，心思都不是用在专业学习上。我觉得专业学习就应该少问甚至不问政治，因为政治并不是每个人都需要去搞的。

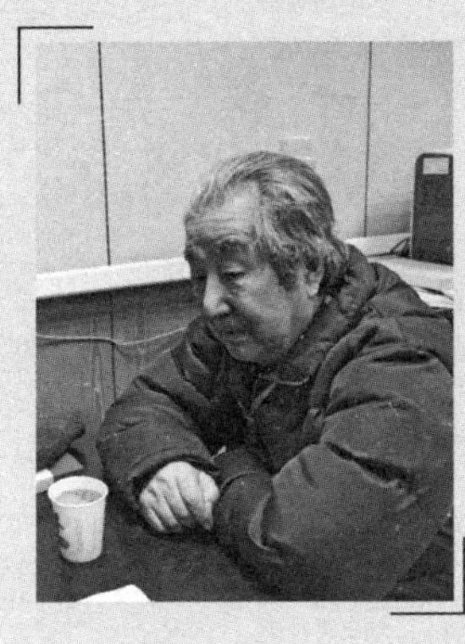

受 访 者： 巩国权

工　　龄： 40年以上

采 访 者： 王一统

采访时间： 2014-12-24

采访地点： 北京建筑大学

【个人简介】

巩国权，男，1955年从东北大学建筑学毕业，后师从当时执教清华大学的苏联专家阿凡琴科，1960年代开始在北京建筑工程学院从事规划教学工作40多年。

采访内容

◎ **问：　您的建筑学习之路是从什么时候开始的？**

巩国权（以下简称“巩”）：我1955年从东北大学建筑学毕业，后来清华大学来了一个苏联专家叫阿凡琴科，招收研究生，我考上了，然后就跟着他学规划直到研究生毕业。

在我们那个年代，城市规划根据社会的性质分为两大体系：一是社会主义体系的城市规划，以计划经济为基础，特点是行政性很强；二是资本主义体系的城市规划，以市场经济为基础。

◎ **问：　是什么理由或者机缘让您接近建筑学，并将其作为自己一生的职业？**

巩： 当时我们的工作和学习是要国家分配的，我是在不断学习的过程中，加深了对规划的理解和认识的。

◎ **问：　在那些艰苦的岁月里，您是如何激励自己奋发图强的？**

巩： 当时，国家经济水平整体比较低，大家的生活条件都比较艰苦，但是我们都坚持了下来。

◎ **问：　在即将走出校园时，是怎样的理由促使您成为一名建筑系教师？**

巩： 服从国家分配到北京建筑工程学院（现北京建筑大学）建筑系的，当然，我也很喜欢教师的工作。

◎ **问：谈谈您对城市规划的理解？**

巩： 城市规划的原理谈起来，其实是一个经济问题，哪个城市开发，哪个城市不搞开发，应该是要符合经济规律的。经济对于规划来说是一只无形的手，它在很大程度上决定规划的可实现性。除此之外，城市规划还需要考虑工程的现实可能性，也就是现状地区是什么样子；还要考虑人口密度、人文地理等因素。在我国现行的体制下，规划还是一个行政问题，城市规划和城市管理都要通过政府之手来推进，城市规划都要经过政府官员的肯定才能实施。

规划还要有一定的预见性，所以，规划要分近期、中期、远期，而且还要求我们能做到预测的同时要有一定的科学性和准确性。

◎ **问：您在工作中什么让您觉得很有感触？**

巩： 苏联当时比中国的地位高很多，所以，我们的规划师必须听苏联专家的。现在，我们的国际地位提高了，我们的规划也在国际上有了一定的地位。

◎ **问：您是如何职教北建工的？您当时教的是哪些课程？**

巩： 研究生毕业后，我根据国家要求来到北建工教书。一开始我们学校还没有城市规划专业，我教的是建筑构造，是一门建筑学打基础的学科。

◎ **问：您能简单谈谈您记忆犹新的一个项目吗？**

巩： 我在四川做过一个小南海的风景区规划，当时是1960年代的规划，主要以保护为主，尽量不破坏自然环境。我做过很多四川的小城市规划，还有河北的廊坊。我觉得四川的一些小城市很好，尺度宜人。北京的建设现在已经快没有文化的味道了，应该有自己的文化，建筑不应都是方盒子。20世纪五六十年代的时候，北京的外城墙还在，现在都已经拆没了。

◎ **问：您对学校、学院今后的发展有着怎样的期许与展望？**

巩： 希望年轻老师们专注于讲堂，要讲好课，然后希望老师们能给学生们教授一些人文的知识。希望我们学校能够发挥自己的特色，我们应该创办一所城市大学。

附录一　采访心得

王鑫
一路前行，
不忘初心。

陈钰麒
这次采访，带给我许多感悟：要热爱自己的专业，只有热爱才能使自己不断思索；要有一颗真诚的心，无论是对别人还是对工作。

郭顺
人生很短，
不要在学习中一错再错。

陈思成
所处的平台决定了看到的高度，还是要努力。

靳林强
无论规划行业前景怎么样，终究还是要有人做的，脚踏实地，做好自己！

罗理
听君一席话，胜读十年书。

范金龙
大不自多，海纳百川。
唯学无际，际与天地。

王一统
城市规划往往体现了多种价值观，从这些访谈中可以看到，规划师是如何在利益博弈的夹缝中谋求城市的可持续发展。

高佳璐
原来觉得城市规划只是我们谋生的手艺，是一份工作。但通过采访才发现，其实城市规划是一种哲学，不光是专业，更是生活。

邓美然
通过此次规划师访谈活动，使我对规划师在城市发展中的作用有了更深入的认识，规划师如何在响应国家各项战略号召的同时，真正做到平衡资源、生态持续、和谐发展等目标是值得真切关心的。

顾志明

每一位规划师都怀着对专业的热爱、对一方人民的责任感而兢兢业业，这便或是规划师精神。愿我们这一代规划人能传承这种职业精神。

梁晓东

规划师随着工作时间的增加，对于城市、行业的认识也逐渐加深，他们对于行业工作坚持不懈地探索，让我受益匪浅。

王永祥

我采访过的几位规划师，他们从事着不同的规划领域，但都对“技术与管理哪个更重要”这个问题有着自己的感悟，规划有责任引导社会进入均衡科学发展，也有义务扶助弱势群体、制衡群体利益。

刘娟

规划是一门综合性很强的专业，不仅需要扎实的理论基础和实践技能，在实际工作中还需要团队的合作精神。

李静岩

从他们的身上我看到了随着时间的流逝，设计师们在工作中视角的转变、心境的成熟以及承担的责任。

梁晓航

通过这次采访我认识到了，想要成为一名合格的规划师，首先就是要成为一个靠谱的人，从小事做起，成就梦想的大事。

王惠婷

通过此次访谈，使我重新树立了做规划应有的价值观，并向老先生学习了对专业学习的方法，对于建筑和规划的联系也有了更深的认识。

宋鑫宇

在采访中，通过与各位老师的交流，深深体会到作为一名规划设计人员，工作中一定要具有良好的专业素质、职业操守和敬业态度。

何泰然

我相信这些珍贵的采访资料对于对城市规划相关专业的从业人员都能够产生不同程度的思考共鸣。

杨慧祎

不同年龄段的规划师们由于各自不同的机遇选择了规划行业，但却由于相同的原因坚持下来——热爱。

彭昊

不管做规划还是做其他任何事情，都要根据实际情况和未来趋势做出决策，具体问题，具体分析，立足当下，着眼于未来。

沈敏

要学会筛选、总结、吸收前辈们的经验。他山之石，以为己用，在这个过程中自己探索的路才是最宝贵的礼物。

朱大鹏

与规划师的交流，不但是在学习如何走好规划之路，更是在学习如何在规划的道路上收获更多。

张刚

经过与优秀规划师的交流学习后，感觉受益良多，开阔了视野，也对城市规划有了更深的理解。

柏云

通过这次采访，意识到工作与学习有很大区别。每一位规划师都有丰富多彩的简介，但都有相同的素质，那便是社会责任感。

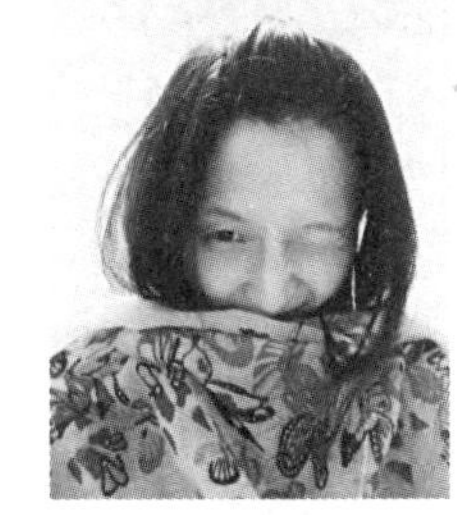

秦蜜

城市规划是一门实践性很强的专业，前辈为我们开辟的道路，我们也要踏足其中，拨开迷茫和陌生，探求存在的真理。

夏川

进行规划师访谈活动之后，我认识到了运用集体的力量和智慧完成工作比个人的闪光与荣耀更加难能可贵。

贾灵光

通过采访一线规划师让我体会到了差距，我们要抓紧在校时间完善自我，实现自我理想。

李继涛

在课堂之外，我们了解一直工作在最前线的规划师的心得体会，为即将出航的水手们点亮了一盏明灯。

附录二　受访人员名录（共计74名）

◆ **15年以上工作经验（13名）**

- 巩国权（曾任北京建筑大学规划系教师）
- 张思浩（曾任北京建筑大学建筑系教师）
- 姜中光（曾任北京建筑大学建筑系教师）
- 业祖润（北京建工建筑设计研究院）
- 陶滔（洲联集团五合国际）
- 沈迟（国家发展改革委城市和小城镇改革发展中心）
- 董艳芳（中国建筑设计研究院）
- 马叔晓（中国城市规划设计研究院）
- 陈晓彤（北京建筑大学）
- 陈天（天津大学）
- 赵云伟（洲联集团五合国际）
- 孙成仁（新都市城市规划设计研究院）
- 欧阳高奇（洲联集团五合国际）

◆ **10～15年工作经验（18名）**

- 韩工（中国建筑设计研究院）
- 单彦名（中国建筑设计研究院）
- 史亮（北京城市规划设计研究院）
- 薛玉峰（中国建筑设计研究院）
- 周景峰（北京建工建筑设计研究院）
- 胡之平（洲联集团五合国际）
- 徐松岳（南京市规划设计研究院北京分院）
- 曹传新（中国城市规划设计研究院）
- 张志杰（弘都城市规划建筑设计院）
- 李鸿（思朴国际城市规划设计有限公司）
- 潘剑彬（北京建筑大学）
- 曹璐（中国城市规划设计研究院）
- 桑秋（北京建筑大学）
- 卢庆强（清华同衡规划设计研究院）

- 杨帆（中咨海外咨询有限公司）
- 张云峰（中国城市规划设计研究院）
- 孙立（北京建筑大学）
- 张晓巍（中国建筑设计研究院）

◆ 5~10年工作经验（15名）

- 赵科科（中国建筑设计研究院）
- 宋名扬（中咨规划设计研究院）
- 唐克然（中国建筑设计研究院）
- 刘峘（北京建工建筑设计研究院）
- 谭晓鸥（中国城市建设研究院）
- 张喆（洲联集团五合国际）
- 刘煊赫（清华同衡规划设计研究院）
- 李海梅（清华同衡规划设计研究院）
- 徐海涛（北京经济技术开发区城市规划和环境设计研究中心）
- 姜青春（中国建筑设计研究院）
- 赵祥容（天津筑土国际都市设计）
- 郎宇茜（黑龙江城市规划勘察设计研究院）
- 房益山（黑龙江城市规划勘察设计研究院）
- 张颖（洲联集团五合国际）
- 王攀（洲联集团五合国际）

◆ 1~5年工作经验（28名）

- 刘工（中国建筑规划设计研究院）
- 王存（北京建工建筑设计研究院）
- 王鹏程（北京建工建筑设计研究院）
- 成露依（北京建工建筑设计研究院）
- 张昆（湖南科迪建筑设计有限公司）
- 刘航（中国城市规划设计研究院）
- 赵琳（北京昂众建筑设计事务所）
- 张达（中国建筑科学研究院）
- 王海滨（北京建工建筑设计研究院）
- 韩星（中国建筑技术集团）
- 谭杪萌（北京建工建筑设计研究院）

- 付斯曼（中咨海外咨询有限公司）
- 苏毅（北京建筑大学）
- 庹川（中国城市规划设计研究院）
- 赵新员（洲联集团五合国际）
- 刘闯（中国建筑设计研究院）
- 王晶（北京建筑大学）
- 吕小勇（北京建筑大学）
- 丛菲菲（北京建工建筑设计研究院）
- 李游（湖南省建筑设计院）
- 郑硕（中国城镇规划设计研究院）
- 代冠军（中国建筑设计研究院）
- 白璐（北京建工建筑设计研究院）
- 周小一（洲联集团五合国际）
- 王艳秋（黑龙江省城市规划勘察设计研究院）
- 周亚杰（中国城市规划设计研究院）
- 袁方浩（洲联集团五合国际）
- 王璇（中国城市规划设计研究院）